U0506797

斑驳的碎片

郭宏安 著

四川文艺出版社

图书在版编目（CIP）数据

斑驳的碎片 / 郭宏安著. —成都：四川文艺出版社，
2018.4

ISBN 978-7-5411-5042-5

Ⅰ. ①斑… Ⅱ. ①郭… Ⅲ. ①翻译—文集 ②文学评论
—法国—文集 Ⅳ. ①H059-53②I565.06-53

中国版本图书馆 CIP 数据核字（2018）第 049656 号

BANBO DE SUIPIAN

斑驳的碎片

郭宏安　著

责任编辑　谭　黎　周　轶
封面设计　叶　茂
内文设计　史小燕
责任校对　段　敏
责任印制　唐　茵

出版发行　四川文艺出版社（成都市槐树街 2 号）
网　　址　www. scwys. com
电　　话　028-86259287（发行部）　　028-86259303（编辑部）
传　　真　028-86259306

邮购地址　成都市槐树街 2 号四川文艺出版社邮购部　610031
排　　版　四川胜翔数码印务设计有限公司
印　　刷　成都勤德印务有限公司
成品尺寸　146 mm×210 mm　1/32
印　　张　10.25　　　　　　　　字　　数　240 千
版　　次　2018 年 5 月第一版　　印　　次　2018 年 5 月第一次印刷
书　　号　ISBN 978-7-5411-5042-5
定　　价　39.80 元

版权所有·侵权必究。如有质量问题，请与出版社联系更换。028-86259301

目录

序：闲话"碎片"

三年前，我编过一本集子，号称随笔集，收录了以前写过的一些短文，为此我写了一篇序，序文中说："此短文者，或为学术文章的边角料，或是严肃文章的调味品，总之是无须正襟危坐的阅读以至于绞尽脑汁的东西，称为碎片可也。"碎片者，随笔也。序文还说："碎片与碎片不同，有的是'好材料'，如钱锺书先生所说；有的是所谓吴文英词的'不成片段'，判断的标准只有一个，那就是这碎片是否与整体有联系。"整体有大小之别，那本随笔集有一个大整体，就是法国文学，至于书中的碎片是否与法国文学有联系，而每一个碎片是否是完全的、自足的小整体，则不是作者所要考虑的事情。最后还说："阅读碎片，但不要碎片化阅读，凡事一'化'，即面目全非。"现在编的这本集子收入的又是一些碎片，又称随笔，取《斑驳的碎片》以名之。

斑驳者，色彩杂乱、体量错落之谓也，如归有光《项脊轩志》云："三五之夜，明月半墙，桂影斑驳，风移影动，珊珊可爱。"又引申为不纯，如《朱子语类》曰："亮（诸葛亮——笔者按）大纲却好，只为如此，便有斑驳处。"《斑驳的碎片》中的随笔若能"珊珊可爱"，我所愿也，然而这"可爱"中是否蕴含着思想呢？这些随笔亦有"不纯"者，其主题涉及文学、历史、话剧、电影、翻译以及博物学，落笔自然泛泛，点到辄止，想避免肤浅，几乎不可能。然而肤浅若能够涉及深刻，触动心弦，得到一点思想的快乐，亦我所愿也。

关于随笔，中外的见解有些不同，古今亦复如此。在中国，宋代洪迈的《容斋随笔》刊行于 1184 年，距今 800 余年。在外国，如在法国，蒙田的《随笔集》于 1580 年出版，距今 400 余年。中外相距两万余里，古今相差 400 多年。时空的距离远矣，见解的距离亦不近。洪迈的《容斋随笔》虽然"目之曰随笔"，但在中国古代文论家和目录学家的笔下并没有随笔的名目，可以说，在中国古代，随笔徒有其名，而无其实，也许"文章"一语庶几近之，无奈内涵过于宽泛，直到 1933 年才有名方非者发表文章《散文随笔之产生》，随笔才以文体的资格现于文坛，但是，这种随笔又叫作小品文，"伦理的成分是非常少的"、"以不至于头痛为度"，奉"细、清、真"的风格为传统。相反，蒙田的随笔表现出"一种明快的自由思想"，清晰、透彻，以个人经验为源泉，以古希腊哲学为乳汁，转益多师，不宗一派，洋溢着摆脱束缚、独立思考、大胆怀疑的自由精神。在西方，随笔原是"试一试""称一称"的意思，但是它开一代风气，一经出世，便经英国人培根的发扬光大而确立了文体的地位。王佐良说："培根对每个题目都有独到之见，诛心之论，而文笔紧凑、老练、锐利，说理透彻，警句迭出……文章也写得富于诗意。"所以，随笔一开始就以思想取胜，以诗与科学相结合为旨归，它表明了一种著作，"其中谈论的是一种新的思想，对所论问题的独特的阐释"。一篇好的随笔，思想要深，角度要新，感情要真，文笔要纯，当然四者兼备者很少，占得其中一两项，也就难能可贵了。要思想，还是要情趣，还是两者结合，这是中外随笔的根本区别。

瑞士的文学批评家让·斯塔罗宾斯基教授 1984 年写过一篇文章，题为《可以定义随笔吗?》，他在文章中指出：现代随笔是最自由的文体，也是最有可能表现批评之美的文体，精神自由乃是现代随笔的"条件"和"赌注"，是现代随笔的精髓所在。他还说："某种暧昧毕竟存在。坦率地说，如果有人说我有随笔习气，我多少会感到受了伤害，我觉得这是一种责备……"这里我们应该在随笔家和随笔习气中间做一个区分：让·斯塔罗宾斯基指出："随笔的价值在于射出一道光。因为关于一个问题，其主要面目、其后果的全面的看法不能采取学术论文的形式。为了定位这个问题，应该从一个更大的整体出发，大胆地接触。这已经是展望这个问题了，意识到这个问题了。"这是一个随笔家的使命。而随笔习气，则说的是这一文体的暂时性、随意性和肤浅性，如莎士比亚的同代人本·琼生所说："不过是随笔家罢了，几句支离破碎的词句而已！"随笔家本该是个具有独特的创造力的作家，他具有严格准确的研究者的素质、合理的权威性及与时俱进的科学性，却往往不被当成一个严肃的哲学家或史学家。他被视作业余爱好者或夸夸其谈的人，只是因为他不以学术的形式和语言来表达他的性情和诉求。让·斯塔罗宾斯基本人就是一位作随笔的大家，他的几乎所有的著作都可作随笔看，他做出了榜样："至于我，我相信精确的、技术的、科学的、透彻的知识的根据，因为这是对一个问题的最好的回答。"所以，应该像让·斯塔罗宾斯基教授那样，做一个随笔家，而避免随笔习气。

这本随笔集收入的大多是短文，甚至有极短的文字，500字上下，但是也有长的，一万字左右的文字大概有五六篇。中国人印象中的随笔少有很长的，所以有随笔和小品文并称的现象，有人径直称"随笔就是小品文"。中国古人云："释氏辩空经有详者焉，有略者焉，详者为大品，略者为小品。"小品文就是小品，但是，现代随笔则不以长短论，长可达十几万字或几十万字，短仅不足百字或几百字。本随笔集中的长文不说了，短文也不说了，仅就其极短者说几句，例如《好书告诉你》中的几篇文字：

《方法、批评及文学史》，美国耶鲁大学昂利·拜尔教授编，介绍文字500，其辞曰："在法国新批评和以居斯塔夫·朗松为代表的传统批评尖锐对立的年代，编者力排众议，搜集了朗松大量的批评文字，表明朗松的批评是扎实的材料辅以个人的'品鉴'，说明'朗松的批评是一种兼顾内外联系的批评'。"

《大地的钟声》，阿兰·科尔班著，王斌译，作者情况不详，介绍文字500，其辞曰："钟之中隐藏了一个人的身份、地位和荣誉，钟声表达了他的骄傲和心酸、欢乐和悲伤，甚至他的权利和诉求。"钟、钟声及其负载教堂的钟楼代表了乡土观念。

《圣路易》，年鉴学派的代表人物雅克·勒高夫的杰作，介绍文字500，其辞曰："所有的历史小说都是小说，而不是历史。当然，你一定要说历史也是虚构，那这里就不是讨论的地方了。"

《文艺杂谈》，保罗·瓦莱里著，介绍文字500，其辞曰："如果我们以一句话概括瓦莱里的批评思想，我想应该是这句话：'所谓的文学史资料几乎没有触及诗歌创作的秘密。'"批评家应该关心的不是作家的生平和社会环境，而是创作的心态和精神，而这种心态和精神是清醒的、理性的。

《蒙塔尤》，年鉴学派的代表人埃马纽埃尔·勒华拉杜里著，文稍长，介绍文字1500，其辞曰："一位严肃的大学教授写了一本严肃的历史学著作，而这本严肃的历史学著作却成了一本畅销书，非但使大批的人前往蒙塔尤朝圣，而且引起蒙塔尤地价的上涨!"该书描述的是一个700年前、仅有250人的小山村的历史,全面生动地描述了在宗教裁判所的重压下人们的起居坐卧的真实情景。

《驳圣伯夫》,马塞尔·普鲁斯特著,介绍文字500,其辞曰:"普鲁斯特的批评观念是区分'内在之我'和'社会之我'。"但是,"社会之我"与"内在之我"的区分不是绝对的,圣伯夫的"传记批评"自有它存在的道理。

这些极短的文章,开门见山,单刀直入,攻其一点,罔顾其他,目的在于激起读者阅读的兴趣,点燃其思考的欲望。以"深、新、真、纯"四条标准来衡量,这些随笔的思想未必深,但是皆有所感,不说空话;角度未必新,但是皆从正面打入,老老实实地叙述,没有废话;感情倒是真的,绝不矫揉造作,张大其词;文笔亦是纯的,追求一种干净雅洁的文字,既无峨冠博带者的清高,又无引车卖浆者的粗俗。作者自以为这是这些极短文字的特点,同三年前的随笔集一样,能否为读者接受和认可,并不是作者所要考虑的事情。这些极短文字之外,那些短文和长文也可作如是观,正所谓"文章千古事,得失寸心知",然而,作者本人果真能知道文章的得失吗?

谈谈巴尔扎克

　　法国作家奥诺雷·德·巴尔扎克（1799-1850）进入中国的时间并不长，从 1914 年林纾和陈家麟译述了《人间喜剧》"哲理研究"的四个短篇小说（《猎者雯里朴》《耶稣显灵》《红楼冤狱》和《上将夫人》，今译为《永别》《耶稣降临弗朗德勒》《红房子旅馆》和《新兵》）至今，不过百年。如今，巴尔扎克和《人间喜剧》的名字，不说家喻户晓，也可以说是国人耳熟能详了。一般的文学爱好者、作家、批评家、专业的外国文学研究者，都曾经、正在、将来还要就巴尔扎克和他的作品表达他们的意见。巴尔扎克已经成为中国人最熟悉的作家之一，《人间喜剧》已经进入中国人喜闻乐见的外国作品之林，特别是《欧也妮·葛朗台》和《高老头》，已经成为他们津津乐道的两部小说。特别是 1998 年 30 卷的《巴尔扎克全集》的出版成为中国人对这位世界文豪的最高敬礼，是巴尔扎克作品的翻译和传播史上的标志性事件。

　　巴尔扎克是中国人最熟悉的外国作家之一，可能也是最有争议的外国作家。一般认为，他是一个伟大的现实主义作家或者批判现实主义作家，他的《人间喜剧》是 19 世纪法国社会的"百科全书"和"现实生活的准确再现"。然而，在他的祖国，加在他头上的帽子可不仅仅是"现实主义"，什么浪漫主义、现实主义、自然主义、混有现实主义的浪漫主义、混有浪漫主义的现实主义、神秘主义、革命浪漫主义、革命现实主义和批判现实主义等，让那些善贴标签的研究者无所措手足，争论不休。争论的焦点是，巴尔扎克究竟是一位洞观者（un visionnaire），还是一位观察者（un observateur）？我认为，他是一位通过广泛而真实的细节描述而具有深刻洞见的伟大作家。也就是说，巴尔扎克首先是一位洞观者，然后才是一位观察者，或者说，是一位集洞观者与观察者为一身的伟大的作家。

巴尔扎克 1799 年出生在法国都兰地区的图尔市，父亲是一个从农民升为中产阶级的国家公务员，母亲是一个巴黎马莱区的富裕的呢绒商的女儿。巴尔扎克的全名是奥诺雷·德·巴尔扎克，这个表示贵族的"德"字，是在他的母亲生他的第二个妹妹的时候加上去的，这时巴尔扎克 3 岁，他的父亲 55 岁。他的母亲后来还生过一个孩子，据说是一个私生子。他的父亲自学成才，博览群书，尤其对哲学和历史感兴趣，整日里衣冠楚楚，腰板挺直，"漂亮得像大理石，结实得像一棵树"，深信自己能活 100 岁（实际上他死在 83 岁上）。他的母亲长得很美，但是生硬、傲慢，有些冷漠无情，而且不善于培养与孩子们的感情，所以，巴尔扎克在盛怒之下说："我从来没有过母亲。"他的童年时代实际上是在对两个妹妹的爱护和关切中度过的。他的妹妹说，他是一个"非常可爱的孩子，性格活泼愉快，美丽的小嘴带着微笑，褐色的眼睛明亮而温柔，高高的前额，乌黑的头发，使他在散步时非常引人注目"。他常常会编一些小故事逗妹妹们开心，他可以整整几个小时拨弄一把红色小提琴的琴弦，当有人要求他停止这种音乐的时候，他会吃惊地问："你没有听出这曲子多么好听吗?"莫洛亚在《巴尔扎克传》中说："奥诺雷天生有生活在幻觉世界中、倾听唯有他能听到的仙乐的本领。"

巴尔扎克的教育是从 8 岁进旺多姆学校开始的，六年之后，当他离开学校的时候，已经是一个哲学家了。我的意思是说，他已经对世界有了一种看法，例如他认为世界是一个统一体，精神也好，物质也好，都是相互联系的。他喜欢奇迹、神秘、幻觉，读书很多，很杂，这使他打下了广博、深厚、有些杂乱的知识基础。他在小说《路易·朗贝尔》中有一段话："由于长期的阅读和思考，12岁的时候，他的想象力已非常发达，他能够对仅仅从书本中了解到的事物有非常确切的概念，它们清晰地印在他的脑海里，好像亲眼见过一样。或许他用了类比推理的办法，或许是天赋的第二视觉使他能够通观大自然。"这可以说是他的夫子自道。"洞观"（la vision）这个词很早就进入了他的词汇，"洞观"意味着一个人能够在思想中同时观察过去、现在和未来，能够在想象中看到视线以外的事物，所谓第二视力。巴尔扎克在旺多姆学校的学生时代已经具备这种能力了。1814年，巴尔扎克进入图尔中学；1816年，他在法学院注册，同时在巴黎大学听课，并且在一位诉讼代理人和一位公证人那里见习；1819年，他获得法学士学位，他的教育阶段终于过去了，他要进入社会打拼了。在中学和大学阶段，他仍然大量地读书，内容涉及几乎社会科学和自然科学的所有领域，他的见习又使他了解了法律诉讼的程序、巴黎的各色人等以及掩藏在金钱后面的鲜为人知的秘密。当时法国著名的生物学家若夫华·圣伊莱尔和居维叶之间关于动物分类学及其机体有无"统一格局"的论战，曾经引起巴尔扎克极大的兴趣。圣伊莱尔认为，动物的有机构成只有一种基本形态，因生活条件不同才演变为千殊万类。巴尔扎克联想到人类更是只有一种形态，同样因处境不同才出现种种差别。既然布封能够通过一部书来描绘动物世界的全貌，为什么不给人类社会也写一部类似的著作呢？这一联想，后来居然成为他构思《人间喜剧》的契机。

从法学院毕业之后，巴尔扎克拒绝了家庭为他在公证人事务所安排的前程，坚持要走毫无生活保障的文学道路。他有两大愿望：爱情和名声。家里给了他两年的时间，要他证明他具有文学的才能。他们给他安排了一间六层楼上的阁楼，他必须自己买菜做饭，而且尽可能少露面，免得人家说他们家在巴黎养着一个"什么也不干"的儿子。他曾经想写一篇哲学论文：《论灵魂的不朽》，其实他并不相信灵魂是永存的。他这个时期读了大量的哲学书籍，巴尔扎克小说中的哲学思想在创作之前就已经形成了。但是，他不能永远生活在哲学幻想之中，他终于奋战了一年，写出了他的处女作——五幕诗剧《克伦威尔》，以英国17世纪资产阶级革命的领袖人物克伦威尔为主角的一出悲剧。然而，他在家庭会议上朗读作品的时候，却发现"周围人的脸部表情，都是冷冰冰的、木呆呆的"。他的作品失败了。他反驳，抗议，不同意他们的看法，于是，有人请了法兰西学士院的院士、剧作家安德里欧，安德里欧看了剧本之后说："这位作者随便干什么都可以，就是不要搞文学。"但是，这样严厉的当头一棒并没有使巴尔扎克认输，他说："悲剧不是我之所长，如此而已。"他在一篇小说中描绘一个年轻人，他回忆起20岁的自己："青年人的脑子里不知装着多少《天方夜谭》式的神话！……要制造多少盏神灯才能明白，真正的神灯不是侥幸，便是勤奋，要不就是天才。"他的"神灯"究竟是什么呢？

《克伦威尔》销声匿迹了，他希望以小说来赢得名声。他曾经断断续续地写过一本题为《法蒂尔娜》的小说，还写过一本《斯坦妮或哲学的痛苦》，但是文笔稚嫩，很不成功。当时巴黎有一批放浪形骸的文学青年，与出版界和戏剧界有密切的联系，专为出版商炮制流行小说和时尚读物。巴尔扎克加入了他们的文学作坊，并很快成为一个领袖人物。当然，这类限期完成、批量生产的作品并不会给他带来荣誉，他后来也不肯公开承认这些作品出自他的手笔。他明白，没有稳定的经济来源很难从事严肃的精神创造，于是他决定暂时弃文从商，然后以商养文。从 1825 年开始，他先后从事过出版业，开办过印刷厂、铸字厂，甚至到撒丁岛考察过一个废弃的银矿，无奈已经有人捷足先登了，抢了他的好生意。很奇怪，巴尔扎克往往是创意很好，可是一经他的手，生意就失败，而到了别人的手里，生意就红火。几年的商海浮沉，让他尝够了破产、倒闭、清理、负债的痛苦，然而，他生活中的所有失败，都将转化为创作中取之不尽的题材，化为巨大的财富，当然，这财富最主要的还不是指金钱。

1829 年，巴尔扎克完成了长篇历史小说《舒昂党人》（*Les Chouans*），这时他 30 岁。他第一次署上了巴尔扎克这个名字，小说以法国大革命时期旺代地区叛乱为主题，真实地再现了舒昂党人叛乱的真相，描绘了贵族、僧侣为恢复失去的权力而利用宗教迷信的手段煽动农民为王党效力的种种画面。这部小说虽然不曾畅销，然而它的作者已经被认为是一位作家了，可以说，巴尔扎克历经十年的磨难和砥砺，终于在巴黎文坛上初露头角了。中国人说"三十而立"，巴尔扎克可以说在 30 岁上真正开始了一位作家的生涯。从 1830 年开始，他进入了创作的高峰期，数年之内以令人惊讶的速度接连发表了篇幅不等的小说数十部，每一部都令人瞩目。其中，1830 年发表的《猫打球商店》（*La maison du chat qui pelote*）、《苏镇舞会》《高布塞克》（*Gobsek*）和《长寿药水》，1831 年发表的《驴皮记》（*La peau de chagrin*）、《玄妙的杰作》（*Oeuvre inconnue*）和《红房子旅馆》（*Auberge de la maison rouge*），1832 年发表的《夏倍上校》（*Lecolonel Chabert*）、《图尔的本堂神甫》（*Le curé de Tour*），等等，都可称精品。及至 1833

年，《欧也妮·葛朗台》（*Eugénie Grandet*）问世，巴尔扎克已是名满欧洲的大作家了。1833 年的《乡村医生》（*Le médecin de la champagne*）和 1834 年的《十三人故事》（*Histoire des Treize*）、《绝对之探求》（*Recherches absolues*）和《三十岁的女人》（*La femme de trente ans*）也是这一阶段的力作，不过，对作者本人来说，这一阶段具有深远意义的成就，乃是《人间喜剧》宏伟规划的酝酿成熟。巴尔扎克早就打算使作品系列化，但直到 1833 年才找到一个合适的框架使小说组成一个整体。1834 年，他在给韩斯卡夫人的信中谈到，他的作品将定名为《社会研究》，下分《风俗研究》《哲理研究》和《分析研究》三大部分，分别表现结果（即现象）、原因和法则。他说："风俗研究是一些'典型化的个人'；哲学研究是一些'个人化的典型'。因此，我到处都给予生命：对典型，要使它个人化，对个人，要使它典型化。我将给细节以思想，给思想以个人的生活。"至此，整套巨著的框架和立意已告成型。后来，在但丁的《神曲》（其原文的意思是"神界戏剧"）的启发下，又将作品的总称改为《人间戏剧》（*La comédie humaine*），把人世间的一切纷争角斗、悲欢离合喻为人生舞台上的一幕幕活剧。La comédie humaine 在法文中的意思是"人生如戏"。这里应对《人间戏剧》的译法做一点说明：从词义学上说，La Comédie humaine 中的 la comédie 译为"喜剧"实为曲解。法语《罗贝尔词典》里明确列出 la comédie 一词的两种不同的含义，一是泛指一切戏剧（toute pièce de théatre），举的例恰恰是 La Comédie humaide de Balzac（巴尔扎克的《人间戏剧》），并释其意为："按规则展开达到结局的整个人生活动。"该义项下还有一例更能说明问题："Racine a fait une comédie quis'appelle Bajazet."（拉辛创作了《巴雅塞》一剧）众所周知，拉辛是法国最伟大的悲剧作家，而《巴雅塞》是他最血腥的悲剧，足以证明 la comédie 一词其初本谓"戏剧"，并衍生出现代法语"le comédien"一词，为所有戏剧和电影演员的统称。该词的第二个义项是"le genre comique"（喜剧类），典型例子是"les comédies de Molière"。所以，*La Comédie humaine* 实在是应该译为"人间戏剧"，不过，"人间喜剧"是我国历来的译名，若把它译为"人间戏剧"倒显得突兀了。按照约定俗成的做法，我还是称 *La Comédie humaine* 为《人间喜剧》。

1835 年，巴尔扎克发表了《高老头》，一部以父爱为主题的小说，同时也是青年野心家拉斯蒂涅出场的小说。他开始有计划地为《人间喜剧》这座大教堂准备构件了。他运用相同的人物在不同的作品中出现的方法，把以往的作品和以后的作品连为一体，使《人间喜剧》的 90 多部作品成为整个法国社会在一定历史时期内的全面的缩影，这段历史时期就是 19 世纪的第一个 50 年。1835 年至 1841 年，短短的六年间，巴尔扎克接连发表了 16 部长篇、10 部中篇和 8 部短篇小说，篇篇可称杰作。如短篇小说《改邪归正的梅莫特》（1935 年，*Memotte réconciliée*）和《无神论者望弥撒》（1836 年，*La messe de l'athée*），中篇小说《禁治产》（1836 年，*Les proscrits*）、《夏娃的女儿》（1838 年，*Une fille d'Eve*）和《比哀兰特》（1840 年，*Pièrette*），长篇小说《幽谷百合》（1835 年，*Le lys dans la vallée*）、《古物陈列室》（1838 年，*Le cabinet des antiques*）、《公务员》（1838 年，*Les Employés*）、《塞查·皮罗多盛衰记》（1838 年，*César Birotteau*）、《幻灭》（1839 年，*Illusions perdues*）和《搅水女人》（1841 年）。其中，《幻灭》最为杰出，因为作品对新闻出版界的揭露和批判而引起轩然大波，一场围攻和笔战持续了数年之久，以至于他此后的作品都遭到报刊评论的恶意攻讦。

到 1841 年末，巴尔扎克已发表的作品已经构成一个完整的艺术世界，可以汇编在一起了，于是他与出版商签订了合同，准备出版 16 卷本的《人间喜剧》。他一面修订、汇编旧作，一面补充新作，1844 年，他发表了《烟花女荣辱记》，1846 年，《贝姨》出版，1847 年，《邦斯舅舅》发表，这两本书成为《人间喜剧》的第 17 卷，至此，《人间喜剧》这座宏伟瑰丽的大教堂基本落成。1855 年，表现封建的农村经济解体的《农民》出版了，这时巴尔扎克已经去世五年了，他的包括 144 部作品的庞大的计划也只能在 90 多部上画了句号。从 1829 年到 1849 年，整整 20 年，巴尔扎克都在为他的《人间喜剧》奋斗、拼搏。20 年间，他不仅写出了这样一套皇皇巨著，而且每部作品他都要反复修改，更动甚至更换好几次校样，何况他曾经为好几种报纸杂志写杂文、特写、时评、书评和专论，此外，他还创作了 6 部剧作和 1 部仿 16 世纪文体及拉伯雷风格的短篇故事集《趣话百篇》（实际上仅写了 30 多篇，中译本题为《都兰趣话》），对此，我们只能慨叹：今后再也不会有像巴尔扎克那样勤奋的作家了，再也不会有巴尔扎克式的野心：纳全社会于笔下并给予哲学的观照。今天的人无法想象巴尔扎克的工作节奏和工作效率，更无法想象巴尔扎克的精力和体力。他常常是晚上 6 点钟睡觉，半夜 12 点起床，披上圣多明各式的僧袍，点起四支蜡烛，一气工作 18 至 20 个小时，甚至一连几天通宵达旦。说他三天用掉一瓶墨水，一天更换十几支鹅毛笔，恐怕不是张大其词。咖啡是他的生活必需品，有人说他一生中喝了"数以吨计的咖啡"。参观一下位于巴黎莱努阿大街上的巴尔扎克故居，他为了躲债曾经在那儿生活七年之久，我们会对巴尔扎克的工作和生活有一个大概的了解。比如，在他的卧室里，有他心爱的拿破仑小雕像，一手执帽，一手仗剑，雄赳赳地立在那儿，雕像上写着一句豪言壮语："他用剑未完成的事业，我要用笔完成。"他曾经在餐厅里宴请过维多克警长，而此人正是《烟花女荣辱记》中可怕的伏脱冷的原型。看看巴尔扎克的手稿或校样是很有趣的，《乡村教士》打了六次清样，故居里保存的是第二稿，改动极多；《纽沁根银行》的一页清样上，除了密密麻麻的勾画改动之外，还在题目的上方写了一段话："夏尔，速送另一清样，但要双份，因为我得就本书向人请教一个问题。"文中的"夏尔"，就是日后著名的出版商夏尔·普隆，巴尔扎克想向人请教的问题是金融方面的一个细节。多次修改清样，当时的作家还有这样的权力，虽然会引起排字工人的不满。今天的情况可能大不一样了，一次修改，还能允许，但也不能修改太多；两次修改，就要看编辑的脸色了；三次以上，几乎不可能。在写有《高老头》的一张纸上和《绝对之探求》的手稿上，则写有许多数字，那是他的债务。当时的文人大多极穷困，少有不和高利贷者打交道的，巴尔扎克尤甚，不得不狡兔三窟，挖空心思躲债。他要计算将要获得的稿酬，看看能不能偿还几张到期的期票。更有意思的是看看他的票据，他有一张买手套的发票，上面的数字表明他六个月内买了 60 双手套，这足以见出手套在交际场中的重要，也使我们明白，为什么巴尔扎克在写到那些到巴黎打天下的外省青年时，总要不厌其烦地说到他们如何为手套、皮鞋、衬衣之类发愁。还有一张是买咖啡的，开列了三个品种。陈列说明告诉我们，巴尔扎克为了使咖啡具有足够的刺激性，总是三种咖啡一起煮，而且日饮 30 杯。20 年的超负荷脑力劳动、成名以后频繁的社交活动、躲避债务以及过量的咖啡使他心力交瘁，过早地失去了健康，不到 50 岁就接近了生命的终点，但是，这种激情成就了他事业的辉煌。

巴尔扎克毕生追求的两大目标：爱情（爱人和被人爱）和名声，如今名声已经有了，只是爱情还有待商量。他把爱情和情欲做了严格的区分，他说："情欲是一种可能出现差错的期望……男人也好，女人也好，都可以不失体面地多次产生情欲。因为追求快乐是很自然的事！但是在人的一生中只能有一次爱情。"还说："一个人一生中不会有两次爱情，只有一次像大海一样深广无限的爱。"巴尔扎克年轻的时候追求比他母亲年龄还大的德·贝尔尼夫人，把她称作"精神上的太阳"，而她则把巴尔扎克当作儿子一样关心爱护。1832 年，巴尔扎克接到了一位"外国女子"的来信，对他极尽崇拜倾慕之情，从此开始了一段长达 18 年的追逐和相恋。这位外国女子就是波兰贵族德·韩斯卡伯爵夫人，当时 33 岁，丈夫 60 岁，且身体不好，巴尔扎克有望在其死后与德·韩斯卡夫人结为夫妇。可是，当 1850 年 3 月俄国沙皇恩准这桩跨国婚姻的时候，巴尔扎克已是重病在身了。举行婚礼之后，年已半百的新郎偕同新娘启程返回法国。途中巴尔扎克再次病倒，双目几近失明，5 月抵达巴黎时已一病不起。1850 年 8 月 18 日，巴尔扎克去世，年仅 51 岁。8 月 21 日，在拉雪兹公墓举行葬礼，自发的送葬行列绵延了好几条大街，几乎望不到尽头。巴尔扎克一生中与女人的关系，以与这两个女人为最重要，不知道哪一个是情欲，哪一个是爱情。在落日的霞光中，维克多·雨果致悼词，面对着这位没有任何正式头衔的伟大作家，他说："在最伟大的人物中间，巴尔扎克属于头等的一个，在最优秀的人物当中，巴尔扎克是出类拔萃的一个……他所有的著作汇成了一本书，一本活生生的、光辉灿烂、意义深远的书，我们当代全部文明的来龙去脉、其发展及动态，都以令人惊骇的现实感呈现在我们面前。"雨果的话，可以说是道着了巴尔扎克作为一个作家的根本。

巴尔扎克曾经说："法国社会将成为历史家，我只应当充当它的秘书。"巴尔扎克太谦虚了，他不满足于当这个社会的秘书，不满足于承担这个社会的文字记录工作。他是哲学家的化身，尼采笔下的哲学家：一个"不断地生活、观看、倾听、猜测、希望和梦想一些非同寻常的事物"的人。他的《人间喜剧》是一座"比布尔热大教堂还要宏伟"的建筑，他在其中安排了两三千个人物，他们在巴黎这座炼狱中"生活、搏斗、感受"，演出了一出出惊涛骇浪般的生命的活剧。《人间喜剧》分为三个部分：《风俗研究》《哲理研究》和《分析研究》，《风俗研究》是基础和主体部分，以下等而次之。由于巴尔扎克51岁即已辞世，《人间喜剧》没有最终完成，基础和主体部分显得过于庞大，但是整个建筑仍然彼此勾连，结为一体。如他所说："《风俗研究》表示社会的效果，是建筑的基础。第二部分是《哲理研究》，因为效果的后面是原因（……）然后，在效果和原因的后面应该寻找法则。风俗是演出，原因是后台和机关。法则是作者，但是作品在盘旋直上达到思想的高度的过程中，它自己也在衡量和凝结。"其实，效果、原因和法则，同时存在于一部小说中，例如《驴皮记》《高老头》《路易·朗贝尔》等。

《风俗研究》分为六个系列，代表了"社会的通史"，它们是：《私人生活场景》《外省生活场景》《巴黎生活场景》《政治生活场景》《军旅生活场景》和《乡村生活场景》。《私人生活场景》以《高老头》为代表，描写"童年、少年及其错误"，揭露了金钱的罪恶；《外省生活场景》包括《幽谷百合》《欧也妮·葛朗台》《幻灭》等小说，表现"激情、算计、利益和野心的年纪"；《巴黎生活场景》有《十三人故事》《烟花女荣辱记》等，展现了巴黎这座现代化大都市的"趣味和恶习的场面"；《政治生活场景》以《一桩扑朔迷离的案件》为代表，描绘了资产阶级政客如何在频繁的政权更迭中节节上升；《军旅生活场景》只有一部小说：《舒昂党人》，描写了群众如何在贵族僧侣的欺骗下逐步走向叛乱；《乡村生活场景》有《农民》《乡村教士》和《乡村医生》等，描写了农村中"最纯真的性格和政治、伦理等大原则的实行"。《哲学研究》，巴尔扎克认为这是理解他的小说的关键，有《不为人知的杰作》《绝对之探求》《路易·朗贝尔》和《驴皮记》，其中《驴皮记》是连接《风俗研究》和《哲理研究》的纽带，有"不读《驴皮记》，就不能真正理解巴尔扎克"的说法。《分析研究》只有两部小说：《婚姻生理学》和《夫妻生活的小烦恼》，是《人间喜剧》相对比较薄弱的部分。

那么，巴尔扎克通过《人间喜剧》告诉我们的，首先是社会的现实还是人生的奥秘？首先是镜中的映象还是神秘的象征？换句话说，我们对《人间喜剧》首先应作历史的理解还是哲学的领悟？前者是观察的结果，后者是洞观的结果，两者并非不能兼容，分歧的焦点是何者为重，何者为轻：是写实为重创造为轻，还是创造为重写实为轻？

波德莱尔曾经这样论巴尔扎克："我多次感到惊讶，伟大光荣的巴尔扎克竟被看作一位观察者；我一直觉得他最主要的优点是：他是一位洞观者（le visionnaire），一位充满激情的洞观者。他的所有人物都秉有那种激励着他本人的生命活力。他的所有故事都深深地染上了梦幻的色彩。与真实世界的喜剧向我们展示的相比，他的喜剧中的所有演员，从处在高峰的贵族到处在底层的平民，在生活中都更顽强，在斗争中都更积极和更狡猾，在苦难中都更耐心，在享乐中都更贪婪，在牺牲方面都更彻底。总之，在巴尔扎克的作品中，每个人，甚至看门人，都是一个天才。所有的灵魂都是充满了意志的武器。这正是巴尔扎克本人。由于外部世界的万物都带着强烈的凸起和惊人的怪相呈现在他精神的眼睛前面，他使他们的形象抽搐起来，使他们的阴影变得更黑，使他们的光明变得更亮。他对细节的异乎寻常的兴趣与一种无节制的野心有关，这野心就是什么都看见，也把什么东西都让别人看见，就是什么东西都猜出，也把什么东西都让别人猜出，这种兴趣迫使他更有力地勾画出主要的线条，以便得到总体的远景。他有时让我想到那蚀刻师，他们绝不满足于腐蚀，而是把雕版的刻痕变成一道道沟壑。从这种自然的、令人吃惊的才能中产生了奇迹。"这段引文太长了，但我必须把它引完，因为它实在太精彩了，精彩的关键在于"精神的眼睛"，有了它才有所谓"洞见"，所谓"第二视力"，所谓透过现象看到本质。以《驴皮记》为例，可以很好地说明巴尔扎克的"精神的眼睛"如何通过法国七月革命之后的种种社会现象看出了人在"欲"和"能"的交互煎熬下的必然出路：要长寿就必然舍弃快乐，要快乐就必然减少寿命。正如古董商人所说："人类因为他的两种本能的行为而自行衰萎，这两种本能的作用汲干了他生命的源泉。有两个动词可以表达这两种致死原因所采取的一切形式：那便是欲和能……欲焚烧我们，能毁灭我们；但是，知却使我们软弱的机体处于永远宁静的境界。"他利用一个东方故事的寓意，以一张驴皮为载体，深刻地揭示了人生的两难选择。主人公拉法埃尔在生命将尽的时候，倘若他拒绝爱情，尚可苟延残喘，但是他在最后一刻爆发了激情，而任凭那张驴皮带走了他的生命。拉法埃尔几经犹豫，还是选择了"强烈的生活"，让知在社会的诱惑面前无能为力。巴尔扎克在《驴皮记》的初版序言中说："在诗人或的确是哲学家的作家那里，常常发生一种不可解释的、非常的、科学亦难以阐明的精神现象。这是一种第二视力，他使他们在各种可能出现的境况中猜出真相，或者说，这是一种我说不清楚的力量，它把他们带到他们应该去、愿意去的地方。他们通过联想创造真实，看见需要描写的对象，或者是对象走向他们，或者是他们走向对象。"这种第二视力，我在前面已经说过，"巴尔扎克在旺多姆中学的学生时代就已经具备了"。

细细地品味波德莱尔的话，我们发现，他在表面的不经意中句句打中了巴尔扎克和《人间喜剧》的要害。首先，他的兴趣在于巴尔扎克笔下的人物。他们可以是贵族，也可以是平民；他们可以在鲍赛昂子爵夫人的舞会上周旋，也可以在伏盖公寓的餐桌上调笑；但是，他们个个都具有超乎常人的品质，这种品质不是现实中人的多种品质的集合或堆积，而是各种品质都臻于极致的浓缩、提炼和升华，也就是说，"所有的灵魂都是充满了意志的武器"。他们已经不是现实生活中的人了，他们都超越了平凡的现实生活，个个变成了"天才"；然而他们并非不食人间烟火的神灵或鬼魅，他们都在具体的情欲中煎熬，人人都变成了"怪物"；正因为如此，他们一方面能使读者感到惊奇甚至害怕，一方面又能让读者信以为真，承认其强大的"生命活力"。波德莱尔所列举的五个方面：生活、斗争、苦难、享乐和牺牲，看起来是信手拈来，随口而出，实际上是他对巴尔扎克的人物的命运的高度概括。那五个"更"字既显示出对现实生活的超越，又透露出其中所交织着的千丝万缕的联系。这些人物的活动是建立在细节真实的环境中的，而细节之真实甚至准确当然是观察的结果，但是他们之成为生气灌注的人则并非仅仅得力于观察，他们更主要的是一种近乎神秘的直觉的产物，即他们是洞观者巴尔扎克的创造物。对巴尔扎克来说，由观察到创造，并不是经过理性的分析，而是经由一种不能自已的神秘经验。

波德莱尔虽然肯定了细节对于巴尔扎克的重要，但是他更欣赏巴尔扎克的"无节制的野心"，这种野心使他通过细节的勾画获得"总体的远景"，这就是说，巴尔扎克从来不停留在细节的真实准确上，而是力求对世界有一种整体的把握。在他的小说中，任何细节都不是孤立存在的，它总是与其他细节有联系，总是透露出人物的某一情欲的消息，总是开辟了通向"统一世界"的道路。他的人物也都不是只为自身存在的，他们总是具有某一种象征的意义。例如，妓女的数量和重要性，现实的法国社会和他在《人间喜剧》中的描写，是不相符合的，但是他通过对妓女的数量和重要性的强调，通过对其爱情的描写，表现出一种人生的经验，即通过爱情达到永恒。波德莱尔曾经发出这样的惊叹："啊，伏脱冷，拉斯蒂涅，皮罗多，《伊利亚特》中的英雄们只到你们的脚脖子……"在他看来，巴尔扎克的人物甚至有了神话的意义，他们已经摆脱了个人的、孤立的存在，成了比古代世界的英雄更为高大的现代世界的英雄。

在波德莱尔的眼中，巴尔扎克既是《人间喜剧》的创造者，又是《人间喜剧》中最伟大的演员。他早在《1846年的沙龙》一文中就曾经指出过："奥诺雷·德·巴尔扎克啊，您是您从胸中掏出来的人物中最具英雄气概、最奇特、最浪漫、最有诗意的人物!"巴尔扎克的人物就是他本人，因为他全部身心都深入到人物的灵魂中去，他把激励着他自己的那股顽强而巨大的"生命活力"无保留地给了他的人物。这正是他的秘密。他进入自己的人物群中，如同进入超我无我的境界之中，思维言语、举手投足都若有神助，实际上，他不再指挥他的人物了，他们都有了自己的生命，有了自由，他们和他们的创造者完全融合在一起了。正是在这个意义上，波德莱尔才说，巴尔扎克"是《人间喜剧》中最好奇、最滑稽、最虚荣的人物"。

面对着"梦幻的伟大追求者,不断地《探求绝对》的巴尔扎克,波德莱尔指出:他的"所有故事都深深地染上了梦幻的色彩"。巴尔扎克洞悉每一个人物,透视每一件事情,在他的"精神的眼睛"前面,世界的每一个凸起变得更加强烈,社会的每一种怪相变得更加惊人,也就是说,在他的精神的眼睛的观照之下,世界既是一个被放大了千百倍的世界,又是一个被剥去了种种表象的全然裸露的世界。本来是一个肉眼可以观察到的实在的世界,现在变成了一个只有精神的眼睛才能看见的梦幻的世界。巴尔扎克不但在梦幻中创造了一个世界,而且把自己的梦幻披露在世人的面前,要求他们也具有一双能够看见这梦幻的精神之眼。唯其如此,他才能"给十足的平凡铺满光明和绯红"。然而这梦幻却并非荒唐无稽之物,而是"一种文明所产生的怪物及其全部斗争、野心和疯狂"的象征,是"他把全部身心都投入其中"的那种创造:人我两忘,浑然不辨,超越了现实,却具有更高的真实,既蕴含着历史的透视又闪烁着哲理的光辉。

综上所述,波德莱尔说巴尔扎克是一位洞观者,其含义是:一、他用想象的世界代替了存在的世界,他借用了后者的物质材料,根据他个人的神话重新加以组织,创造了一个新的世界。巴尔扎克的创造是一种诗的创造,神话的创造,也就是说,他用象征取代了现实。二、在巴尔扎克的作品的内在世界和超自然的世界之间,存在着一种神秘的、超验的联系。揭示这种联系主要依靠直觉的洞观,精细的观察只能提供具体的材料,并不能达到事物的本质。三、我们不能通过《人间喜剧》来认识法国社会,法国社会也不能印证《人间喜剧》。我们应该对《人间喜剧》进行诗的、哲学的把握:即它表现了一种超时空的人和世界的关系。

波德莱尔之后，过了 90 年，也就是 1946 年，有一位瑞士批评家，名字叫作阿尔贝·贝甘，写了一本书，叫作《一读再读的巴尔扎克》，其中有一篇长篇论文，题为《洞观者巴尔扎克》，该论文的主旨是，不应该把巴尔扎克看作是一位"现实主义小说家"；他是一位神话的创造者，他以真实的世界为中介创造了一个超自然的、内在的世界。总之，他具有一种"第二视力"。1967年，法国的巴尔扎克研究者彼埃尔·巴尔贝里斯在其巨著《巴尔扎克与世纪病》的前言中说："小说家（指巴尔扎克——引者注）很少想象，他大量地从自己的家史中、从他往来的圈子中、从时事中、从看过的戏中、从无数读过的书中汲取素材。一个苦于寻求主题的稿件提供者在现实中所进行的这种不断地吸取丝毫也没有损害那种著名的'洞观者'的能力，然而知道他从事实出发，人们就能更好地估量他那种直奔问题的奇才。现实主义者巴尔扎克还是洞观者巴尔扎克，这个著名的难题由此而正在被解决。"由此可知，现实主义者巴尔扎克还是洞观者巴尔扎克，这是一个难题，至于它是否正在被解决，恐怕又是一个难题。起码在我们中国是如此，甚至"第二视力"、"洞观者"这样的说法至今尚未引起研究者的注意，如何能谈得上观察与洞观至今的对立或者升华呢？

最后，让我以一则小故事结束我的演讲：巴尔扎克的朋友于勒·桑多从家乡回来，告诉他说他的妹妹病了，而巴尔扎克可以打断他，说："原来是这样，我的朋友，那我们再回到现实中来吧：咱们说说欧也妮·葛朗台吧！"他把他的想象当成了现实！这就是巴尔扎克，一个全神贯注地、毫无保留地、不辨物我地投入到艺术的想象中的伟大的作家。

在结束我的演讲的时候，我还要讲一件事：我在 1986 年写过一篇文章，叫作《巴尔扎克：观察者？洞观者？》，提出"巴尔扎克是一位洞观者"，这当然不是什么创见，只不过是把一百多年前波德莱尔、贝甘等法国批评家的观点引入中国而已，意在开拓中国学术界的眼界发掘巴尔扎克研究的深度。文章发表后，反响不是很大，只在黄晋凯于2000年出版的《巴尔扎克文学思想探析》中把关于"第二视力"的论述放在重要地位，从而为开辟巴尔扎克研究的新方向做出了有益的探索。2013年，我参加了彭冬林先生的博士论文答辩，论文的题目是《巴尔扎克作品的象征美学向度》。这是北京外国语大学的一篇论文，在沈大力教授指导下完成，论文的主旨是论述巴尔扎克首先是一位洞观者，摈弃了加在巴尔扎克身上的现实主义等的标签，作者声称我的文章"引发"了他对这个问题的"思考"。巴尔扎克是我涉猎的对象，并不是我的写作对象，"引发"等说法有夸大之嫌，不过，总算有人在"洞观"的方向上继承了前人的方向，这还是令人高兴的事。

2004年9月，北京

左拉百年祭

　　1880 年 5 月 1 日，巴黎市面上出现了一本短篇小说集，名字叫作《梅塘之夜》。小说集是由夏邦吉埃于 4 月 17 日出版的，包括左拉的《磨坊之役》、莫泊桑的《羊脂球》、于斯芒斯的《背包》、塞阿尔的《刀口》、厄尼克的《大 7 楼事件》、阿莱克西的《战役之后》。开头有左拉的几句话，谈到"独特的观念"，谈到启发这些小说的是"同一种哲学"。这"观念"，这"哲学"，乃是自然主义。《梅塘之夜》的出版引起了不小的轰动，"轰动"一词在这里有两个意思，一个是读者反应热烈，一个是批评家口诛笔伐；前者惜乎不见文字，后者往往披诸报端；总之是引起了轩然大波。正如厄尼克所说："批评界愤怒了，……我们不怕；我们觉得好玩。公众觉得好玩，就买书。"这本书讲述的是普法战争中的故事，卖得极好，于是，更多的法国人知道了梅塘，一个在巴黎以西、靠近塞纳河的小镇。

　　2002 年 10 月初的一个星期六，我和妻子来到了梅塘。100 多年前的梅塘，还是乡下，正如左拉在给福楼拜的信中所说："我买了所房子，是个兔笼似的楼房，位于普瓦西和特里埃尔之间，塞纳河边的一个迷人的偏僻角落，价格是 9000 法郎。我告诉你价格是为了让你别太见怪，我是用写作的钱买下乡间这个简陋的住所的。它的优点是远离一切喧闹的居所，而且周围没有一个资产者。"信的口吻是谦卑的，颇像一个面对严师的小学生，而且对于"资产者"表现出一种避之唯恐不及的傲慢。左拉买了别墅，显然是有钱了，然而他自奉为老师的福楼拜会因此而责怪他吗？不会，因为他用的是他的劳动所得，并非不干净的钱。

　　1840年4月2日，左拉生于巴黎，3岁即随父母迁往埃克斯-普罗旺斯，7岁时父亲去世，从此孤儿寡母相依为命。18岁，左拉随母亲重返巴黎，没有通过中学会考，从此便放弃了学业，投入茫茫人海。那可真是饥寒交迫的日子，月薪60法郎的工作，他不能不接受，进了阿歇特书局，工资也不过一个月100法郎。他经常过的日子是面包加黄油，几天不见一星儿肉，有时甚至捕屋顶上的麻雀用挂窗帘的铁丝烤熟了吃，聊以充饥。他把仅有的几件衣服送进当铺，就一个星期不出门，把床单裹在身上，还美其名曰"化装成阿拉伯人"，而不以为苦。直到1876年，他把《小酒店》先后卖给《公益报》和《文学共和国》，以供连载，得了9000法郎的版税，方才彻底告别了饥寒交迫的日子。左拉为了能有一个安静的环境实现宏伟的写作计划，为了他那含辛茹苦的母亲能有一个休息的地方，有了钱自然要买一栋房子，况且是个"兔笼"似的房子。他对福楼拜说："我不像您，您有一笔小小的财产，可免为许多事情担忧。"他不同，他要有一个稳定的生活，就要不断地写出作品，就要成功。可以说，自《小酒店》以后，他免除了后顾之忧，可以专心致志地投入写作，他甚至在梅塘大兴土木，供朋友们切磋、谈笑、休闲之用。左拉一方面心无旁骛地工作，一方面不乏友朋的往来，梅塘果然是一个理想的所在。

　　如今的梅塘与原来左拉的描述大不相同，途经的火车已不设站，从维莱纳下车，要走半个多小时，方可到达。但是最大的区别，是房子多了，而且漂亮，多为两三层的小楼，色彩形状，各个不同，散布在平缓的山坡上，碧绿的草坪，绽放的鲜花，丛丛的灌木，树叶变黄、变红或仍保持着绿色的巨大的树，对小镇来说不失宽阔的马路，古意盎然的路灯，俨然一个大花园。几只乌鸫在草地上跳跃，不时发出悠长的鸣啭。天高云淡，正午的阳光已经不那么强烈了，毕竟是秋天了。空气温暖而明净，微风吹在脸上，让人感到很舒服。建于16世纪的教堂空无一人，不大却庄严，土黄色的墙壁显示出它的古老。街上很清净，几乎没有人走动，只有一辆辆的汽车，或开或停，给僻静的小镇带来生气，使小镇显得静谧，安详，美丽。至于"资产者"，恐怕不能说"一个都没有"吧；而"兔笼"，倒是一个也见不到了。

　　1876年4月30日，左拉的《小酒店》开始在报刊上连载。这是法国第一部以工人为主角、真实再现工人阶级的悲惨生活和恶劣的劳动环境的小说，左拉的用意是"描写民众阶层并通过它解释民众之风俗"，他希望"既不美化工人也不诋毁工人"，描绘出"一幅本身就体现出道德状况的可怕的画"。看来他成功了，一是因为他受到来自资产阶级卫道士的猛烈攻击，二是因为这本书读者极其踊跃，1877年1月成书出版，当年就印了近百次。左拉就是用了《小酒店》的版税，于次年5月买下了梅塘的房子。后来，他又陆续买下了与房子毗连的地产和塞纳河中的一个小岛，扩大了花园，修建了一个暖房和养鸡场等，栽植了一片小树林，梅塘别墅的面积从1200平方米增加到了42000平方米。为了接待朋友，他在房子的两侧各修了一栋塔楼，看起来颇为壮观。为了左拉和他的朋友们喜欢的塞纳河，莫泊桑"亲自从贝松弄来了一条船"，左拉命其名曰"娜娜"，因为他当时正在为小说《娜娜》写提纲。写小说，在他看来是一件极其严肃的事情，每写一部小说，他都要事先收集资料，阅读理论甚至专业的书籍，到情节展开的地方去走动，访问有关的人，然后开列提纲，提纲列好之后，就投入紧张的工作。法国作家佛朗索瓦·努里西埃说得好："房子，对于一位作家来说，首先不是居家的所在，也不是社会地位的象征，它首先是一座堡垒，一道布景，保护着或者手上一支笔或者在屏幕前度过的早晨几个小时和晚上漫长的时光（如果不是像福楼拜在克洛瓦塞那样'吞下'刚刚结束的一页纸……）。"因此，梅塘别墅即可以保证左拉安静、不受干扰地工作，又可以享受朋友来访的友谊的快乐。自从左拉住进梅塘别墅，他的朋友和弟子就纷纷前来拜访，他们中有福楼拜、塞尚、屠格涅夫、都德、龚古尔兄弟以及莫泊桑、于斯芒斯、阿莱克西等。闲暇时光，他们一起划船、游泳、垂钓、饮宴、散步、讨论文学和艺术。一次，左拉邀请莫泊桑、于斯芒斯、阿莱克西、厄尼克和塞阿尔参加"六人谈"，讨论自然主义问题。阿莱克西提出何不出版一本短篇小说集，每人拿出自己的得意之作，塞阿尔甚至起好了名字，就叫《梅塘之夜》："我们以《梅塘之夜》向这个可爱的家表示敬意。我们在这里受到左拉夫人母亲般的照顾，她把我们变成了被溺爱的大孩子并以此为乐。"厄尼克回忆说："我们是在一个晚上有了这个主意的，吃过晚饭以后，我们谈起了1870年战争的回忆。"这个主意得到左拉的赞同，众人分头开始工作，不久，小说集经莫泊桑审阅，就出版了，这就是本文开头提到的《梅塘之夜》，文学史也从此平添了一段"梅塘学派"的佳话。

现今的梅塘别墅，已经成了左拉博物馆，中间是一栋两层的小楼，即左拉所称"像兔笼一样的楼房"，两边各有一座塔楼，皆以左拉的作品命名：左边的稍高，叫作"娜娜楼"，右边的高出一大层，叫作"萌芽楼"，周围绿树环抱，鲜花盛开。在讲解员的带领下，我们参观了几间屋子，左拉的工作间给我们留下了深刻的印象。房间很大，一面墙上挂着壁毯，门窗上镶着彩绘的大玻璃，画着奇怪的树和一只白鹳，墙角放着不问真假的中世纪武士的盔甲等物，桌子却不大，使人想到法国的大作家往往都使用很小的桌子。硕大的壁炉，两侧饰有人像，上方的墙上写着左拉的座右铭："生命不息，创作不止（NULA DIE，SINE DEA）"。他早晨7点钟起床，然后洗澡，吃早餐，9点到13点工作，天天如此。开门站在阳台上，面对的是一片美丽的风景：远处是山坡，山坡上有白色的房子和浓密的树林，近处是宽阔而平静的塞纳河，一条带子似的在阳光下闪烁。左拉的生活简单朴素，不喜社交，喧闹，他躲在偏僻的梅塘，避开了巴黎的喧嚣，似乎可以安静地工作了。在"萌芽楼"，底层是一间很大的弹子房，二楼有一间制衣房，左拉夫人喜欢在早晨大家还没起床时缝制衣裳。讲解员说，1888年，左拉家里来了一个文静谦虚、心灵手巧的年轻女工，叫让娜·罗兹洛。年已48岁的小说家爱上了20岁的她，并育有一女一子。后来颇为大度的左拉夫人接受了他们，并允许孩子姓左拉。楼的后面是一个大院子，中间是一座左拉的头像，皱纹堆垒，嘴角下撇，覆着浓密的胡须，脸微微上扬，显出一副桀骜不驯的样子，但也透着一丝忧郁。看到这尊头像，我不由得想起莫泊桑对他的描绘："左拉，中等身材，略为肥胖，一副好好先生的面貌，看起来有点儿固执。他的头跟古代意大利油画上的十分相像，虽然不美，但颇有力量和智慧的特征。短短的头发矗立在十分发达的前额上，端正的鼻子，长在被相当浓密的黑胡子盖着的上唇上面，看起来很清楚，好像被刻刀突然切削出来的一样。他的脸很胖，但不乏坚毅之气，脸的下部被修剪得很短的胡须遮盖着。他是近视眼，眼珠乌黑，目光尖锐，总在探索着什么，他的微笑有时是恶意的，有时是嘲弄的，他的上唇怪样地、讥笑似的翻起，线条十分特别。他浑圆而强健的身子使人想到一颗炮弹；他的名字（Zola，由两个响亮的元音缀两个铿锵的辅音组成）读出来的声音给人一种粗鲁的感觉，他大胆地一直用着这个名字。"院子中间摆着一大片白色的椅子，据讲解员说，第二天要举行隆重的活动，有希拉克总统出席并发表演说，业已封闭的铁路也将从新开启。这一天，人们可以直接在梅塘下车了。噢，原来今年是左拉逝世一百周年啊，怪不得前庭正在举行左拉纪念邮票的发行活动呢，而第二天，左拉作品的爱好者要举行例行的纪念活动。

左拉获得了梅塘的安静，一年中大部分时间在这里度过，但是他的创作活动却并不平静，因为他在文学批评界结怨甚多，耳根颇不清净。梅塘不仅是一种新的生活方式，也是腐朽的巴黎的反面，飞短流长、政治阴谋和守旧及时尚在这里几乎没有地盘。左拉可以在这里创造一种崭新的、科学的、严谨的艺术。他在中学时代即开始了文学活动，没有受过系统、完整、全面的教育，读书很杂，又受到达尔文的进化论和克洛德·贝尔纳的实验生物学的影响，因此文学批评界指责他文笔滞重，描写粗俗，过分夸张，甚至"猥亵""色情""腐朽"等词汇一股脑儿泼在他的头上。埃米尔·法盖如此评价左拉："他太早地从事写作。任何一个30岁之前写作的人，任何一个20岁到30岁间的人，倘若不把黄金时间用于阅读、观察、思索，倘若在这段时间里不能做到只字不写，那就很可能不具备判断力，而仅仅是个文学工匠而已。有一些例外，但十分罕见。"左拉不在例外之列。这算是客气的批评。左拉38岁到梅塘，直到他去世，共计14年，期间一年在英国流亡，他出版了《娜娜》《土地》《萌芽》《家常琐事》《妇女乐园》《萌芽》《土地》《梦想》《事业》《巴黎的肚子》《人面兽心》《金钱》《卢尔德》《罗马》《巴黎》《劳动》《真理》等长篇小说，还有大量的中短篇小说、剧本、文学评论和政治评论。他的作品风格雄浑，描写细腻，语言通俗，暴露了社会的底层（例如工人阶级）

的悲惨境遇，鞭挞了上流社会荒淫腐朽、纸醉金迷的生活，讴歌了劳动的伟大，大声疾呼社会改革，向往并坚信社会向着公平和正义的进步。左拉用他的笔挑开了绣着金丝银线的幕布，让人们看见了隐藏在后面的虚伪和邪恶，正是这一点触怒了那些高雅的读者以及站在他们前面的批评家，所以，他每发表一部作品，都要受到来自各个角落的批评，甚至谩骂。他大声疾呼："为什么要这样地撒谎呢？你们骗不了任何人。在所遇到的假面具下，所有的面孔都是熟悉的。见面时你们相互狡狯地笑笑，好像是说'我全都知道'；你们彼此交头接耳，谈的是社会新闻，桃色事件，个人隐私；但是如果出来一个冒失鬼高声说出上流社会一切公开的秘密，就会有人叫喊，有人假装盛怒，有人像萨玛丽纳一样假装正经，像罗拜·马盖尔一样假装受不了委屈。可是，我呢，我才不怕呢，我就要做这个冒失鬼。"这个"冒失鬼"得罪了那些伪君子以及受他们蒙蔽的、近乎盲目的民众，但是他得到了一切正直的知识分子和渴望公正的读者的尊敬和爱戴。

说到"知识分子"，这个名词的流行是与左拉有着不解之缘的。1898年1月13日，《震旦报》在第一版上刊登了左拉《致共和国总统费利克斯·富尔先生的公开信》，报纸的总编辑乔治·克雷孟梭和社长恩斯特·沃甘加了一个挑衅、刺激的大标题：《我控诉!》。这封信是主张德莱福斯无罪的公众舆论对宣布真正的罪人埃斯特哈兹无罪的陆军参谋部的回答，信中，左拉把几个文职和军职的高层领导人作为掩盖司法错误的同谋推上了被告席。从第二天开始，《震旦报》连续20多天不断地刊登读者来信，其中有两篇"抗议书"，汇集了几百人的签名，他们大部分是大学教授和文学艺术界人士，他们宣称"签名者抗议1894年的诉讼违反了司法形式，抗议围绕着埃斯特哈齐案件的神秘，坚持要求重审"。1

月 23 日，克雷孟梭写道："知识分子来自各地，这难道不是一个他们为了信念聚集到一起的信号吗？"文中的"知识分子"一词以斜体排出，说明这个词罕见，未曾广泛地使用，而且多用作形容词，有肤浅或艰涩的意思。一个星期之后，这个词被当时最有威望，也最有争议的作家莫里斯·巴莱斯抓住，于 2 月 1 日在《日报》上写了一篇文章：《知识分子的抗议》，公开嘲笑知识分子也就是抗议者的"自命不凡"，并说："除了犹太人和抗议者之外，所谓知识分子的名单大部分是由傻瓜和外国人组成，其中有几个善良的法国人。"自此以后，"知识分子"这个词作为名词大行其道，其贬义的色彩由于抗议者主动的接受而消失殆尽，延续了法国自伏尔泰开始的文人关心国事、呼吁正义、为民请命的传统。一个词的词性变化，一个词的流行与否，说明一种观念的兴起与衰落，左拉的《我控诉！》是一个标志。

1894 年 10 月 15 日，阿尔弗莱德·德莱福斯上尉被法兰西第三共和国的军事法庭逮捕。事情是这样的：法国军队的情报部门掌握了一桩叛卖罪行的"证据"，并通过媒体广为传播。《费加罗报》发表文章《一桩叛卖的事件》，提出推断，为逮捕"一名法国军官"张目。反犹主义的《自由言论报》甚至指出这名军官是一个犹太人，并给出了姓名。所谓"证据"，乃是泄露给德国大使馆的一份"清单"，上面开列了一些大炮的零部件。于是，军事法庭进行了秘密审判，德莱福斯被认定向外国势力提供情报，于 1894 年 12 月 22 日被一致判决褫夺军籍，终身流放。1895 年 1 月 18 日，德莱福斯被送至法属圭亚那的魔鬼岛。但是，德莱福斯的亲人和好友坚信这是一桩冤案，他们竭尽全力揭发参谋部的操纵者的真面目，使案件陷入无穷无尽的司法程序之中。军方以捍卫国家利益为名，蒙蔽和操纵了大批爱国的也常常是反犹的人们。在代表国家秩序的力量中，有一个人相信德莱福斯是无辜的，他就是监狱的负责人费迪南·佛齐奈蒂少校，他在《费加罗报》上发表文章说："我凭直觉认为这名军官是无辜的。"10月24日，他对德·布瓦代福尔将军说："我们步入了歧途，这名军官是无罪的。"他还愤怒地谴责了负责审问德莱福斯的帕蒂·德·克拉姆少校的做法："在见到德莱福斯之前，他问我是否可以偷偷潜入他的牢房，带着一盏亮度很大的灯，朝上尉的脸上射出一股强光，在他不知所措的时候突然抓住他。我说不行。"佛齐奈蒂少校因在上级、同事、记者面前公开地说出了他的信念，而被解了职。宣判的当天晚上，德莱福斯上尉说："我的唯一的罪行是生而为犹太人。"1897年7月，新到情报处任职的皮卡尔少校发现，所谓"清单"出自一个原籍匈牙利、债务缠身的埃斯特哈齐少校之手，他是那个使德莱福斯蒙受不白之冤的造假的人，参谋部不得不进行调查。1898年1月10日，军事法庭秘密开庭，传讯埃斯特哈齐，第二天，埃斯特哈齐竟被一致宣布无罪，当庭释放。左拉被激怒了，他要求公正并公开地辩论德莱福斯案件，他于1月13日在《震旦报》上发表了《我控诉!》，中间仅仅隔了两天！我在参观的时候，仿佛看见左拉躬着伟岸的身躯，伏案奋笔疾书、文不加点、一气呵成的情景，尽管那封信不是在梅塘写的！那可是一封译成中文有一万多字的文章啊！

左拉知道军方将以诽谤罪起诉他，他的公开信的结尾这样写道："我只有一种激情，为了如此痛苦、有权得到幸福的人类的真相大白的激情。我的如火如荼的抗议不过是我灵魂的呼声。让他们把我带到重罪法庭上去吧，让调查在光天化日下进行吧！我等着。"果然，法庭没有让左拉久等，对他的起诉从2月7日就开始了，直到24日结束，进行了三个星期。左拉对他的律师说："多为德莱福斯辩护，少为我辩护。"律师庄严地宣布："我不相信在任何时代有案件比这个案件更深地搅动了公众的良心。"辩护经常被反德莱福斯派的鼓噪打断，乔治·克雷蒙梭最后对法官说："该你们表明态度了，不是对我们，而是对你们。我们在你们面前接受审判。你们在历史面前接受审判。"左拉的态度极其庄重，几乎只有在反驳佩里厄将军的蛮横无理时才打破沉默，他说："对法兰西效劳有各种方式，可以用剑也可以用笔。佩里厄将军先生也许取得了伟大的胜利，但我也是胜利者。通过我的作品，法兰西语言被带到了全世界，这就是我的胜利！我把佩里厄将军的名字和左拉的名字传给后代，他们会选择的！"他说得没有错，后世的人们记住了左拉的名字。在他之前，夏多布里昂发出豪言壮语："拿破仑在政治上称霸，我则在文学上称霸。"他敢于平视拿破仑，文学与政治是平等的；巴尔扎克在卧室里放了一尊拿破仑的小铜像，底座上写着："他用剑未完成的事业，我用笔完成。"口气甚大，其狂可知。到了左拉，文学与政治、军事等的关系已经变化了，但是在"为法兰西效劳"这个崇高的目的上，文学并不输于军事。这等豪气今天已经很少见了。

最后一次审判，混乱达到了顶点，有描述道："人们狂怒了，一片斥骂声。煤气灯黄色的灯光下，无数混杂的呼气形成的水蒸气里，身穿制服的军官挥舞着拳头，站在长凳上破口大骂，从不敢想象这种地方会出现这种场面。不过，当陪审团团长面色苍白，哽着嗓音发出两声'好'，同意把被告交给法官时，辱骂声立即变成了欢笑声、跺脚声、喊叫声、笑声；外面，一群人声嘶力竭地吼着……法庭内，一小撮人两眼喷火，脸色苍白得可怕，互相拥抱，他们搂得那么紧像是在宣誓。"1898年2月23日，仅仅经过35分钟的辩论，左拉的诽谤罪成立，被判入狱一年，并罚款3000

法郎。左拉理所当然地不服判决，律师提出上诉。1898年4月2日，最高法院撤销了巴黎重罪法庭的判决，5月23日，该案在凡尔赛重罪法庭重新开庭。7月18日，重罪法庭宣布，2月23日的判决有效。开庭时，律师说，既然法庭不愿意出示证据，他的委托人拒绝出庭。左拉在一片吵嚷声中走出了大厅，他被处以缺席判决。克雷孟梭说："如果左拉被宣告无罪，我们没有一个会活着出来。"法庭内外，"打倒左拉！"、"绞死左拉！"、"淹死左拉！"、"绞死犹太人！"、"淹死德莱福斯！"、"掏出左拉的内脏！"、"给左拉一个哄！"等口号，此起彼伏，不绝于耳。律师劝左拉，不妨出走，让判决无法执行，也给对方留下一个"可怕的威胁"，等时机成熟时再回来。左拉不同意，他抱定了"宁坐牢不逃跑"的决心，但是，在克雷孟梭等人的说服下，从斗争的大局考虑，左拉还是被迫接受了他们的"计谋"，于次日匆匆离开法国，前往伦敦。左拉流亡时近一年，于1899年6月5日回到法国。1899年9月9日，雷恩军事法庭经过一个多月的辩论，仍然判定德莱福斯有罪，但迫于形势的压力，将终身囚禁改为十年徒刑。此判决一出，立即引起国际上的不满，几天以后，总统宣布特赦，陆军部长也就此宣告"案件业已结束"，号召各派和解。德莱福斯尚未完全昭雪，左拉和他的朋友们并未因此放弃斗争，直到1906年7月12日，雷恩军事法庭才宣布德莱福斯无罪，恢复了他的军籍。至此，德莱福斯案件才算画上了句号，可是，左拉已于1902年9月28日夜间至29日凌晨，在他巴黎的寓所里，神秘地去世了。

德莱福斯案件涉及的不仅仅是一个人，尽管个人的生命和名誉值得尊重；也不仅仅涉及犹太人，尽管犹太人在法国的命运关系到法兰西民族的前途；德莱福斯案件关系到法国的国家利益，它使法国全民分裂成针锋相对的两大派；它更关系到社会的正义和法律的公平。12年间，德莱福斯案件成了一件分裂法兰西共和国、使之濒临内战的政治事件，左拉的介入完全是出于一个知识分子关注国家大事和社会正义的良知。在德莱福斯上尉被以间谍罪论处的时候，左拉正在外地，他像大部分法国人一样，也听信了军方的宣传，认为德莱福斯有罪。但是，他一直对反犹主义深恶痛绝，"对人们聚集起来攻击一个单枪匹马的人表示强烈愤怒"。德莱福斯的亲人坚持要求重审，记者贝尔纳·拉扎尔的拜访，尤其是1897年秋，路易·勒布卢瓦告诉他，皮卡尔上校掌握了埃斯特哈齐犯罪的确凿证据，这使左拉确信，关在魔鬼岛的那个人是无辜的。法朗士在左拉的葬礼上说："左拉不仅揭露了一桩司法错案，而且还揭露了一个阴谋集团。该集团由形形色色的暴力和欺压善良的势力纠结在一起，旨在扼杀法兰西的社会正义、共和主义观点和自由思想。左拉英勇无畏的话唤醒了法兰西。他的这一举动的结果难以估量。今天，这些结果正在以强大的生命力锐不可当地展现于世，无限制地蔓延开来，引发了一个刻不停息、滚滚向前的争取社会公正的运动。……左拉曾身处逆境，受了不少委屈和痛苦，我们不必因此而为他鸣冤叫屈。让我们羡慕他吧！愚昧无知和恶意中伤垒起了一堆最令人不可思议的凌辱，而左拉的荣誉却耸立其上，达到了难以攀登的高度。让我们羡慕他吧：他以浩瀚的著作和伟大的举动为他的祖国和世界争了光。羡慕他吧，他的遭遇和他的赤诚赋予他一个最伟大的结局：他是人类觉醒的先驱。"法朗士说得何等好啊，铿锵有力，掷地有声，左拉的确是"人类觉醒的先驱"。《我控诉!》的发表，使左拉成为一个伸张正义的知识分子的代表，也招致反犹分子和极端民族主义分子的刻骨仇恨，这种仇恨不是一纸"和解令"所能消除的，而这种仇恨恰恰又爆发于左拉死于煤气中毒之后。

1902 年 9 月 28 日，左拉夫妇从梅塘回到巴黎，可是次日早晨，一向习惯 7 点钟起床的左拉却悄无声息，到了 9 点钟，仆人敲门，仍不见回应，人们着急了，一个木匠破门而入，发现左拉已经直挺挺地躺在床脚，左拉夫人还有一口气，却也昏迷不醒了。调查的结论是煤气中毒。左拉夫人被送去医院抢救，她后来回忆说："我半夜醒了，头剧痛，肚子也疼。我在走廊里走了走。我跌倒了，然后我回到房间。我呻吟，我丈夫说：'我也不舒服，不能照顾你。'他还说：'不要紧，狗也不好……我们可能吃坏了肚子。'我说是不是叫仆人。他不同意：'不要麻烦人了，没有用。明天会好的。'埃米尔站起来，想去开窗，还说：'新鲜空气会减轻我们的痛苦的。'"就这样，壁炉的烟道不畅，煤球燃烧不充分，产生了大量煤气，积聚在房中，导致左拉中毒而亡。左拉死亡的消息不胫而走，触动了一些媒体的不洁的神经，纷纷发出幸灾乐祸的消息，《祖国报》掩饰不住内心的快意："左拉死了……窒息！"巴黎——新闻社甚至发布了这样的消息："一场家庭悲剧导致左拉自杀。"《新闻报》发表了夏尔·莫拉的一篇文章，心怀叵测地说："左拉很坏，但是更愚蠢，他需要心理治疗。"《民族之声报》《全球报》《法兰西新闻报》《高卢人报》《祖国报》等等，还在重复着自杀的说法。《强硬报》甚至说："德莱福斯派的骗子们想象出冒烟的烟道，但是他们无论如何也不肯承认，《我控诉！》的作者的自杀是由于过多地与他们接触而感到厌倦。……有一点是可以肯定的，那就是我们永远也不能知道左拉之死的真相。"左拉之死的真相果然是不可知的吗？

　　在纪念左拉逝世一百周年的时候，有三部著作涉及左拉之死，其中一本叫作《被谋杀的左拉》，是专门探讨左拉的死因的。作者让·博代尔是一位记者，1953 年他还在《解放报》工作的时候，就对左拉是否被谋害进行了调查，因为一个叫彼埃尔·哈甘的人向报社披露了一条"头条新闻"：一个叫亨利·布隆福斯的人承认他杀了左拉，采用的方法是堵住壁炉的烟道，使煤球燃烧后排烟不畅，产生煤气。哈甘确信：左拉是一起政治罪行的牺牲品。布隆福斯是一个砌炉子的工人，乃是极端的民族主义者、狂热的反犹分子和反德莱福斯分子，哈甘与他是朋友，他经常挂在嘴边的一句话是："熏死这头猪！"1928年4月，布隆福斯自知不久于人世，遂向他吐露了秘密，也算是一种忏悔吧。但是，哈甘要求在他去世前不要公布凶手的名字，他于1970年去世。自1953年以来，《倾听报》于1958年有过反响："左拉根据官方的说法是由于事故而死，还是像人们底下说的，是被放肆的政治敌人所害？"《文学杂志》于1967年5月号上做了一个专题："左拉是被谋杀的吗？"该杂志刊登的文章指出："真正的凶手是号召谋杀的狂热的新闻界，这个新闻界和这些政治领导人让人印刷针对左拉的污蔑的小册子和传单。"1978年4月，以"左拉或人类良知"为题在电视上分四次连续播放，认为"左拉被谋杀"是很可能的。1978年5月12日，《巴黎日报》在第一版大字标题刊登："巴黎日报控诉：这就是谋害左拉的凶手！"凶手的名字是让·博代尔提供的，这时距哈甘去世已经八年了。但是，这样的消息似乎并不曾在媒介和批评界引起什么震动。2000年9月，《历史》杂志刊登左拉研究权威亨利·米特朗的文章，提出在左拉之死的问题上有三种彼此相互对立的观点：1. 官方认为是死于事故，2. 死于恶意，3. 死于非故意的烟道堵塞。于是，博代尔重新进行调查，调查的结果，他写成了这本书：《被谋杀的左拉》。博代尔的结论是："毫无疑问，有人谋杀了左拉。"凶手就是亨利·布隆福斯。这本书的序言出自亨利·米特朗的手笔，他说："左拉之死将是一桩历史谜案。

应该读一读让·博代尔的书，以便了解这桩谜案的广度。可能的是，读过这本书之后，人们心里会说，无论如何，罪行的假说还是有许多王牌的……"如果左拉的死不是出于事故，而是出于某种人为的、政治的目的，那么，在后人的眼中，左拉为真理而死、为正义而死、为公平而死的民族英雄的形象就近乎完美了。至于布隆福斯，由于他没有留下任何文字的证词，他的口头的自白也是别人转述的，所以，即使后人接受了他的忏悔，他也因使左拉之死成为一桩历史谜案而犯下了不可饶恕的罪孽。

法国作家贝尔纳-亨利·列维于1991年出版了《自由的遭遇》一书，指出"历史实际上始于上个世纪末"，所谓"历史"，指的是知识分子的历史，所谓"上个世纪末"，指的是19世纪末，具体地说，是指德莱福斯案件，更具体地说，是指左拉发表《我控诉!》。总之，"自由的遭遇"开始于左拉，而"自由"乃是思想的自由。他说，历史之所以不是始于伏尔泰和雨果，那是因为他们不能设想一种观念，或者认为这种观念是"幼稚的和疯狂的"，"这种观念是一个作家的使命、几乎是本体的使命是在正义、真理、善和国家事务之间充当中介。国家为一方，正义、真理、善为另一方。一面是世俗的，一面是精神的。一个是空间的，一个是理想的天空"。左拉是一个小说家，是一个"痛恨政治"的小说家，当他意识到出现了一桩司法错误，意识到正义受到了践踏，意识到真理正遭到遮蔽，他就放下了写小说的笔，拿起另一支笔写了一封给总统的公开信，以一介文人的身份揭发了一些处于高位的官员，哪怕是参谋部的高级军官！他爱公正更甚于爱秩序，而没有公正，则会出现更大的混乱；他爱真理更甚于爱"国家利益"，而在国家利益的幌子下掩盖着多少令人发指的悲剧啊。左拉不愧为法国第一批知识分子中的一员。

1908 年 6 月 6 日，左拉的遗体入葬先贤祠，这是历史对他的最高奖赏，虽然这并不是他的最高追求。

2002 年 10 月，北京

好书告诉你

《**方法、批评及文学史**》

[法] 居斯塔夫·朗松著，[美] 昂利·拜尔编，徐继曾译
中国社会科学出版社 1992 年 2 月版

我们要感谢美国耶鲁大学教授昂利·拜尔，他为我们编了一本居斯塔夫·朗松的文集，着实让我们吃了一惊：原来法国新批评攻之不已的朗松主义并非如此"专断""僵化"。朗松的方法并不是"大包围圈式的"，并非"以为弄清了作家的鼻子的形状就弄懂了作品"，而是从"真实"出发，将作品的评价置于客观的事实之上，在下结论之前，要尽量收集全面的、不容置疑的材料及前人的研究成果，同时辅之以个人对作品的"品尝"，因此，朗松的批评是一种兼顾内外联系的批评。

这部文集收有朗松 28 篇文章，有论述文学的一般问题的，也有评价具体作家作品的，其中有些篇章是一般人难以见到的，殊为珍贵。文集的编选完成于 1964 年，正是所谓的朗松主义备受攻击之时，这不但需要睿智，还需要一种勇气。朗松的方法世称文学史方法，50 年前曾受到法国新批评派的猛烈攻击，然而随着时间的推移，人们发现很难摆脱掉它的光芒。无论批评的新方法，还是文学史编著的新路数，都还得以朗松作为参照。当然，谁都不会以为，朗松的方法是一种无懈可击的方法。

《驳圣伯夫》

[法] 马赛尔·普鲁斯特著，王道乾译

百花洲文艺出版社 1992 年 4 月版

这是一本不使用批评语言写出的批评著作，全书充满了经验的描述，因为普鲁斯特在文学创作中不相信"智力"，不相信"理性"，他宁愿把支撑创作的原动力给予"回忆"、给予"梦幻"、给予想象力。为了驳斥圣伯夫，他盛赞奈瓦尔、波德莱尔和巴尔扎克，这些"圣伯夫不重视、不赏识的同时代人"。他喜欢奈瓦尔的"梦"，喜欢波德莱尔的"悲悯"，然而对于巴尔扎克，他喜欢的却是他的"真实性"，当然，他偏重于巴尔扎克的主观的、内在的真实性。

普鲁斯特被誉为"主题批评的创立者"，他在文学批评上的主要贡献是对作者的"社会之我"和"内在之我"加以区分，指出：一本书是另一个"自我"的产物，而不是我们表现在日常习惯、社会、我们种种恶癖中的那个"自我"的产物……这另一个自我，如果我们试图了解他，只有在我们内心深处设法使他再现，才可能真正同他接近。但是，他在反驳圣伯夫的时候，仍然不得不借助于对他性格的分析，而他的性格是表现在"日常习惯"中的。这说明，"社会之我"和"内在之我"的区分不是绝对的，圣伯夫的"传记批评法"自有它存在的道理。

《蒙塔尤》

[法] 埃马纽埃尔·勒华拉杜里著，许明龙 马胜利译

商务印书馆 1997 年 10 月版

一位严肃的大学教授写了一本严肃的历史学著作，然而这本

严肃的历史学著作却成了一本畅销书，非但使大批的人前往蒙塔尤朝圣，而且引起了蒙塔尤地价的上涨！不但在法国，就是在美国、荷兰、英国、瑞典等国家，这本书也登上了排行榜的前列。许多人带着它出去度假，更多的人从此出入于档案馆和图书馆，试图发掘他们祖上的历史。这位严肃的大学教授是埃马纽埃尔·勒华拉杜里，20年前是法兰西学院最年轻的教授之一，这本书是《蒙塔尤》，讲述的是1294年-1324年奥克西坦尼的一个小山村的历史。这是一本厚厚的学术著作，译成中文将近650页，几乎每一页的下边都有脚注，参考书近300种，主要的资料来源是档案和采访，然而读起来却毫无枯燥之感。作者说："我所做的，只是在研究村落的动机支配下对这些调查进行了汇总和重新组织。"也许就是这些"重新组织"刺激了读者，令他们生出浓厚的阅读兴趣并付诸行动吧。

这本书是根据1326年雅克·富尼埃主教领导的宗教裁判所的审讯记录写成的，他后来当上显赫的教皇，是为伯努瓦十二世，这些审判记录出力不少。"由于他具有细节癖，所以除了信仰和异端以外，他还揭示了社区的生活本身。"正是富尼埃的"细节癖"，成就了勒华拉杜里的《蒙塔尤》。举凡蒙塔尤村的250个农民、牧民、雇工的生存环境、时间观念、地理概念、转场放牧、婚姻爱情、举止性欲、读书聊天、儿童教育、社交活动、交流场所、宗教信仰、巫术异端、人生命运、风俗习惯、彼岸世界以及犯罪、劳动、施舍、贫穷等等，都在作者的"重新组织"下栩栩如生地展现出来，人们看到并感觉到蒙塔尤人的呼吸、挣扎、恋爱、撒谎和死亡。一部历史学著作能做到这一点谈何容易！而这一切竟都源出于宗教裁判所的记录，源出于正统天主教派对各种异端分子和非正统教派的审讯记录！富尼埃主教是一个嗅觉灵敏、无孔不入的警察，而勒华拉杜里则具有文学家的叙述和描绘的才能。与传统的历史学不同，这本书不再是政治、经济、军事等决定民族走向的大事件的描绘和分析，历史不再是帝王将相、名公巨子、革命英雄的活动舞台，而是成为某种文化的载体，其中普通老百姓（农民、雇工、牧羊人）扮演了主要角色。说到"民族走向"，什么样的力量比这些老百姓的力量更持久、更有决定性呢？这是"深处的法兰西"。

《蒙塔尤》是法国"年鉴派"史学或称"新史学"的一部代表作。我不是史学界中人，没有能力评价年鉴派史学，但是我们可以从《蒙塔尤》一窥它的面貌和神情，年鉴派史学认为：历史学应该从狭窄的专门知识、马克思主义理论、事件的严格的时间性、账本和图表中解放出来，真正成为一种跨学科的学科，一种以其他人文科学的成就和在现场而不仅仅是在档案中的调查为营养的整体的历史学。与其做事件的研究，它更注重结构的研究；与其做短时段的研究，它更注重长时段的研究……研究社会史的学者可以"从地窖进入顶楼"，较少地关心经济的和人口的历史，而更多的关心文化的历史，研究人们的精神，例如思想方式、民间文化、宗教传统等等，研究的内容也相应地变为性生活、养生、幻觉、分娩、恐惧、死亡、魔鬼、疾病、居所、服装、饮食及进食的方式等。年鉴派史学的著作可以激起读者（包括非专业化的读者）的想象力，引发其阅读的兴趣，并诱导其思索人生的许多问题，我就是这类非专业化的读者。

《大地的钟声》

[法] 阿兰·科尔班著，王斌译

广西师范大学出版社 2003 年 9 月版

阅读阿兰·科尔班的《大地的钟声》，使我更深刻地领会了为什么法语中的"钟楼观念"要译成"乡土观念"："钟"之中隐藏了一个人的身份、地位和荣誉，钟声表达了他的骄傲和辛酸、欢乐和悲伤，甚至他的权利和诉求，钟楼是他出生的村子里的最高的建筑物。

这本书的副题是《19 世纪法国乡村的音响状况和感官文化》，说的就是钟、钟声和钟楼的故事，说的就是它们的世俗作用。在 19 世纪法国的乡村里，钟声形成了一个"稠密的声音网络"，然而，在另一个时代里，它"变成了噪音"。钟声失去了"意义"，作者说："我的目的是展现音响状况的历史，描绘其壮丽宏大，然后，追踪其解体过程。"

我作为一个中国人，首先感到的是惊讶，惊讶一缕悠长的钟声里居然包含了历史学、文化学、社会学、人类学、心理学等如此复杂的内容，远不止于"夜半钟声到客船"所蕴含的思家和思乡的情怀。

《文艺杂谈》

[法] 瓦莱里著，段映虹译

百花文艺出版社 2002 年 5 月版

法国诗人瓦莱里已因一首《海滨墓园》为中国读者所熟知，至于他还是一个卓越的批评家，人们就只闻其名而未见其文了。好了，现在有了《文艺杂谈》，中国读者可以一窥瓦莱里的批评家的面目了。如果我们用一句话概括瓦莱里的批评思想，我想应该是这句话："所谓的文学史资料几乎没有触及创造诗歌的秘密。"批评家关心的事情，首先不是作家的生平与社会的环境，而是创作一首诗的精神，而这种精神是清醒的、理性的，即："作为一位真正的诗人的真正的条件，是他在梦想状态中仍保持最清醒的头脑。"关于波德莱尔，他说："魏尔伦和兰波在感情和感觉方面发展了波德莱尔，马拉美则在诗的完美和纯粹方面延续了他。"这个论断已经成为批评家们的共识。他是马拉美的弟子，他盛赞马拉美的艰深和晦涩，因为"他明确地将必须付出的努力引入到艺术中来"。他认为，艺术家"应该将其全部努力用于为大众创造无须或者几乎无须丝毫努力的享受"，但是，"大众有多种类型：在他们当中并非不可能有这样的人，他不会设想没有辛劳就有快乐，他丝毫不喜欢不付出努力而获得的享受，甚至于他的幸福中有一部分应当是他自己的作品，他要感受到他为之付出的代价，否则他就不会感到幸福"。这样的大众是可以欣赏马拉美的，是可以欣赏瓦莱里的，一句话，"是可以培养的"。这本《文艺杂谈》不就是培养这样的"大众"的一本书吗？

《圣路易》

[法] 雅克·勒高夫，许明龙译
商务印书馆 2002 年 8 月版

法国国王路易九世 1226 年-1270 年在位，死后封圣，称圣路易。为一个 700 多年前的历史人物作传，而且他生活在一个"个人概念尚不存在的社会中"，其难度可想而知。作传的人是法国年鉴派史学的第三代代表人物让·勒高夫，他对"圣路易存在过吗？"这个问题给予了肯定的答复，并对浩如烟海的历史文献做了一番爬梳甄别的功夫，终于在读者面前展示了"实实在在地生活在世上的一个国王和圣徒"的面目。他警惕历来记述者的"编"、

"造"和"添油加醋",因为记述的对象是一位国王,一位圣徒,一位既是国王又是圣徒的人。我们注意到,在这部近70万字的著作中,几乎没有对话(包括传主的话),而传主的言论全与文献有据,仅此一点,就足以增加我对于这本书的信任和好感。勒高夫"懂得尊重因资料匮乏而留下的缺损和空白",他不去"设法重建因圣路易本人或他人的沉默而被掩盖的东西",他不曾"填补打碎了一个人一生之中表面的统一性和完整性的那些中断和不连贯之处"。这是历史学家和小说家的区别,也就是说,所有的历史小说都是小说,而不是历史。当然,你一定要说历史也是虚构,那这里就不是讨论的地方了。

露钞雪纂，可补三箧之无

　　余生也晚，读书甚少，范围亦不广，直到《管锥编》问世，方才知道钱锺书的名字。当时我正在中国社会科学院研究生院读书，书买回来，粗粗看过一遍，只见满篇的引文、注释及好几种外文，写作的语言又是典雅的古文，读得如醉如痴，却又似懂非懂，掩卷只有惊叹：此公好博学也。后来，知道钱锺书先生乃是文学所的研究员，到了外文所，又知道钱锺书乃是从外文所借到文学所的。年长的同事告诉我，钱先生不藏书，他的学问来自借书、读书、做笔记和融会贯通、游走于中西的思考。

　　我到了外文所之后，打算去美国留学。大概是 1981 年年底，我带了老师李健吾先生的介绍信，求钱先生给我写一纸去哈佛大学留学的推荐书。当我说到哈佛大学罗曼语系的儒勒·布罗迪教授的时候，钱先生笑了，说："这个人我知道，他是法国 17 世纪文学的专家，我曾经在书中引用过他。"说着，他从书架上抽出《管锥编》第一卷，翻到 149 页，指给我看，果然，儒勒·布罗迪的名字赫然在目。我很惭愧，书读过，却不记得这个人。我想，钱先生大概是第一个、也许是唯一一个知道儒勒·布罗迪的中国人。我读书不多，后来我再没有见过谁谈过或引过儒勒·布罗迪。印象中钱先生的家中只有一两个书架，人们常用于描写一个学者的用语，例如"坐拥书城"之类，用在钱锺书先生的身上不啻南辕北辙。商务印书馆今年出版了《钱锺书手稿集·外文笔记》第一卷，印证了学界的传说和我的印象，钱锺书先生真的是一位不藏书的大学者。

　　钱锺书先生说："书非借不能读也。"的确，他就是实践这一至理名言的少数人中的一个，所里几位常常帮助钱先生借书的前辈都跟我说过。中国有一句俗语，叫作"买书不如借书，借书不如抄书"，钱锺书先生深明此理。坐拥书城的学者很多，但鲜有博学如钱锺书者，何以故？我想大部分学者都是为写而读，所谓出成果，仿佛读了不写就做了亏本的买卖，他们的写不是读然后有得或有感的结果，为的是达到某种目的。钱锺书先生在《外文笔记》中说："露钞雪纂，聊补三箧之无……"著一"聊"字，活脱表现出执笔之人不求人知、自得其乐的心境；今去掉"聊"字，代以"可"字，谓昼夜抄录借来之书，不是果真可以取代图书馆或别人的藏书而化为自己的腹中之书吗？当下，这种纯粹为了好奇和乐趣而读书的学者可谓寥若晨星，他们被学术之外的事情压得喘不过气来，或者被诱惑得忘乎所以，真应该看看钱锺书先生的《外文笔记》，那飘逸飞动、遒劲有力的书法真真是愉悦的心情的自然流露，无论是在饱蠹楼里，还是在家里的书桌上。正如在干校，杨绛问他能否在那里住一辈子，他说能，但是没有书。哪里有书，钱锺书先生就会安之若素。书是他的生命，所以他能从1935 年直到 1998 年 60 多年不间断地记笔记，单是外文笔记就达200 多本、45000 多页，装在铁箱、木箱、纸箱、麻袋，甚至枕套里。

　　据杨绛先生回忆，钱锺书先生说过，一本书，第二遍阅读，总会发现读第一遍时会有很多疏忽。最精彩的句子，要读几遍之后才能发现。这说明，钱锺书先生读书，不是求多，不是浏览，不是浅尝辄止，而是两遍三遍地读，甚至反复阅读，披沙拣金，他的笔记大都是阅读之后的功课。他并不自恃惊人的记忆力，而是坚持不懈地做笔记，做增补，而且"总爱翻阅一两册中文或外文笔记。常把精彩的片段读给我听"，其欣然自得的状态历历在目。许多人都做笔记，做卡片，但常常翻阅的并不多，很多也就做完就束诸高阁，再不看了。钱锺书先生不但持之以恒地做笔记，而且"总爱翻阅"，还常把精彩的片段读给杨绛先生听。我觉得这是钱先生做笔记的精髓所在：笔记做了还要用。他的《谈艺录》、他的《管锥编》、他的论文，甚至他的文章，其源头恐怕多在这些笔记里头吧。如今有了电脑，有了互联网，查阅起来固然方便，但是查什么？查出来做什么用？用的结果是什么？恐怕还是人脑说了算。互联网出来，《管锥编》的价值减半，这种说法大概只有耸人听闻的作用。《管锥编》可以印证互联网，而互联网不能出一本《管锥编》。钱锺书先生的《外文笔记》可以备忘，也是触动灵感的机杼，只要做得勤，用得好。在钱先生那里，笔记等同于看过的书，所以，我愿意在前面说过的俗语后面再加上一句：抄书不如抄而用之。

钱锺书先生说："大抵学问是荒江野老屋中两三素心人商量培养之事。"可以见出，钱锺书先生心目中，做学问的时代于今远矣。如今做学问的人大多在高楼广厦之中，荒江野老之屋不可寻也，更难找的是素心人，而且此类素心人无须多，"两三"足矣，他们或商量，或论辩，总之是培养学问，使之越来越大，越广，越博，最后返约。孔子曰："古之学者为己，今之学者为人。"古之学者为学的目的是修养自身以达于道，今之学者为学的目的是名誉、利益和地位，最后获得他人即社会的承认。钱锺书先生显然是要做一个"古之学者"，所以他不追名，不逐利，不在乎社会的毁誉，皎然自立。他做了60年的笔记，可以说卷帙浩繁，却不急于写成文章发表出去，而是慢慢地酝酿发酵，"较易理董者"成为《管锥编》，不易者将成为《管锥编续编》，可是由于环境的原因，加上"多病意懒"，竟成为遗愿，连心里有的《韩愈》《杜甫》诸篇也未见诸文字。他以为"没用"的外文笔记，难道不是有待外国文学工作者挖掘的宝藏吗？我是一个法国文学的研究者，看到钱锺书先生的《外文笔记》第一卷中关于圣伯夫、古尔蒙、都德、法朗士、博马舍、福楼拜、雨果等的摘录，无比欣喜，钱锺书先生所关注的作家，如圣伯夫、古尔蒙等，说不定会重新引起我国法国文学研究者的兴趣呢。不要忘了，"荒江野老屋中二三素心人商量培养"的学问乃是真正的学问。

进入 20 世纪以来，国际学术界逐渐放弃了"构建体系"之类的话头，黑格尔式的庞大体系不再是学者追逐的目标。钱锺书先生无意中做了一位引领潮流的学者，他说："零星琐屑的东西易被忽视和遗忘；自发的孤单见解是自觉的周密理论的根苗。……许多严密周全的思想和哲学系统经不起时间的推排销蚀，在整体上都垮塌了，但是他们的一些个别见解还为后世所采取而为失去时效。好比庞大的建筑物已遭破坏，住不得人，也唬不得人了，而构成它的一些木石砖瓦仍然不失为可资利用的好材料。往往整个理论系统剩下来的有价值东西只是一些片段思想。脱离了系统而遗留下来的片段思想和萌发而未构成系统的片段思想，两者同样是零碎的。眼里只有长篇大论，瞧不起片言只语，甚至陶醉于数量，重视废话一吨，轻视微言一克，那是浅薄庸俗的看法——假使不是懒惰粗浮的借口。"长篇大论，纵使一吨，也是废话，必须弃；片言只语，纵使一克，也是微言，必须留；弃一吨，留一克，这是只有大学者才敢做的事，小学者岂能望其项背！钱锺书先生的《外文笔记》好似在已毁的建筑物内爬梳，寻找尚可利用的木石砖瓦，找到之后欣欣然安放在别的建筑物上，他不"忽视和遗忘""零星琐屑的东西",他作为"根苗",精心地培育"周密理论"的"自发的孤单见解"。这无疑是为那些急于建立"体系"的学者敲响了警钟,也为天下的读书人树立了榜样。

　　杨绛先生曾经打算补缀钱锺书先生的"破旧笔记",他阻止了她,说:"有些都没用了。"我觉得,他的语气中流露出一种无奈和失望。杨先生问得对,这些笔记"对于学习外国文学的人,对于研究钱锺书著作的人,能是没用吗"?她的回答是:"他一生孜孜矻矻积聚的知识,对于研究他的学问和中国文化的人,总该是一份有用的遗产。"我觉得,她的语气中流露出一种游移和困惑。我的看法是:钱锺书的《外文笔记》是一座宝库,研究外国文学的人入宝山是不会空手而归的。

2014 年 7 月 20 日,北京

提要钩玄留指爪

2014年5月《钱锺书手稿集·外文笔记》第一、二、三卷出版的时候，我曾写过一篇文章，题目是《露钞雪纂，可补三箧之无》，钱先生的原文是"聊补"，现改"聊"为"可"，笔者的心情为之一变。著一"聊"字活脱表现出执笔之人不求人知、自得其乐的心境；代以"可"字，笔者揣测，昼夜抄录借来之书，不是果真可以取代图书馆或别人的藏书而化为自己的腹中之书吗？今天（2016年3月），《外文笔记》全部出齐，48卷，皇皇巨著一字排开，果然一座图书馆出现在眼前，能不令人激动？

一言以蔽之，我那篇文章说了三个意思，其一曰"片段论"："许多严密周全的思想体系和哲学系统经不起时间的推排销蚀，好比庞大的建筑物已遭破坏，住不得人，也唬不得人了，而构成它的一些木石砖瓦不失为可资利用的好材料"，故长篇大论，纵使一吨，倘是废话，必须弃；片言只语，纵使一克，倘是微言，必须留。弃一吨，留一克，这是只有大师如钱锺书者才敢做的事。钱先生所说的"片段"，用今天学界流行的话说，就是碎片。碎片有大用，但不要碎片化，凡事一化，即面目全非。其二曰"古之学者为己，今之学者为人"，钱先生显然要做一个"古之学者"，所以他不追名，不逐利，不在乎社会的毁誉，皎然自立。不少人都在说，做学问要坐得冷板凳，耐得住寂寞，这话诚然不错，但它的要点恐怕是在耐得住寂寞之后，之后是什么？是成功，是轰动，是大红大紫。做学问可能会轰动，可能会大红大紫，但那不是做学问的常态，做学问的常态是寂寞。今天做学问的人大多在高楼广厦之中，"荒江野老"之屋已无迹可寻，更难找到"素心人"。其三曰"借书论"，俗语说："买书不如借书，借书不如抄书。"钱先生深明此理，不过，我愿意在这句俗语后面加上一句：抄书不如抄而用之。《钱锺书手稿集》的出版说明说："钱先生酷爱读书，一生用于读书的时间远多于写作。"这话说得切中肯綮，一语中的。今天的学者正相反，写作的时间远多于阅读。一般而言，读得多而写得少，是大学者；写得多而读得少，是小学者或非学者。

如今，钱锺书的《外文笔记》终于出齐了，我于激动之余，还想做两点补充，写下供同好者分享。

蒙田随笔《论隐逸》说："我们要保留一个完全属于自己的自由空间，犹如店铺后间，建立起我们的真正的自由和最重要的隐逸和清净。"这种"店铺后间"的说法犹如我们所说的"前店后厂"，店里卖的东西由后面的工厂提供，而后面的工厂有什么东西和如何加工，则不便为外人道。商务印书馆的出版说明写道："业已出版的钱先生的著述只暴露了他的学问的冰山一角，更丰富的宝藏是在尚未付梓的读书笔记里。"这里所说的"著述"大概是指《管锥编》《谈艺录》《围城》等，如今他的手稿已经付梓面世，我们可以看到冰山的水下部分了。呈现在读者面前的是一片杂花生树的广阔原野，是一个熙熙攘攘、热闹非凡的"店铺后间"："钱先生的读书笔记既反映了一个伟大学者的阅读和研究历程，也是一个精华荟萃的思想宝库，宛如一座体现了钱先生个性的特别的图书馆。"这个特别的图书馆就是钱先生的"店铺后间"。在这个后间里，钱先生像一个隐士一样充分享受着自由和清静，他的一些思想观念在慢慢地酝酿发酵，有一些则永远地停留在萌芽之中。我是一个法国文学的研究者，对于法国文学稍微有资格谈一点意见，至于其他国家的文学，则不容我置喙。钱先生并不以法国文学研究者的身份为人所知，但是就其法国文学的知识而言，我可以说，凡是我所知道的，他都知道，而他所知道的，有我所不知的。例如，我在《外文笔记》第一卷中发现了彼埃尔·博努瓦的名字，在他的项下居然出现了《大西岛》的名字。彼埃尔·博努瓦是法国20世纪上半叶非常走红的一位作家，后被选为法兰西学士院的院士，《大西岛》是他最有名的一本小说，出版于1919年。我在1982年翻译出版过，在此之前，我相信没有人谈过、读过，可是1936年钱先生就读过了，并做了笔记。我是因为在日内瓦留学，先在1976年看了根据这本小说拍摄的电影，然后找了小说来读的。法国作家和批评家如埃米尔·法盖、儒勒·勒麦特、费迪南·布吕纳介、埃米尔·昂里欧、约瑟夫·儒贝尔、克洛德-埃德蒙·玛尼等，我们都是只闻其名，未见其文，当然，还有其他许多闻所未闻的作家、批评家。对于他们，钱先生都是反复称引，说明并非浅尝。他使用的文字除英文外，还有法文、德文、意大利文、西班牙文、拉丁文和希腊文，题材则包括文学作品及批评、文艺理论、语言学、哲学、历史学、心理学、人类学各个领域乃至通俗小说、情色小说、笑话、俗语百科全书等等。《外文笔记》将一个伟大学者的思想（包括思想萌芽、初始观念、不成熟的看法等等）及其发展轨迹一一袒露在读者面前，这是需要勇气的。莫芝宜佳和莫律祺的文章问，他是否有过出版某些笔记的想法，他们给出了肯定的回答："这完全有可能。"杨绛先生主持《外文笔记》的整理和编辑，是一种勇敢者的行为。

第二点看法是，恩格斯论文艺复兴时期的代表人物，说他们是"在思维能力、热情和性格方面，在多才多艺和学识渊博方面的巨人"。我这里不是评价钱先生这个人，而是从《外文笔记》看出他的思想、性情、才华和学问，这也正应了《出版说明》中的话："精华荟萃的思想宝库"、"钱先生个性的特别的图书馆"。钱先生纵横捭阖，笔扫千军，仅外国涉及的人名就有1200多个，书名还要更多，几乎所有的重要杂志、严肃文学、通俗文学、科普著作、各类词典、各门类的社会科学著作，等等，在在反映出笔记作者的思想感情，其中还有少量的中文材料，以资比较，有的还配以作者手绘的图画，透出幽默滑稽的情怀，钱先生堪称恩格斯所说的"巨人"。巨人，如今已成为世界上的稀有动物，最近去世的意大利人翁贝托·埃科教授算一个，还健在的瑞士人让·斯塔罗宾斯基教授也算一个，其他的，恕我孤陋寡闻，找不出来了。今年96岁的斯塔罗宾斯基是文学批评家、语言学家、哲学家、历史学家、音乐学家、思想家、翻译家、钢琴家、精神史教授，多年主持欧洲知识分子大会，同时还是医学博士，主攻精神分析，做过精神分析医生。他是钱锺书的同时代人，他们的共同特点是为学不止一端，行文汪洋恣肆，鄙视术语套话。让·斯塔罗宾斯基被称为欧洲最后一位文艺复兴式的巨人，而钱锺书则可以被称为中国的最后一位文艺复兴式的巨人。这样的巨人，今后恐怕不会再有了。钱先生曾对一个人说："西方的大经大典，我算是都读过了。"语气不经意，但我们知道，说出这样的一句话，真真是大学者的本色。他不仅读西方的"大经大典"，他还不耻下问，读西方的通俗小说和俗语词典之类，有大江大河不拒细流之意。他在《读〈拉奥孔〉》中说过："倒是诗词笔记里，小说戏曲里，乃至谣谚和训诂里，往往无意中三言两语，说出了益人神智的精湛见解，含蓄着很新鲜的艺术理论，值得我们重视和表彰。"他又自谦道："敝帚之享，野芹之献，其资于用也，能如菽粟梗乎哉？或庶几比木屑竹头尔。"在他的眼里，名家巨擘和小家细民、经典著作和小说俗语具有同等的地位，关键在"资于用"，例如，钱先生指出我国民间俗语"先学无情后学戏""作为理论上的发展"，"不下于狄德罗的文章"。巨人者何？怀抱婴儿之勇士也。《外文笔记》证明，钱先生并没有特殊的读书方法，不过是如他所说："一本一本地读。"这看来是一种笨办法，可是就是这种笨办法，成就了48卷的大书，使我们这些做学问的人汗颜。

　　笔记很多人都在做，外文笔记也有人在做，但是，从未见到规模如此宏大、范围如此广阔、年代如此久远、个性如此鲜明、笔迹如此工整的。惭愧的是，我也偶尔做过，但是如今都或已散乱不整，或已不知所终，能见到的也是笔迹凌乱不可辨认。今天我们已进入互联网时代，有些人以为不必再下此笨功夫了。此言差矣。学者的积累不是互联网可以取代的，互联网可以提供查询的方便，但是它不能取代学者的思考、酝酿、发酵至结出成熟的果实。每一个学者都是独特的，他们的成长都有各自的过程，笔记就是这种过程的见证。互联网可以造出论文的生产者，笔记和其他手工的办法则可以生出有个性的学者，期间的差别可谓大矣。钱锺书先生的《外文笔记》（包括其他的笔记）是值得珍惜的，因为今后不会再有了。

2016年5月，北京

波光般闪烁的碎片

—— 读朱利安·巴恩斯的《福楼拜的鹦鹉》

　　我研究法国文学，并不意味着法国文学的一切我都知道，话虽如此，像福楼拜这样的大家的情况，我还知道一些，也知道他写过一篇短篇小说《一颗质朴的心》，知道女仆费莉西泰晚年养了一只鹦鹉。我还去过福楼拜的故乡克鲁瓦塞，见过那只他从主宫医院借来的鹦鹉，更何况我的老师李健吾先生是研究和翻译福楼拜的专家。当我看到朱利安·巴恩斯的《福楼拜的鹦鹉》的时候，自然就想起了福楼拜，想起了这篇小说，想起了这只鹦鹉，心里不禁好奇：这本书会写些什么呢？当然，我并不知道朱利安·巴恩斯何许人也，看了小说的腰封之后，才知道他是大名鼎鼎的英国当代作家，《福楼拜的鹦鹉》是他发表于1984年的一部代表作。一个研究法国文学的人不知道一位英国当代作家，尽管他很有名，不知道《福楼拜的鹦鹉》是一部杰作，这大概是允许的吧。

　　带着这一份显然轻薄的行李，我打开了《福楼拜的鹦鹉》，匆匆读过第一章，立刻就陷入混乱迷茫之中，原来有两只鹦鹉，一只在克鲁瓦塞故居的凉亭中，一只在主宫医院的博物馆里。何者为真？何者为假？辨别真假对于了解福楼拜有何意义？为什么我们要"逆袭其意去找寻作者"？是我们对书面文本即语言"不够笃信"吗？还是我们"认为在人生的遗留品中，藏着有助益的真相"呢？我的那一份轻薄的行李重了起来，妨碍我进入作品，我对福楼拜的浅显了解动摇了，更为严重的挑战从第二章开始。

第二章名为《生平》。朱利安·巴恩斯列出了福楼拜的三个不同的年表。如果将福楼拜的生平比作一枚硬币的话，那么，他的第一个年表是光辉的正面，第二个是昏暗的背面，第三个是两面的哲理性的抽象与综合，三者之间既有矛盾，又相互补充，然而它们是建立在什么样的基础之上的呢？猜测，想象，杜撰，抑或真实？那些细节是我不知道的，也是我难以接受的。这时，我意识到必须放弃成见，腾出地方，泯灭自我，把我所知道的关于福楼拜的一切统统放下，一身轻松地接纳这本小说呈现给我的东西，至于如何看待、如何阐释，那是以后的事。于是，从第二章开始，到第十五章结束，整整14章，我完全沉浸在小说呈现的场景、叙述的议论、展开的故事之中。这是一些碎片，一些与福楼拜的生平和作品有着或远或近，或松或紧的联系。是历史？传记？小说？文学批评？无论如何，都是对福楼拜的鹦鹉的寻访之旅，也是对福楼拜的生平的探测之旅，也是对所谓历史真相的怀疑之旅。第一章名为《福楼拜的鹦鹉》，第十五章名为《至于说那只鹦鹉……》，环环相扣，首尾呼应，中间疑窦丛生，惊喜不断，小说的结构可谓精巧。但是，鹦鹉的真假，或者说福楼拜的生平，一切都在"也许"之中。我们不能不承认，朱利安·巴恩斯有理由问道："我们如何抓住过去？如何抓住发生在外国的过去？"历史果真是"另一种文学体裁"吗？真相似乎存在，然而"一个偶然的细节改变了一切"。这是小说的点睛之笔。

"偶然的细节"在哪里？可能在福楼拜生平的"昏暗的一面"中，也可能在"人生的遗留品"中，总之，"偶然的细节"就是"鲜红的斗篷"的"衬里"，即"碎布"。碎布者，碎片也，我们的阅读游走于碎片之中，每一个碎片都给我们的阅读带来思考和快乐。

两只鹦鹉，难辨真伪。福楼拜家的贫苦女佣费莉西泰作为心灵寄托养了一只鹦鹉，鹦鹉死后被制成了标本，成了她祈祷的对象。福楼拜在克鲁瓦塞的凉亭写作《一颗质朴的心》的时候置于身旁，作为灵感的源泉。可是在鲁昂城里的主宫医院里也有一只鹦鹉，据看门人说，那才是福楼拜描写过的鹦鹉。两只鹦鹉，孰真孰假？其真假对于认识福楼拜有什么关系？这个故事陷我们于惶惑之中，迫使我们寻求答案，在寻求中体验到愉悦。

　　碎片之一，精心准备，临阵脱逃。最可靠的愉悦，在于期盼。在《情感教育》的结尾，主人公回顾其一生，发现最值得记忆的事，乃是多年前两个人约好一起去逛妓院。两个大学生做了精心的准备，卷了发，偷了花，准备送给姑娘们，可是到了妓院，其中一个却没了胆子，两个人于是逃之夭夭。没有写成的书可能蕴藏着某种乐趣，这是朱利安·巴恩斯举出的例证，一乐也。

　　碎片之二，往事如烟，犹如小猪。当本书的主人公杰弗里·布拉斯韦特当年读医学院时，期末舞会上有人搞恶作剧，把一头涂满了油脂的小猪放了进来。小猪在人们的两腿间钻来钻去，还频频发出尖利的叫声。大家扑过去想抓住它，结果摔了跟头，实在是狼狈不堪。他于是叹道：我们该如何抓住过去？我们真能办到吗？过去的岁月，似乎常常像那头小猪。这个小故事，似乎隐藏着一个深远的意义。

　　碎片之三，孰真孰假，写信求助。两只鹦鹉在脑海里扑腾，"一只温顺而直率，另一只狂妄而好问"。这只名字叫作"露露"鹦鹉究竟象征着什么？费莉西泰＝露露＝福楼拜的等式究竟成立不成立？法国人认为它就是逻各斯的象征，可是杰弗里·布拉斯韦特是一个英国人，他立刻回到了形而下的世界，只把它看作一个"优美神奇的生物"，想象它直率地望着写作中的福楼拜。两个鹦鹉，谁真谁假，果真那么重要吗？

碎片之四，三个年表，扑朔迷离。三份年表，第一份中规中矩，取大百科全书的形式，呈现出一个文学大师的形象；第二份年表，充满了疾病、死亡、开除、失败等负面成分，站在我们面前的是一个颓败的文人形象；第三份年表，更抽象，更哲理化，更偏向内心生活。三份年表，哪一份呈现的是真的福楼拜？哪一份是真实的史料？哪一份是想象或猜测的文字？我们能够断然地加以区分吗？或者我们读的时候感到一种莫名的快乐？

碎片之五，难兄难弟，摸索前行。埃德·温斯顿要写一本关于戈斯的传记，而杰弗里·布拉斯韦特要写一本朱丽叶·赫伯特的传记，讲述福楼拜与赫伯特的关系，两个人可以称为难兄难弟，然而温斯顿掌握的有关福、赫两个人的关系的75封信已被他烧掉了，布拉斯韦特计划中的《福楼拜的英国未婚妻》因此泡汤了。一先令的传记可能给你全部的事实，而十英镑的传记可能告诉你全部的传闻假说，你会犹豫选择哪一种呢？

碎片之六，家庭教师，暗通款曲。朱丽叶·赫伯特是福楼拜的外甥女的家庭教师，英国人，布拉斯韦特暗示她是福楼拜的情人或未婚妻。在两个人的通信中，福楼拜写过英国家庭女教师勾搭上了法国著名作家之类的话，因为是寄到国外的信，所以他可以信口开河，胡说八道。当布拉斯韦特听见维斯顿说他把那些信烧了之后，就在心里大骂道：这个罪犯、骗子、失败者、谋杀犯、秃头的纵火狂！此情此景，读来令人喷饭。

碎片之七，动物寓言，光怪陆离。书中的一章名为《福楼拜动物寓言集》，其中说福楼拜是一头熊，一头孤独的熊。他还是别的动物：他是"雄狮、老虎——来自印度的老虎，大蟒蛇"，他是"公牛、斯芬克斯、麻鸦、大象和鲸鱼"，他也是牡蛎、蜗牛、刺猬、蜥蜴，他还是驴子、骡子、犀牛、骆驼、大猩猩等，但骨子里他是一头熊。他可能是一头黑熊、棕熊、红熊，但更可能是"一头白熊"。他说："艺术家是一头巨兽。"

碎片之八，反讽繁衍，现实模糊。反讽是巧合的"现代模式"，寻求"共鸣和机智"。以淫秽之名控告《恶之花》的埃内斯特·皮纳德在《包法利夫人》官司了结几年之后，居然匿名写了一本歌颂男性阳具的诗集。《包法利夫人》发表不到十年，痛恨政府的福楼拜竟然同意接受荣誉骑士勋章。他在人生篇章的最后一行如鹦鹉般模仿了自己的杰作的结尾。读到这里，能不莞尔吗？

碎片之九，金字塔上，神秘名片。金字塔上的黎明之中，福楼拜发现了一张小名片，上面写的是"亨伯特·弗罗托"，还有一个鲁昂的地址。后来发现，原来那张名片是马克西姆·杜康事先偷偷放上去的。"日常的平庸篡改了崇高的伟大"，福楼拜使这张名片具有了反讽的功能：他的古典主义的笨拙缓慢败于杜康的现代主义的"智者、花花公子、恶搞者"。阅读的乐趣，于此喷薄而出。

碎片之十，海边度假，邂逅真爱。年轻的福楼拜在海滨度假，遇到了一位英国海军武官的女儿格特鲁德·科利尔和哈里特·科利尔。两人似乎都爱上了他，而他其实更喜欢格特鲁德。他们几十年来一直保持着联系，他们相遇 40 年后，她去克鲁瓦塞看他，可是当初的他"如今已谢顶，满脸通红，嘴里只剩下几颗牙"。可是他们的感情依旧，福楼拜几乎没有一天不想起她。读到此处，不能不感叹韶光易逝，岁月无情。

碎片之十一，爱玛眼睛，三种颜色。一位女批评家指责福楼拜连爱玛·包法利的眼睛的颜色都弄不清，一会儿说深黑色，一会儿说棕色，一会儿说蓝色。但是，据说她的原型的眼睛颜色就不定，"随着光线变成绿、灰、蓝"。完美的读者，全面的读者，根本不存在，一个普通读者的解读在文学批评史上可能无足轻重，但就愉悦性而言，它并非无足轻重。当布拉斯韦特遇到女批评家的傲慢时，眼睛的颜色也变了。

碎片之十二，作家其人，死而复现。有些人说，上帝死了，上帝般的小说家也死了，全知是不可能的，因此小说必须片面。这听起来很有逻辑，但笃信全知叙事者的小说家，和笃信全知造物者的人并无太大关联。本书的叙事者指出，一个世纪之前，福楼拜就在经营文本，否认自己个体的重要性了。顺手再给当代的批评家一枪：他们狂妄地将所有的小说、戏剧和诗歌重新归类为文本——把作者送上断头台！读到这里，不能不为作者点个赞。

碎片之十三，有害小说，十大禁止。批评家私下里希望杀死作者。很多批评家想当文学的独裁者，想管控艺术的过去，并悄悄地给艺术的未来做出权威规划，例如不准写乱伦的小说，不准写以大学为题材的小说，不准写发生在英帝国遥远角落里的小型战争的小说，不准写某小说的现代版、改编版、续集或前传等，总之有十种不被允许的小说。当往日渐行渐远，我们还能抓住吗？

碎片之十四，缪斯女神，现身说法。朱利安·巴恩斯请出路易丝·科莱，让她亲口讲述与福楼拜的风流韵事。一个 35 岁的女诗人，一个 24 岁的初入道的年轻人，相遇之后会发生什么？在科莱的眼中，福楼拜粗鲁、笨拙、霸道、傲慢，同时又温柔、感性、热情、投入。他是一个男女通吃的人。他最不能接受的是，她的自由，她与男人的平等感，他希望从她那里得到一种智性的伴侣关系。

碎片之十五，居斯塔夫，15 种罪。罗织福楼拜的罪孽很容易，布拉斯韦特就罗列了 15 种，例如他憎恨人类，憎根民主，不相信进步，对政治兴趣寥寥，反对巴黎公社，不爱国，试图活在象牙塔里，是一个悲观主义者，不传授美德，是一个施虐狂，他的书中很多动物遭到虐杀，对女人很残酷，相信美，沉溺于风格，不相信艺术有社会目的，等等。这不是一个21世纪的犬儒主义者吗？

……

我随手列了15个碎片，还可以不费力地列出另外15个，诸如鹦鹉标本，不胜唏嘘；几多情书，付之一炬；棺材歪斜，兄妹巧合；渡过海峡，区别立现；《庸见词典》，人间智慧；小说视角，全属技巧；过往岁月，如何抓住；鳏居医生，自报家门；有害小说，十大禁止；书写得好，就无危险；克鲁瓦塞，世外桃源；仇视进步，厌恶铁路；情人往来，有赖火车；未成之书，难言其妙；尘埃落定，开始写作；居斯塔夫，十五种罪；缪斯女神，现身说法；完美结合，世间罕有；愚蠢批评，杰作遭殃；鹦鹉鹦鹉，难定真伪。过往历史，果然如是，等等。其实，《福楼拜的鹦鹉》充满了故事，一个接着一个，如细碎的波浪缓缓涌来，波光粼粼，令人应接不暇。

碎片是有魅力的，它提供了阅读的愉悦。读者从小说的任何一页开始，都会碰上一个故事，读下去会感到快乐。福楼拜的鹦鹉，仿佛一粒石子抛入水中，激起一圈圈涟漪，每一圈涟漪带出一个或几个故事。我必须从阅读的快乐中解脱出来，回过头来看给我快乐的东西是真实的还是虚幻的。但是，真实还是虚幻，果真那么重要吗？朱丽叶·赫伯特是不是福楼拜的未婚妻，有那么重要吗？你如何能够辨别真伪？福楼拜是否是同性恋对他的创作有什么作用？等等。这一切只能证明指责福楼拜没有传授美德是不对的，因为《包法利夫人》教我们"凝望真理，不要惧怕后果"，让我们懂得"真理、美、情感和风格是卓越之物"。假如你研究他的私生活，"他会教给你勇气、淡泊、友谊；告诉你聪明、怀疑和机智如何重要；传授在自己的房间里独处的德行；叫你怀疑教条；让你懂得语言平实的必要性"。这还不够吗？碎片化的阅读带来了快乐，夫复何求？

这些碎片，犹如鳞片，不相连属，但都长在一个鳞甲动物的身上。也就是说，这些小故事都或近或远，或松或紧地与福楼拜有关系，用所谓后现代的戏仿、反讽、悖论、拼贴等手法，一张张贴在了福楼拜的身上，构成了一个完整的人的形象。当然，这些细节有的是真实的，有的是想象的，有的是猜测的，有的是杜撰的，然而，皆不可查证，既不能证实，也不能证伪，因此，它们构成的形象也是不可查证的，也是不能确定的。朱利安·巴恩斯有理由断定：19世纪小说家自诩的神性不过是一种技术手段，现代小说家对有限视角的运用也不过是一种技巧。他问：当一个当代叙述者犹豫不决、闪烁其词、理解错误、故弄玄虚或犯下过失，读者就会断定现实得到了更真实地表达吗？我的回答是：不会。他陷入了怀疑主义的旋涡之中。他必须抛弃后现代的所谓"技巧"，如同他抛弃19世纪的"技术"一样，回到沉浸在被一片"怀疑主义"的氛围包裹的现实之中。

读过《福楼拜的鹦鹉》，我们知道了，无论是克鲁瓦塞的凉亭的女看门人，还是主宫医院的博物馆的看门人，他们维护自己的鹦鹉的信心可以理解，但是事情的真相是他们都错了：他们的鹦鹉不过是原来五十只中的一只，现在那五十只也变成了三只，"也许，其中一只就是它吧"。读到这里，我们可以得出这样的结论，即无论福楼拜的身上有怎样的传闻逸事，朱利安·巴恩斯对他有一个基本的判断："作家并非完人"，"他相信风格，比任何人都信。他兢兢业业地写作；追求美感、洪亮、精确；他追求完美——但绝不像王尔德那样的作家，追求形式花哨的完美。福楼拜认为：风格是主题的一种功能。风格并非强加于主题之上，而是从中生发出来。风格如同思想中的真理。正确的单词、恰当的短语、完美的句子总是存在于某个地方；作者的使命就是想尽一切办法找到它们"。我们终于放心了，朱利安·巴恩斯可以讲形形色色的故事，真实可靠的故事，或者匪夷所思的故事，但是他最后讲到一个作家的本质，福楼拜的本质：他是一位对艺术抱有宗教般虔诚的作家。他最后讲的是对的。

2016 年 7 月，北京

描写的意义

—— 读程巍的《查尔斯河上的桥》

据说，去年下半年常常被提及的一个词是"行走文学"，说的是远行中的所见所闻和所思所想。这"行走"的文学，似乎可以满足似我等由于种种原因走不出家门的人对于远行的渴望。但是，行走之后必有停留，停下来观察和思考，然后形诸文字，这样的文学似乎更使似我等由于种种原因走不出家门的人感到亲切。前一种文学的精彩之处在于叙述，例如叙述他在人迹罕至的荒野中如何绝处逢生，读后使我们的精神受到震撼；后一种文学的动人之处在于描写，描写一道河、一座山、一条街和一个人，读后在我们的心灵上留下烙印。程巍去哈佛大学访学了一年，回来后出版了一本书，叫作《查尔斯河上的桥》，写的是马萨诸塞州，"甚至主要是马萨诸塞州的几个小镇"。细细地、满怀着感情地描绘一个人、一道河、一口湖、一座桥、一条街、一栋楼、一间屋、一盏灯、一片瓦、一棵树，甚至一茎草，这是行走之后停留下来仔细观察、认真回忆、诚实写作的结果，使我进一步理解了描写的意义。

描写，在西方古典修辞学理论中，是图画或形象的同义词，与叙述同为写作艺术的两极。现代诗学强调了两极的对立，例如阿兰·罗伯-格里耶就认为："描写，就是有一段时间过去了，而在此期间什么事情也没有发生。……如果它系统地加强的话，那么故事时间的文字的扩展就会对叙事的发展造成无法弥补的损害。"当代文学中少有细腻的描写，可能与这种看法有关。在汉语中，描绘和描写可通用，也许是由于"诗画本一律"的缘故吧，这正与西方古典修辞学的主张不谋而合。在我们今天的创作中，环境和人物的描绘已经远远地落后于事件和情节的叙述了，它被当作花费在静止的点上的笔墨抛弃了，这是由于现代人强调了行动吗？还是由于现代人的生活节奏加快了呢？还是由于现代人已经丧失了观察的兴趣或能力？

程巍是一个现代社会中的古典主义者，他的思想并非守旧，而他所欣赏的确是某些人认为已经过时的古典，例如描写。他能赞许法国作家瓦勒里·拉博的随笔《慢》，他能慨叹"写信、读信和等信"的时代已经过去，他能阅读巴尔扎克而不跳过"一连十几页描写巴黎某条街道的细节"，他能体会"塞尚描绘窗台上几只皱缩的苹果"时的用心，这一切都表明，他拥有"那份真正进入他人或他物的存在深处的耐心"。有了这份"耐心"，他就喜欢长时间地独自出门远足，他就可以几次或几十次去同一条街、同一口湖、同一座桥……直到这条街、这口湖、这座桥……烂熟于心，在记忆中形成一幅幅清晰的图画。他写出了状态，写出了变化，写出了事物的灵魂。这需要一双善于观察的眼睛。有人会说，观察谁不会？然而现代人恰恰是不肯或不会观察，他们的眼光滑过事物的表面，不会或者不屑于停留。他们看的事情很多，而他们看到的事情却很少。他们只知道行走，仿佛患了多动症。他们像一只只高速转动的陀螺，停就意味着倒。只有一双善于观察的眼睛还不够，还需要一只善于驱遣语言的手，要用准确的语言将这些状态和变化固定在纸上。这样的一只手不是每一个人都有的。中国人喜欢说"得心应手"，其含义是：靠观察得之于心，靠语言应之于手。得心应手的结果就是描写。程巍既有一双善于观察的眼睛，又有一只善于驱遣语言的手。

观察的哲学有两种，一种是静态的观察，一种是动态的观察。古典修辞学中的描写来源于静态的观察，注重于状态的稳定和内容的丰富。程巍的观察则是动态的观察，更确切地说，他观察的是运动中的静止，一种有着深远的历史感的静止。他笔下的人和物总是拖着长长的尾巴，这尾巴就是历史。读他的文字，我们不能不发出"事过境迁、物是人非"的慨叹。他是在谈美国吗？是的，可我们感到他也是在谈自己，他完全融入他的描写对象中了。如果我们把他的描写集中起来的话，我们得到的不是一幅图画，而是运动不止的生活之流。这也许是程巍的描写与古典修辞学中的描写的唯一的区别，然而它们之间毕竟有着继承的关系。现代的描写之中流淌着传统的血液。

观察的方式也有两种：一种是有先见的观察，一种是无先见的观察。假如你事先已经对美国有了某种看法，可能来自出版物，可能来自影视作品，也可能来自道听途说，你可能会将一些与你的看法不相符合的观察过滤掉，或者根本就视而不见，而自以为逃过了表面现象的迷惑，其实你可能正在为这种有先见的观察付出代价。无先见的观察仿佛一张没有曝光的底片，面对的一切无论美丑都在其上留下痕迹。你并非没有看法，即伽达默尔所说的"合理的'成见'"，但在观察的时候你把种种的看法搁置一旁。能不能完全地搁置，或许是个问题；但是想不想完全地搁置，却是一种态度。看起来你失去了选择的自由，其实你是获得了观察的自由。程巍的观察是一种无先见的观察，所以他看到了正反两方面的美国。

这种无先见的观察往往使他得出某种独特的结论，例如关于乞丐。黄种人为什么不乞讨？一个通晓世故的人告诉他，"是因为他们能够吃苦"。他却说："我想黄种人在这儿不乞讨，是因为他没有一种当家做主的气魄，他的移民祖先没有在形成美国的那些历史事件中起过什么作用，因而也就不可能堂而皇之地以主人的气度出现在这片土地上。"他说得对，他看到了"心理的深处"。他对乞丐的描写既真实又深刻，你不能指责他美化了乞丐，或者美化了产生乞丐的社会环境，因为他对乞丐做了明确的限定："剑桥镇的乞丐"。我在巴黎的拉丁区也遇见过类似的乞丐，一个飘着冷雨的黄昏，一个年轻的白人突然出现在我的面前，急忙对我说道："先生，给两个法郎吧，让我喝点热的。"说完就走，如果给得慢点，他宁肯不要钱而离去的，他显然是为了尽量保持他的尊严。

有先见的观察自然地导致有先见的描写，无先见的观察却并非自然地导致无先见的描写。任何形诸文字的东西都是要承担责任的，写下的不一定是看到的，看到的不一定是写下的，写下的和看到的之间可能有某种差距，这差距的有无和大小取决于写作者的良心。如果写作者是诚实的，那么他的观察是无先见的观察，他的描写是无先见的描写，否则，他的观察是有先见的，他的描写也是有先见的。程巍是诚实的，所以他的观察是无先见的，他的描写也是无先见的。他说得好："一切都在瓦解、离析、消融和沦亡。唯有文字始终坚固。它像坚硬的矿物记忆着地层的变化一样保存着我们在白纸上写下它时的热度和气息。"也许很少的人能读到这本书，但是只要有一个人读到它，哪怕若干年之后，他的"热度和气息"仍然会扑面而来，让我们知道记忆是难以消失的。描写就是记忆。

程巍的随笔，就《查尔斯河上的桥》而言，往往篇幅很长，这一方面是因为描写的需要，不长不足以穷形尽相，另一方面，也是由于他在描写中袒露了自己，不动声色地表明了自己的追求。他极少给描写对象以价值判断，更多的是，他以一种忧伤的情怀淹没了他笔下的一切。他说："由虚无产生的忧伤，是现代人的一种无法医治的精神疾病。"这现代人的精神疾病第一次出现在夏多布里昂的笔下，迄今已经两百年了。斯达尔夫人说："忧郁是才气的真正的灵感的源泉……"程巍给了我们一个证明，例如《整个新英格兰都在下雪》就是一篇描写刚刚露出头来的忧郁意识的绝妙文章，其发生，其长大，其弥漫一切的状态，应和着从雨到雪的节奏，被描写得清晰如画；例如 VERITAS（他解作"证实"或"证明"，其实解作"真理"更贴近原义）就是一篇描写知识分子的窘迫然而不可推卸的使命的精彩文字："他们像是河流的河床，不随河水流淌，却在暗中左右河流的走向。"寓意极其深远。这类文章，须一行行甚至一字字读下去，精神的享受自然会随着文字的展开而浸入我们的骨髓。它拒绝一目十行或者跳来跳去地阅读，性急的人难以体会其中的乐趣。

描写，或称描绘，已被大多数现代人抛弃，但在为数不多的现代人（作者和读者）之中还保留着它的位置。程巍作为作者，是他们中的一个，我作为读者，也是他们中的一个。我们的确为数不多，但我们坚持认为，描写是不应该被抛弃的。描写的对象不仅仅是静态的、物质的世界，而且是动态的、精神的世界，唯其如此，它才既是古典的，又是现代的。

2001 年 3 月，北京

观剧有感

—— 看话剧《大先生》

    前几天看了一场话剧，是李静编剧的《大先生》，大先生者，鲁迅也。剧本的题目写着："大先生无场次非历史剧"。鲁迅的时代已成历史，鲁迅这个人也已成历史人物，写鲁迅的戏不称历史剧，反而称"非历史剧"，却是为何？我已经多年不看话剧了，剧场的气氛也是多年未感到了，今看到观众如此踊跃，且多是年轻人，心中不免惊奇：他们为什么这样在乎他？鲁迅先生逝世已经80年了，却还有人关心他，无论是崇拜，是赞许，是轻蔑，还是莫名其妙的嫉妒所引起的抗拒，都说明他还活在人们心中，说他死了的人心中也还记着他，想绕过他的人还不得不面对着他。所谓"非历史剧"，是说剧中的鲁迅，并非真实存在的鲁迅，剧中的事情，也并非实际发生的事情，而是一种贯穿始终的坚定或寻觅的精神，是一颗复杂变化的不安或者不安分的灵魂，这种精神和灵魂只属于鲁迅，于是有感生焉。

    感者，动也，动心，动情，动魄，动物，总之，动人。

    动心，或曰动念，是一种感应，历史对现实，不是生硬地对接，或者借古讽今，而是人物的行为言语与现实的情境有某种契合，使人打破了历史与现实的隔膜，例如主人公的装束。与固有的印象不同，平头、短髭、旧长袍、手里一支香烟，是鲁迅给我们留下的传统印象，也可以说是鲁迅的标准画像，可是剧中的大先生却在弥留之际被黑衣人换上了卷毛，白衬衣、牛仔裤、黄色马丁靴，分明是一个现代青年或中年的形象。民国时期的鲁迅转眼间变成了现代的思想斗士，见证了一场现代社会中的"天堂形势怎么看研讨会"。听见"怎么看"一语，不禁让我这样的人发出了会心的一笑。这使我想起了法国剧作家阿努依的《安提戈涅》，这本是一出以古希腊为题材的戏，剧中的主人公安提戈涅一身古希腊的长裙打扮，可是克瑞翁却是西装革履，打着领带，而卫士则是一身德国冲锋队的黑色皮大衣，嚼着口香糖。人物的语言出现了香烟、咖啡、口红、手铐、长裤等只有现代社会才可能出现的东西，如此则形成了历史与现在的无形的对接。《大先生》一剧未曾有一语道及现实，却在观众的不经意间填平了历史与现在中间的鸿沟。

动情，动的是温情，是爱情、是亲情、是战友情、是同志情，然而在鲁迅，却始终在情中挣扎，唯一分明的是对朱安的情，始终对她冷脸相待不说话，而对观众来说，则是在情中徘徊、犹豫。鲁迅对朱安是斩钉截铁的"不爱"，但是，他既不能像所有的新式人物那样，因为不爱而离婚，又不能像所有的孝子那样，假装对母亲安排的妻子满意，也不能像所有的圣徒那样，把对弱者的怜悯乔装成对一个女人的爱。在观众的眼中，鲁迅是否一个"知行不一、出尔反尔的两面人"？恐怕不是"可笑的人"一词能够打发得了的。他说他要"为她爱做一世的牺牲，还掉四千年的旧账"，可是抵挡不住另一个女人的追求，做了一个"两面人"。还有帮闲的胡适，一门心思"希望有一个好秩序"，却能与筷子上滴着青年的血的屠夫同席，还有不肯用他人的爱"吞噬自己"的周作人，而鲁迅，则希望有另一把刀是屠夫放下屠刀，流自己的血到"流到流不出的时候"，三个人的道路孰优孰劣？《大先生》一剧未就此遽下结论，做出评判，生生把事实摆在观众面前。坐在台下的我们如何看？感叹而已。

动魄，魄是附着在形体上的精神，《大先生》一剧时时处处如一根针，一股风，刺激着、摇动着观者的精神，引发他的思维或引起他的反驳，从而完成戏剧的使命。窃以为，戏剧是最接近大众的一种艺术，其使命不在于向他们提供一种学习或模仿的榜样，而是启发和活跃他们的精神，开拓更大的活动空间。我想起了瑞士批评家斯塔罗宾斯基教授论随笔时说过的一段话，他说"话有一半是说者的，有一半是听者的"，"写作，对于蒙田来说，就是再试一次，就是带着永远年轻的力量，在永远新鲜直接的冲动中，集中读者的痛处，促使他思考和更加激烈地感受。有时也是突然抓住他，让他恼怒，激励他进行反驳"。鲁迅和胡适、周作人、威严的中年人、不笑的青年、执鞭的男人、黑衣青年、闰土等一干人的辩驳，无一不具有这样的特点。鲁迅和剧中人的言语行为如一片意识的流动，冲撞，激起一朵朵浪花，冲击着观众的眼睛和耳膜，令其不停地思索，回答由此产生的问题，甚至在他们离开剧院之后。对于这些问题，剧本并未给予回答，如果在戏结束之后的长时间里，问题仍能保持其重量与鲜度，仍能逼迫观众思索与回答，就说明剧本是成功的。思想者的悲哀，绵延而至于无穷，《大先生》是也。

动物，又可称感物，所谓"气之感物，物之感人；故摇荡性情，形诸舞咏"。《大先生》的演出，鲁迅的装束，黑衣青年，血绳，铁皮人，执政官等，除鲁迅外，全是偶人，其中有深意存焉。我觉得最有象征意义的莫过于"椅子"的形象。椅子是什么？椅子为物，可坐可卧，舒服稳妥，坐之可显神圣，供人膜拜，固众人皆愿鲁迅稳坐如仪，如铁皮人所说："你也忍耐吧，人们需要你坐在椅子上。"更如执政官所说："椅子不会改变，改变的只有坐在椅子上的人和跪在椅子下的人……守住这把椅子，如同守住冤魂大海上的一座孤岛！孤岛不会沉没，因为源源不断的尸骨会提升它的高度！"然而鲁迅不愿，他在剧中反复说，达二十多次："这把椅子……这把像要长进我肉里的……椅子……就算长在肉里……也要……挣脱你……烧掉你……哪怕烧掉……我自己……"他反复警告自己，也有三次："不能老是坐在椅子里。"他的一生就是与椅子做斗争的一生，他要从椅子上下来，而人们却偏要他坐上去或者坐上去不下来。椅子，象征着黑暗的势力，象征着精神的牢笼，象征着思想的桎梏，象征着权威的地位，象征着导师的身份，象征着……剧本开始，鲁迅就表示了他的与椅子决裂的决心，到剧本的结束，"鲁迅点起火来，天幕现出一把燃烧的椅子，慢慢成灰"。一头一尾，椅子的意象贯穿始终，足见其重要，含义深远。

感而动，动心，动情，动魄，动物，总而言之，动人。早就听说李静在写戏。她是一位才华横溢、独具只眼的文学批评家，以一位批评家的眼光凝视一位已经逝去的、在文学史上已经固定其地位的作家，她会写出什么来呢？果然，她注视着鲁迅的作品，注视着鲁迅这个人，在她和他的对话和交流中，相互试探，相互搏斗，相互浸润，相互融汇，终于写出了《大先生》这样一部"无场次非历史剧"。它搅动了观众的心绪，打动了观众的感情，掀动了观众的思维，启动了观众的疑问，总之，《大先生》是一出使观众浮想联翩的戏。

看话剧《九三年》

2004 年 4 月 25 日，我看了话剧《九三年》，国家话剧院的演员的精彩表演使我在这个告别暴力的年代里重新陷入思考。

《九三年》是法国作家维克多·雨果构思十年，于 1873 年完成、1874 年出版的一部长篇小说。1871 年 3 月 18 日，巴黎的无产阶级起义，建立了政权，紧接着就是法兰西第三共和国政府血腥的镇压，5 月 22 日到 5 月 28 日史称"流血的一周"，可以说，这部小说是在枪炮声中进行的。在这部小说中，雨果以绚丽多彩的笔墨描绘了 1789 年之后的巴黎，以热烈昂扬的笔调歌颂了九三年这个"紧张的年头"。这一年，法兰西战胜了欧洲，巴黎战胜了法兰西，因为巴黎的共和国平息了旺岱的反革命叛乱，为资产阶级革命的彻底胜利奠定了基础。但是，在革命的恐怖对魔鬼的恐怖的回答中，雨果陷入了矛盾而深刻的思索：一方面，革命有权利镇压反革命的叛乱，叛乱在前，镇压于后，天经地义；另一方面，当"地狱里的魔鬼变成了天上的晓星"的时候，还要把他当作野兽来对待吗？人们有理由问一句：革命的目的究竟是什么？雨果的结论是：打掉王冠，留下人头，"在绝对正确的革命之上，还有一个绝对正确的人道主义"。雨果通过三个人物的塑造完成了他的思考：郭文，英勇善战的青年将领，他追求"自由的精神，平等的观念，博爱的心灵"；西穆尔登，铁面无私的教士，他不相信中间路线，他希望革命的神眼"在必要时向魔鬼们射出地狱的冷光，用恐怖来回答魔鬼们的恐怖"；朗德纳克，率领旺岱叛军的封建贵族，杀人不眨眼的刽子手，可是恰恰是他救了三个将要葬身火海的孩子，引起了郭文和西穆尔登的争论，最后，朗德纳克被放走，郭文上了断头台，西穆尔登开枪自杀。结果，郭文和西穆尔登"这两个灵魂，这两个悲惨的姐妹，一同飞去了，一个的暗影和另一个的光辉混合起来了"。这实际上表明，革命的理想不能在人的世界中实现，只能寄希望于两个灵魂"一同飞去"的另一个世界。这就是雨果混杂着希望与绝望的思考：革命蜕化为恐怖的政权，巴黎的专政导致了旺岱的叛乱，如此往复，何时是了？细心的读者不难看出，雨果在写到旺岱叛乱的时候，想到的是受到政府追捕的巴黎公社社员。

　　把如此复杂而深刻的小说改编为话剧，是一件很不容易的事情，需要改编者的智慧，尤其需要改编者的勇气。删繁就简，保留精华，突出雨果的思考，而且能紧紧地抓住观众并令其思考，这是改编的关键所在，改编者做到了。我不知道在法国是否有人改编过这部小说，我估计改编者是在没有任何参考的情况下，直接通过对小说的阅读以及对它的理解来进行工作的。把一部外国小说搬上舞台，呈现给观众，并打动观众，需要编剧、导演、演员三方面的通力合作。《九三年》的改编是成功的，它基本上是沿着小说的情节发展脉络，一步步推向高潮，中间的主调气势磅礴，规模宏大，以摧枯拉朽之势横扫一切细枝末节。"郭文的沉思"一节堪称精彩，思想中的对立面以几个郭文的化身出现，把郭文的思想斗争活生生地呈现在观众面前，仿佛可触可摸，给人的印象极为深刻，这是改编者的创造。地牢中朗德纳克面对一言不发的郭文的对白，有往而无来的对白，滔滔如江河，把封建贵族对资产阶级大革命的仇恨发泄得淋漓尽致，我从未见过一篇反革命宣言被表达得如此傲慢、刚愎和彻底，可以说是痛快而坚决，郭文的表现则有些委琐，有些懦弱，似乎被朗德纳克的嚣张压得喘不过气来。剧本中只是说郭文"一动不动地"、"静静地看着朗德纳克"，其实小说中有一句话至关重要："他们互相注视着，这种互相注视的眼光仿佛有一种力量使他们两个动也不动。"他们的注视表明了一种互不妥协、同样坚定的立场，这里的潜台词是：郭文知道朗德纳克是一个顽固不化的封建贵族，故不屑于反驳，或许竟有一些怜悯。这里是否是改编本的一个败笔？抑或导演的一种疏忽？剧本的结尾说的是"太阳冉冉升起，照耀着拉·杜尔格城堡和断头台，以及城堡上和断头台下的两具尸体"，可是我只看见郭文仍挺立如故，西穆尔登自杀后则随着前台下沉，不见了。演出（导演和演员的工作）是一门大学问，我不懂，不便在这里插嘴，故略下不谈。

今天的世界与200年前是完全的不同了，人们对事物的看法也完全的不同了，但是，人们必须了解自己的历史，知道自己是如何一步步走到今天的。历史上的错误，今天看来仍然是错误；历史上的壮举，今天看来仍然是壮举；虽然我们不会那样做了。反之，我们会把错误当成壮举，把壮举当成错误，完全丧失了历史感。令我感到困惑的是，观众竟然对朗德纳克在地牢中的宣泄报以掌声。我不知道他们的掌声是给予演员的高超的台词功夫，还是给予朗德纳克关于贵族和贱民的疯狂叫嚣。如果是后者，这些鼓掌的观众是应该感到羞愧的。我想到的是，近年来，"帝"、"王"、"霸"、"贵族"、"富豪"、"淑女"等词汇红得发紫，"三代才培养一个贵族"的说法大行其道，一本叫作《格调》的书成为白领们的训练手册，各种专为女士或者男士的时尚杂志风靡全国，难道我们的社会又分成了贵族和贱民吗？难道我们的交往又出现了所谓的"上流社会"吗？难道人们对所谓上等人的作风不以为耻反以为荣吗？难道我们要把被我们打倒的贵族奉为模仿的榜样吗？加缪在1951年出版过一本叫作《反抗的人》的书，书中他对反抗和革命做了区分，指出革命是反抗的蜕变和堕落，而"反抗否认无限的权利"，"反抗的世界是一个相对的世界"，反抗的人"要求承认有人的地方就是自由的界限，而界限正是此人反抗的权利"。主人面对奴隶，奴隶的反抗是正义的，如果奴隶成为主人，新的主人以同样的态度对待新的奴隶，则变为奴隶的主人的反抗同样是正义的，这样主人和奴隶的地位反复变化，未有穷期，反抗则势必变成革命，又会形成新的专制。相隔80年，雨果和加缪的思考是相通的。雨果之后150年，加缪之后50年，我们还要就同样的问题进行同样的反思，人类的问题何时才能讲得清呢？

2004年5月，北京

让·斯塔罗宾斯基在中国

　　日内瓦大学的让·斯塔罗宾斯基教授今年 97 岁了，仍笔耕不辍。2011 年，他在一封私人通信中信心满满地筹划着未来。他说，2012 年是卢梭诞生 300 周年，2013 年是狄德罗诞生 300 周年，届时他将有两本著作付梓。果然，2012 年他出版了《谴责与诱惑：论卢梭》，2013 年，《狄德罗，一个会唱歌的魔鬼》面世，他的筹划实现了。非但如此，伽利玛出版社还在 2016 年于《第四类丛书》中推出了他的长达 1000 多页的短篇作品合集，题作《世界之美》，收入他在 1946-2010 年间写的论及文学、音乐、美术的随笔一类的文章。《世界之美》是这套丛书中关于文学批评的第二部，第一部是阿尔贝·蒂博代的《关于文学的思考》。2010 年，瑞士伯尔尼国家图书馆建立让·斯塔罗宾斯基国际研究中心，他的著作、学位、职务和学衔列成一张表，可以让人眼花缭乱，然而，更让人惊讶的是，他拥有文学和医学两个博士学位，在大学里讲授文学史和医学史两门课程，其著作涉及的领域既深且广，鲜有人可比。加在他身上的名号可以是大学教授、文学批评家、艺术评论家、历史学家、语文学家、哲学家、精神分析学家、精神科大夫、音乐学家、钢琴家等等，他是一个"在多才多艺和学识渊博方面的巨人"，难怪《费加罗报》2012 年 10 月 11 日刊登采访，说他是"最后一位人文学者"，《世界之美》的编者马丁·吕埃夫说他是"20 世纪法语世界中最大的文学阐释者"，是"当代的莱布尼茨"。然而，这样一位英美学界公认的批评巨擘在中国却声名不彰，近乎默默无闻，只有笔者本人写过几篇关于他的文章。不过，近十年来，一些中国的学者、批评家开始研究或借鉴他的一些观点了，特别是他关于随笔的观点，用以拓展中国的外国文学研究领域或者开辟中国散文研究的新思路。刘绪源、谢有旺、林贤治、程巍、李静、解华、吕若涵、吕若淮、黄科安等人的文章中出现了斯塔罗宾斯基的名字，对他的批评文字做了不同程度的介绍或评述。这说明不了什么，但是，这至少意味着我们又多了一种参照，或一种动力，因为斯塔罗宾斯基的文学研究别具特色，开一代风气，特别是他的随笔观继往开来，对于中国散文的现代化转型有着特殊的意义。

散文（随笔）是否是可以与诗歌、小说、戏剧比肩并立的第四种文类，历来是中外散文理论家或研究文类的人争论不休的话题，至今持否定性意见者仍然不在少数，其中有著名的法国文学批评家安托瓦纳·贡巴尼翁，他在2007年出版的一部文学史著作中谈到随笔时说：“应该谈论第四种文类吗？大概不会，因为随笔中什么都有，而文类若是什么都有的话就解体了。但是，非虚构的散文，或者思想性的散文，却在20世纪的文学生产中占据着越来越大的部分。”①“因为随笔中什么都有”，所以随笔具有独特的魅力。随笔是否第四种文类，可以不谈，但是在20世纪占有“越来越大的部分”的“非虚构散文，或者思想性的散文”却可以谈谈，虽然我对中国散文没有下过功夫，无论是传统的，还是现代的。

安托瓦纳·贡巴尼翁所说的“散文”指的是韵文的对立物，包括文学的和非文学的散行文字，可以称作广义的散文；而“非

---

① 《法国文学：动力与历史2》，伽利玛出版社，2007年，第773页。

虚构散文，或者思想性散文"，指的是散文中的一体，可以称作狭义的散文，"随笔"正在其中。狭义的散文，中国原本没有，中国所谓散文，例如"骈文散文两名，至清而始盛，近年尤甚"，说的并不是作为文类的散文。所以郁达夫才说，"中国向来没有散文这一个名字"，是一个外国的概念："如我的臆断不错的话，我们现在所用的'散文'二字，还是西方文化东渐之后的产品，或者简直是翻译的也说不定。"① 所以，五四时期出现的散文被称作"新散文"或"现代散文"。100 年过去了，这"新散文"或"现代散文"究竟发展得如何？

我读书不多，本来对当前的散文状况无缘置喙，但是，我读了一些评论家的文章，居然与我平时的阅读印象大体相合，这就不能不引起我的一些思考了。

楼肇明描绘了 20 世纪 90 年代花花绿绿却是灰暗平淡的三种散文景观："其一，是暴力话语的回归，或话语暴力在媒体的炒作下成了一种时尚商品……二是网络上的散文姑且不去说它，车载斗量的报纸副刊的散文，正式出版的数以千计的散文集子，乃至名头颇响、以集束形式推出的文丛、笔丛之中，文墨不通者大有人在。三是时尚散文的大泛滥。时尚散文有一个变来变去却始终不能改变的特点，那就是：肤浅。"（《序：沙盘·平面图和当代散文研究之整体思维》，2007 年）

刘绪源说，文学自 20 世纪 70 年代末进入"新时期"，继诗、短篇小说、话剧、中篇小说、报告文学之后，"出现了一度的沉寂，接着散文登场，本来以为怎么也引不起轰动效应的散文成了

---

① 《中国新文学大系·散文二集·导言》，载俞元桂主编《中国现代散文理论》，广西人民出版社，1983 年，第 441 页。

文坛的热门，先是五四后的名家散文畅销，接着由学者散文而'文化大散文'，再接着由生活散文而'小女人散文'，再接着，散文越来越市俗化，渐渐散入大报小报的白领副刊或畅销刊物，成了好看而无足轻重的东西；另一路，则走向高雅化，以谈书论学的书话随笔的形式出现，这是以前知堂散文的余脉，但读者面终究不宽，影响也渐渐小下来了。"（《白话散文源流》，2011 年）

林贤治说，"散文成了单向街"，"于是大家都来写作一种叫作'散文'的东西。小说家，艺术家，明星，大腕，果然都被出版商动员起来了，一时间热闹得很。散文写作成了大众文化的一部分，它的要害是：一无个性，完全地群体化写作；二是虚幻性，由于追逐时尚性写作，以市场的价值需求代替主题思考，遮蔽了自身处境的现实性。"（《中国散文五十年》，2012 年）

程巍说："何谓'随笔'？随笔的定义在中国现代文学理论家们那里萎缩到了这种贫乏的程度，以致当今一说起'随笔'，就几乎意味着一类闲情逸致的文字，其可替换的同义词是'散文'、'美文'、'小品文'等等。"（《中国图书评论》，2010 年）

李静说："今年随笔写作的问题与缺憾，仍一如既往：缺少汉语之美；匮乏清明的理性和敏锐的直觉，既缺少对世界的整体观照，又没有勘探到自我的深处；理性的自负过于强烈，以致形成了独断的语气和文风；道学气过盛，失去了真诚、自然与节制；'媒体气'和'网络气'过浓，'私人对话'语态能让人感到旁若无人的自恋，或者硬套近乎的唐突……"（《中国随笔年选，2005年·序》）

吕若涵、吕若淮说，百年来人们对散文这一文类的质疑不断产生，"小到指责现当代散文出现滥用智慧、夸饰学问、抛弃修辞、过度华丽、过于琐碎等种种问题，提出所谓'繁荣下的思想贫困'一类的批评，大到要求清理散文边界，建构'艺术散文'，或针锋相对地提倡'大散文'的'美文'写作等等，这些争执本身表明人们缺乏把握现代散文这一文类的有效力量。"（《文类研究：百年散文研究的新思路》，2008 年）

"语言暴力"、"不通文墨"、"肤浅"、"好看而无足轻重"、"无个性"、"虚幻性"、"萎缩"、"闲情逸致"、"缺少汉语之美"、"抛弃修辞"、"过于琐碎"等等，这就是描述散文随笔当前状况的关键词。散文，随笔，在中国往往是并称的，其实是一个东西。再加上小品文，成为散文、随笔、小品文，一物而三称。梁遇春说："国人因为厌恶策论文章，做小品文时常是偏于情调，以为谈思想总免不了俨然，其实自 Montaigne 一直到当代，思想在小品文里面一向是占很重要的位置，未可忽视的。"这实在是一种很深刻的看法，不过并不是一种普遍的共识，仿佛沙漠里的呼喊，应者寥寥，例如郁达夫就说："我总觉得西洋的 essay 里，往往还脱不了讲理的 philosophizing 的倾向，不失之太腻，就失之太幽默，没有了东方人的小品那么清丽。……原来小品文字的所以可爱的地方，就在它的细、清、真三点。"① 虽然胡适也说过"长篇议论文"之类的话，但是中国的随笔秉承"独抒性灵，不拘格套"的路数，大体上还是脱不了"细、清、真"三个字。虽然中国人也说随笔"说理叙事抒情"，但是这"说理"要"以不至于头痛为度"。日本人厨川白村在《说 Essay》中说："和小说戏曲诗歌一起，也算是文艺作品之一体的这 Essay，并不是议论呀论说似的麻烦类的东西……""麻烦"和"清丽"，恰成对比，正中中国文人的下怀。

---

① 《清新的小品文字》，载俞元桂主编《中国现代散文文理论》，广西人民出版社，1983 年，第 50 页。

洪迈在《容斋随笔》的序中说："予老志习懒，读书不多，意之所之，随即笔录，因其前后，无复诠次，故目之曰随笔。"这是在1184年，"随笔"当初的意思的确是"随便""随意""随手"等，与厨川白村的"披浴衣，啜苦茗，随随便便，和好友任心谈话，讲这些话照样移在纸上的东西，就是Essay"的说法，不谋而合。厨川白村不愧为一个东方文人，他只看到了随笔自我、闲适、幽默、轻松、短小、灵活的一面，而忽略了严肃、探索、试验、批判、厚重、深刻的一面。于是，在中国作家的手里，随笔就成了一种花前月下的抒情小品，如果要说理，那就或者疾言厉色，说几句豪言壮语，或者巧言令色，说几句蜜语甜言，全不见循循善诱深入开导或别开生面剑走偏锋的功夫。一言以蔽之，"随笔中论理的成分是非常少的"，中国现代随笔所缺乏的东西就是思想。所以，小品文与随笔实在是两种东西，或者说，随笔包括了小品文。中国传统的随笔与现代随笔是两种东西，或者说，中国随笔要经历现代转型，成为现代随笔，而其关键在于"思想"，在于"说理"，在于破除"细、清、真"的紧箍咒，在于去掉"以不至于头痛为度"的束缚，简言之，在于摆脱小品文的控制。

　　"详者为大品，略者为小品"，小品文控制随笔，大概始于周作人1921年发表的《美文》。这篇文章开篇即说："外国文学里有一种所谓论文，其中大约可以分作两类。一类是批评的，是学术性的。二类是记述的，是艺术性的，又称作美文。这里边有可以分出叙事与抒情，批评的但也很多两者夹杂的。"文章题为"美文"，开篇即把"批评的、学术性的"踢了出去；他又说："读好的论文如读散文诗，因为他实在是诗与散文中间的桥。"一个"如"字又把"批评的、学术性的"拉了回来。曹聚仁说："他（指周作人——笔者按）所说的美文，就是后来盛行的小品散文。"

周作人说的是"美文",而读的是"论文",当中恐怕有些夹缠吧,周作人未必清楚,但中国的文人心里明白。郁达夫就认为,西方随笔若去掉了"说理"的成分,未尝不可以有东方小品的那种"清丽"。我们不能见容于西方随笔的哲理,在当代人的著述中还可以见到,如季羡林先生在《漫谈散文》的文章中就说:"蒙田的随笔却给人一种率意而行的印象。我个人以为在思想内容方面,蒙田是极其深刻的,但在艺术性方面,他却是不足法的。与其说蒙田是个散文家,不如说他是个哲学家和思想家。"讲理还是放弃讲理,区别在此,而这种区别决定了中国当代随笔的面貌。中国人对外国随笔的误解恐怕就在这里:随笔不宜于说理,至多说些"以不至于头痛为度的道理"。惧怕头痛,惧怕思想,惧怕深刻,追求轻松,追求快捷,追求空灵,这是当前随笔大多肤浅的原因。可是,不"头痛",何来思想的快乐呢?

中国传统随笔的现代转型必须从外国随笔中汲取动力。其实,西方学界自蒙田的《随笔集》问世以来,就没有停止过对随笔这一特殊的文体进行研究,特别是20世纪,尤其是法国五六十年代的新批评以来,西方修辞学的复兴带来了从文体角度研究随笔的热潮,陆续出版了不少颇有见解的专著,例如阿多诺、阿拉贡、邦斯玛亚、布罗迪、尚比尼、布托、安布里、克劳斯、欧巴尔迪亚等人的著作,其中让·斯塔罗宾斯基的《可以定义随笔吗?》颇为引人瞩目。让·斯塔罗宾斯基没有写过论随笔的专著,但他是1983年欧洲随笔奖的得主,而且是随笔的实践者,其著作,无论长篇短篇,皆可作随笔看,所以他关于随笔的看法,一方面延续了法国的传统,另一方面,又开创了新的领域,值得我们参考、借鉴,甚至学习。

究竟什么是现代随笔?对于任何新的概念或主题,让·斯塔罗宾斯基总要从词源学上出发，追溯其来源，弄清楚其来龙去脉，他在《可以定义随笔吗？》一文中说："essai（自蒙田以后，这个词就成为一种文体的名称，我们将其翻译作随笔），在 12 世纪的法文中就出现了，它来自通俗拉丁语中的 exagium，天平的意思；试验出自 exagiare，意味着称量。与这个词相近的词有检验（examen）：指针，天平横梁上的小突起，然后是称量，检验，控制。但是，examen 还有另一个意思，指一群蜜蜂，一群鸟。共同的词源是动词 exigo，其意为推出去，赶走，强制。如果这些词的核心意思产生自它们在遥远的过去所蕴含的意思的话，那该有多大的诱惑力啊！essai 既有强制的称量、细心的检验的意思，又有人们令其飞起的一大堆语词的意思。"随笔原初的意思就是试验，让·斯塔罗宾斯基就此论道："就随笔来说，我的出发点是我被我们的生活所面对的问题抓住了，或者我预感到了问题。问题是给它一个下文。然后思考运动起来，有各种文学的、音乐的和绘画的作品为我们呈现的例证所表明的含义。另一个问题又出现在我的脑海中：就是我画出的路线的有效性。事关我们（经由我的生活的）共同的生活。"他还具体地描述了问题和回答的全过程："开始，一系列的问题引起我们的注意，要求我们给予回答。于是一个信念在我们心中形成了：也许处理这些问题会有风险，但是我们如果忽视就会有更大的损失。于是，有什么东西要我们称量呢？使我们在自身感觉到的生活，它表现、展示出来。"总之，随笔是一种自己理解同时也让别人理解的文体形式。

大体上说，让·斯塔罗宾斯基认为[1]：

---

[1] 《可以定义随笔吗？》，载《时代·让·斯塔罗宾斯基》，蓬皮杜中心，1985年，第185-196页。

一、随笔既有主观的一面，又有客观的一面，其工作就是"建立这两方面不可分割的关系"。随笔既是向内的，注重内心活动的真实的体验；又是向外的，强调对外在世界的具体的感知；更是综合的，始终保持内外之间的联系。让·斯塔罗宾斯基指出，蒙田的手永远不闲着，"用手思想"是他的格言，永远要把"沉思"生活和"塑造"生活结合起来。

二、随笔"具有试验、证明的力量，判断和观察的功能"，随笔的自省的面貌就是随笔的主观的层面，"其中自我意识作为个人的新情况而觉醒，这种情况判断判断者的行为，观察观察者的能力"，因此，随笔具有强烈的主观的色彩和个性的张扬。所以，让·斯塔罗宾斯说："在蒙田的随笔中，内在思考的演练和外在真实的审察是不可分割的。"描写外在的真实突显了内在的思考，一个人的肉体和精神生活才活生生地表现了出来如此汇总一个个个人的真实，才能表现出一般人的特征，这是现代文学的总趋向，蒙田用他的《随笔集》开了个头。

三、随笔既有趋向自我的内在空间，更有对外在世界的无限兴趣，例如现实世界的纷乱以及解释这种纷乱的杂乱无章的话语。随笔作者之所以感到常常回到自身的需要，是因为精神、感觉和身体紧密地结合在一起，这是随笔的本质内涵。因此，让·斯塔罗宾斯基认为，蒙田的随笔展示了人和世界的三种关系：一是被动承受的依附；二是独立和再度适应的意志；三是被接受的相互依存及相互帮助。斯塔罗宾斯基认为，人和世界的这三种关系是要通过不断反复的运动来试验的。

四、"话有一半是说者的，有一半是听者的"，所以，让·斯塔罗宾斯基说："写作，对于蒙田来说，就是再试一次，就是带着永远年轻的力量，在永远新鲜直接的冲动中，击中读者的痛处，迫使他思考和更加激烈地感受，有时也是突然抓住他，让他恼怒，激烈地进行反驳。""在蒙田那里，随笔在言语的从容和诡计中，在发现和借用的交错中，在汇集和充实的附加中，在警句的漂亮的冲击中，在不连贯、立体的有控制的散漫中（这一切都成了五花八门的延伸），对比达到了最高点。"

让·斯塔罗宾斯基说，随笔是"最自由的文体"，随笔的条件和赌注是"精神的自由"，这就是说，随笔，是最自由的，这种自由既是文体的，也是精神的，是自由的精神掌握的文体。随笔所遵循的基本原则，或者它的"宪章"，其实就是蒙田的两句话："我探询，我无知。"初读这两句话，颇为不解，为什么不先说"无知"后说"探询"？难道不是由于"无知"才需要"探询"吗？仔细想一想，方才明白：探询而后仍有无知，复又探询，如此反复不已，这不正是随笔的真意吗？随笔不是下结论，而是打开视野，拓展思路，探索路径，规划未来，提供各种可能性。让·斯塔罗宾斯基指出："唯有自由的人或者摆脱了束缚的人，才能够探询和无知。奴役的制度禁止探询和无知，或者迫使这种状态转入地下。这种制度企图到处都建立其一种无懈可击、确信无疑的话语的统治，这与随笔无缘。在这种制度眼里，不肯定，就是怀疑的征兆。"奴役的制度不允许怀疑的存在，而随笔则可能有冒险、反抗、不可预料和个人性的成分。精神的自由，乃是随笔的"条件"，随笔的"赌注"，一句话，随笔的精髓。总之，在让·斯塔罗宾斯基看来，随笔的最简明也最完整的定义是：在精神自由的支配下，科学和诗的结合，理性和美的结合，个人和世界的结合，"随笔应该解开缆绳，试着自己成为一件作品，获得自己的、谦逊的权威"。

1933 年，一个叫方非的人对随笔或小品文的特点做了如下的总结①（方非何许人也，我至今不知）：

（一）随笔或小品这一类的东西，顾名思义，必然是短小成章，不能太长的。万字以外的随笔，实在很少见。……现代人多数忙于事功无暇细读长篇杰作及那些必须太费脑力而后才能了解的硬性读物……

（二）随笔或小品文的题目虽然不大，然而其内容却无所不谈。上说天堂，下述地狱，纵则概括整个宇宙及人类进化全程，横则遍乎四海九州内外，经史子集，医卜星相，久而目之所及——或连不可及——的东西，都在一个短篇幅之中，择其一部分而大谈特谈。

（三）随笔或小品文大多是喜欢描述事物，或境地之往昔的盛概，或更加和现时之衰颓情状，加以比较之叙述，因而发生感慨。其有关于往昔之追溯，十篇有九，都发思古之幽情，带感伤之音调，其有关于今古之比较，笔锋亦必呈露对现状之不满。间有少数更憧憬于未来之轮廓，所以自慰；然而只"少数"而已，"憧憬"而已。

（四）随笔……对于现状虽然不满，然而只取冷嘲热讽的态度，旁敲侧击的方法，既不敢面对现实的丑恶加以直描，

① 《散文随笔之产生》，载俞元桂主编《中国现代散文理论》，广西人民出版社，1984 年，第 74-82 页。

更不敢取单刀直入的方法或迎头痛击的态度。

（五）最后，随笔或小品文之文体本来是无施而不可的。叙述、描写、论理、抒情，只要作者喜欢哪一样都可以；然而事实上，随笔中论理之成分是非常少的。"即物以言志""即小以见大"，似乎是随笔作者最喜欢的办法。

以上是随笔或小品文"大概总含有"的特点，奇怪的是，80年后，今日中国之随笔竟与这些特点大致相合！楼肇明先生在一篇序文中说："散文理论和散文批评在长达半个世纪的时间里，走的是一条向后退的路子。"这虽然是一家之言，但其深刻足以令我们深思。退到什么地方去？退到1935年周作人和郁达夫编《中国新文学大系》的时候。"向后退"意味着我们的研究和批评仍然是80年前的水平，就是说，我们对于随笔的认识停滞了80年！让·斯塔罗宾斯基说："我认为随笔的条件，还有它的赌注，是精神的自由。精神的自由：这种说法似乎看起来有些夸张，但是当代历史，唉，告诉我们，这是一笔财富，而这笔财富并不为大家共享。"我认为，让·斯塔罗宾斯基的话就包含着对那些主张"以不至于头痛为度"的批评。当然，持有这种主张的东方有，例如中国和日本，西方也有，例如法国和英国。

林贤治先生指出，让·斯塔罗宾斯基的随笔论颇异于我们传统的文体观念："强调随笔写作与自由制度和精神解放的联系，在我国作家和批评家中是极少见的。"[①] 这是一针见血之论。我认为，中国的随笔缺少的正是那种"精神的自由"。

最近，有研究者提出要对让·斯塔罗宾斯基的批评美学进行

---

① 《知识分子与自由》，林贤治的博客，2008年9月25日。

研究，认为他的批评方式"既为我们提供了建立批评美学的框架思路，也为当前文学批评理论转型研究及方法论范式研究带来新的思考，同时可为中国传统文艺美学加入世界文学理论和批评美学的对话开辟新的道路"，这表明，中国的让·斯塔罗宾斯基研究继一般地介绍而后进入了学术研究的领域，无疑是一件令人十分高兴的事。

2017 年 6 月，北京

我在 19 世纪的法国文学中看到了什么？

　　随着国力的提升、经济的发展和社会的进步，中国人的物质生活有了明显的改善，但却发现其精神生活尚有欠缺，于是对文学上的"高峰"有所期待，对"高峰"的呼唤也在耳畔响了不知多少年了，然而"高峰"似乎对人们的呼唤充耳不闻，迟迟不肯现身。为什么？放眼古今中外，寻找一个"高峰"林立的时期，看看那是一番什么样的景象，是情理中的事。这样，19 世纪就进入了我们的视野，而 19 世纪的法国文学则可能给我们提供一个具体的参照。且让我们拂去历史的风尘，看看那里究竟发生了什么？

　　整个 19 世纪，从 1802 年夏多布里昂的《基督教真谛》始，到历经 23 年的劳作、1893 年方始完成的左拉的《卢贡-马加尔家族》止，中间有拉马丁、维尼、雨果、奈瓦尔、缪塞和乔治·桑；斯丹达尔、巴尔扎克、福楼拜和梅里美；波德莱尔、魏尔伦、兰波和马拉美；莫泊桑、凡尔纳、法朗士和洛蒂等作家诗人，有《沉思集》《命运集》《惩罚集》《幻象集》《四夜》和《魔沼》；《红与黑》《高老头》《包法利夫人》和《嘉尔曼》；《恶之花》《月光》《醉舟》和《窗户》；《羊脂球》《格兰特船长的儿女》《泰伊丝》和《冰岛渔夫》等小说诗歌，约一百年间，可谓高峰迭起，诗文并茂，时而轰轰烈烈，时而波澜壮阔，时而鱼龙混杂，时而百舸争流，好一派繁荣昌盛、百花争艳、你追我赶、欣欣向荣的景象。

　　夏多布里昂的《基督教真谛》是一部应时之作，它应的是革命之后社会动荡之时，是道德滑坡、信仰缺失之时，是民众大旱之后渴望甘霖之时，所以一经面世便引起轰动，一时纸贵。其中的《阿达拉》和《勒内》不仅人人争说，且几乎全社会都模仿书中的主人公，甚至教士也在讲道中大量袭用书中的词句。勒内是世纪病患者的先行者。壮丽的风景，异域的风光，难遣的忧郁，个人的情怀，一改古典主义四平八稳、规规矩矩的面貌。《基督教真谛》是夏多布里昂早期的作品，他的更重要的作品是《从巴黎到耶路撒冷纪行》《墓中回忆录》，但是，《基督教真谛》射出了浪漫主义的第一缕曙光，是一只啁啾鸣叫的报春鸟。高峰也。

拉马丁的《沉思集》出版于1820年，三年后出版了《新沉思集》，十年后又出版了《诗与宗教和谐集》，三本书的主题是咏唱逝去的爱情、孤独的时光、无解的绝望和死亡的诱惑。《沉思集》中最有名的一首诗题作《湖》，以回忆的手法描写诗人与所爱之人在月光下畅游湖上，百感交集，慨叹这样的时光一去不返。《诗与宗教和谐集》着力咏唱基督教的美，试图与诗结合，创造一个和谐的世界。《沉思集》被称为"浪漫主义的第一次表现"，作者则自称："表达上的古典主义，思想上的浪漫主义，理当如此。"拉马丁的诗表现了人面对大自然所产生的情感波动，用富于音乐性的诗句传达缠绵悱恻的情怀。高峰也。

维尼是最早从《圣经》中汲取题材的诗人之一，塑造了一个对人类命运产生嫉妒之心的上帝的形象。他的诗表现出一种孤傲坚忍、睥睨一切的精神，认为荣誉和名声至高无上，例如他在《号角》一诗中，借罗兰之死的故事告诉人们，死并不可怕，只要死得光荣。《狼之死》是他的代表作，以低回婉转却铿锵有力的诗句咏唱道，光荣就在于服从、忍受和沉默。维尼的诗富于哲理，充满了挥之不去的留恋和绝望。维尼还写有《散-马尔斯》和《军人的屈辱与伟大》等小说作品及剧本《查铁敦》。无论是诗还是小说，都反映了维尼的浓重的悲观情绪和维护旧制度的心理，追求形而上的思考。高峰也。

雨果是一轮众星拱之的圆满的月亮，在他漫长的一生中，贯穿始终的是诗歌。他的诗不断地跟随时代前进，反映了法国半个多世纪政治、社会的变化，抒写出人们在这个过程中共同的思想感情。他的才能没有边界，举凡诗歌、小说、戏剧、随笔，他都有令人瞩目的成就：诗集《东方集》《秋叶集》《惩罚集》《静观集》等，小说《巴黎圣母院》《悲惨世界》《九三年》，戏剧《欧那尼》《吕易·布拉斯》等，随笔《教皇》《至高的怜悯》等。无论承认与否，雨果都是法国最伟大的诗人，也是法语诗艺的最伟大的开拓者。形象的丰富、色彩的瑰丽、想象的奇特是他的特点，他又把对照原则用于诗歌与小说，别开生面。高峰也。

奈瓦尔是一位缠绵于精神疾病的梦幻诗人，他所追求的是梦，梦幻与现实之间的距离使梦的追求者感到失望，又使现实中的人感到困惑。他最著名的诗集就叫作《幻象集》。他善于用隐去了真实含义的语言书写带有音乐的节奏和旋律的诗。他的诗跨度大，跳跃性强，朦胧晦涩，往往不可索解。他的风格是隐喻的，很少借助于实在的形象，远离浪漫主义的散漫喧嚣，例如《金色的诗行》。他的小说代表作是《火的女儿》《西尔薇》等，后者乃是梦与现实交相辉映，给人一种迷离惝恍的感觉，塑造了一个与高冷的美人相对立的农村女孩的形象，一个更可爱的形象。他的游记《东方之旅》和翻译《浮士德》也颇值得注意。高峰也。

缪塞是一位卓越的抒情诗人，时人称作"浪漫主义的坏孩子"。他的诗作富有青年人的敏感，充满激情，想象力极其丰富。他的诗形式完美，语言丰富多彩，形象性强，富有音乐感。缪塞最有名的诗是《四夜》，即《五月之夜》《八月之夜》《十月之夜》

和《十二月之夜》。诗发表于和乔治·桑恋爱失败之后，采取了诗神和诗人对话的形式，表达了感情的痛苦对于创作的影响。缪塞的小说《一个世纪儿的忏悔》，表现了19世纪上半叶相当一部分法国青年无处立足、无所适从、疑惑一切、冷漠麻木的精神状态。所谓"世纪儿"就是"世纪病"的患者，勒内的后代，塑造出这一形象是缪塞的一大贡献。高峰也。

乔治·桑是一位早期的女权主义者，作品内容丰富且多产，《乔治·桑全集》就有105卷之巨。她的作品以小说为主，其余则为戏剧、随笔和书简。散文作品较为出名的有《我的生活史》《她与他》等。小说则可分为激情小说，如《印第安娜》《瓦朗蒂娜》和《雷丽雅》；空想社会主义小说，如《木工小史》《康素爱萝》和《安吉堡的磨工》；田园小说，如《魔沼》《小法岱特》《弃儿弗朗沙》；传奇小说，如《金林美男子》《维勒梅尔侯爵》等；其中以空想社会主义小说和田园小说比较重要，田园小说尤其得到读者的喜爱，这些小说表现了作者对劳动人民的同情和对自然淳朴生活的向往。高峰也。

斯丹达尔以其鲜明的反封建复辟的笔触、对当时社会关系的深刻理解、对典型性格的塑造采用出色的心理分析方法，而在现实主义文学中独树一帜。他的代表作《红与黑》准确地描写了法国社会复辟与反复辟的斗争，在此基础上勾画了一条这样的道路：于连·索莱尔这个农民的儿子如何通过个人奋斗厕身于上流社会而终于失败并由此明白了什么才是人生的真正幸福，即他的"成功"没有给他带来幸福，反而他的失败使他走上幸福之路。他的其他主要作品是《爱情论》《巴马修道院》《吕西安·娄万》《拉辛与莎士比亚》《罗马、那不勒斯、佛罗伦萨》《意大利遗事》等，不事雕琢而意蕴深刻，精彩纷呈。高峰也。

巴尔扎克在拿破仑的小雕像下面写道：他用剑未能完成的事业，我要用笔来完成。他果然写下了 97 部作品组成的《人间喜剧》，有声有色地再现了法国从 1789 年大革命到 1848 年资产阶级取得最后胜利的历史，塑造了 3000 多个形形色色色的人物，实现了"法国社会是历史家，我只能够充当它的秘书"的宏愿。他是小说艺术的伟大革新者，塑造形象，特别是塑造典型环境中的典型人物，是他的最大贡献，例如高老头、欧也妮·葛朗台、拉斯蒂涅、伏脱冷等，都是深入人心的人物，他的秘诀是："最高的艺术是要把观念纳入形象。"除了《人间喜剧》，他还有大量的戏剧、政论、游记等作品。他是一位复杂深刻的作家。高峰也。

　　福楼拜是法兰西语言的冶炼师，穷毕生之力追求完美，不仅要求它明确，还要求它准确，更要求它恰当。他认为艺术的最高原则是创造形式美，而形式美的首要元素是语言，用词准确，音调铿锵，韵律悠长，认为形式和内容的关系就像灵魂与肉体，是一个整体，不可分割。他说："没有美的形式就没有美的思想。"艺术是他的上帝。他的代表作是《包法利夫人》和《情感教育》，还有短篇小说《纯朴的心》。《包法利夫人》的主题是一个污浊的社会环境如何毁灭一个人的灵魂乃至身体。他首倡作者的非个人化，即小说的叙述者隐身于叙述之中，开辟了现代小说的先河。他与乔治·桑的争论表明，他仍然是一个现实主义者。高峰也。

　　梅里美是一位不以量取胜的第一流作家，他以渊博的学者的身份进行小说创作，别具特色。他以中短篇小说著名，例如《马蒂奥·法尔哥奈》《高龙巴》《卡门》等等，脍炙人口，风靡天下。《马蒂奥·法尔哥奈》以极简的笔法塑造了一个以山民的"义"对抗政府的法令的伟岸的农民形象；《高龙巴》以时而庄重时而幽默的口吻表达了他对拿破仑时代的缅怀之情和对复辟王朝的轻蔑之意；《卡门》则以一个自觉站在社会的对立面的混杂着善恶的女人向苍白、虚伪的社会投出了一把尖利的匕首。除此之外，他的长篇小说《雅克团》《查理九世时代轶事》也很有名。高峰也。

波德莱尔是"现代所有国家诗人的最高楷模"（艾略特语），瓦莱里说："在我们的诗人当中，如果有人比波德莱尔更伟大和更有天赋，却绝不会有人比他更重要。"他的重要性在于：他以一本薄薄的《恶之花》开辟了向人心深处挖掘的道路，吹响了诗歌向现代性进军的号角。圣伯夫为波德莱尔辩护道："在诗的领域中，任何地方都被占领了。……剩下的就是波德莱尔所占的。"这剩下的就是人心和地狱。《恶之花》的意义是：波德莱尔以一把锋利的解剖刀，打开了在资本主义制度的重压下、在丑恶事物的包围中渴盼和追求着美、健康、光明和理想而终未能摆脱沉沦和颓废的人的内心世界。他的批评文字也极可观。高峰也。

魏尔伦奉波德莱尔为老师，其诗中不可名状的哀愁颇得波德莱尔的真髓，但是他的创作思想却有着自己的特色：他写有《诗艺》，旗帜鲜明地主张音乐在一切之先，"不着颜色，只分深浅"，没有比灰色的歌更讨人喜欢，不要雄辩，不必过分要求押韵，诗句应该选用意义朦胧的词句从灵魂中溢逸出，飞向另一个天空……他的诗集《无题浪漫曲》《智慧集》《今昔集》等，韵律自由，富有音乐性和暗示性，并且语句轻盈，朗朗上口。他不满帕纳斯派的冰冷风格，转而向18世纪的艺术寻求灵感，《戏装游乐图》画面轻松柔和，色彩精致华丽，其背后又有某种淡淡的不安。高峰也。

兰波"在感情和感觉方面发展了波德莱尔"，这是保尔·瓦莱里的评价，但是这足以使他成为波德莱尔之后的最重要的法国诗人，开启了法国诗歌的象征主义。他以《醉舟》开始，以《彩画集》结束，与诗歌的关系仅仅维持了四年，却成为让批评家花费最多的笔墨的诗人之一。1871年5月，他写了两封著名的"通灵人的信"，第一封信，他声称诗人要通过打乱一切感官来达到未知的境界；第二封信，他指出诗人要经过全部感官的错乱而具有通灵人的眼睛，指出波德莱尔是一个通灵人，但是他的诗歌形式有待改进。他的主要作品是《地狱一季》和《彩画集》，是通灵的"语言炼金术"的集中展现。高峰也。

马拉美是最重要的象征派诗人，以"晦涩"知名，所谓"晦涩"，是指他为探索语言的可能性而苦心孤诣，耗尽毕生的精力。瓦莱里说他"在诗的完美和纯粹方面延续了"波德莱尔，诚哉斯言！《青天》《窗户》《牧神的午后》《爱伦坡之墓》等是他最有名的诗篇，通过象征的手法"唤起"读者的想象，所谓"唤起"，是指诗应该暗示，不应该直接诉诸表现。他认为诗的存在是神秘的，不可捉摸的，如《纯洁，活泼的……》所言：诗人徒具雄心，不能飞上青天，但自甘受罚，高傲终生。《骰子一掷永远取消不了偶然》是他诗歌创作的巅峰之作，说的是诗人的思想如抛向虚空的骰子，不能改变由偶然主宰的世界。高峰也。

莫泊桑号称"短篇小说之王"，他曾戏言："我进文坛如一颗流星，出文坛则要响起一记惊雷。"果然一语成谶，43岁就告别了人世，也出了文坛，不过这一记惊雷后面是300多篇短篇小说，6部长篇小说，3个剧本，1本诗集，250多篇评论，十多年的丰富的作品，在法国文学史上是不多见的。他的小说语言清澈，含义深远，以不多的文字表现深刻的思想，例如《项链》，人们只知道那是讽刺追求虚荣浮华，而不知道那只是假象，在假象后面隐藏着一个平常的真理：还清债务之后的骄傲与快乐。莫泊桑认为，一个好的小说家既是一个观察者，又是一个洞观者，即一个拥有第二视力的通灵者。高峰也。

凡尔纳被公认为"现代科学幻想小说之父",一生创作的小说有66部,最著名的如《格兰特船长的儿女》《海底两万里》《神秘岛》三部曲,《八十天环绕地球》《机器岛》和《蓓根的五亿法郎》,其他广为人知的作品还有《气球上的五星期》《地心游记》《从地球到月球》《环游月球》《十五岁的船长》,等等。凡尔纳的作品情节复杂,险象环生,富有浪漫主义气质,尤其是洋溢着现代科学技术迅猛发展的乐观精神,充满着奇丽的想象,而且大都有科学的根据,如潜艇深入海底、人类登上月球、环绕月球飞行、在海洋里建立人工岛屿等,当时的幻想在今天几乎全部成为现实。他的小说具有经久不衰的"魔力",高峰也。

法朗士的创作横跨19世纪和20世纪,前期的代表作是《泰伊丝》《鹅掌女王烤肉店》《现代史话》等,《现代史话》为四部曲,其中以出版于1897年的《路边榆树》最为著名。他的小说《企鹅岛》和《诸神渴了》先后出版于1908年和1912年,已是20世纪的事了,且按下不表。他于1920年摘得诺贝尔文学奖,可见他在法国文学界的地位。他的小说规模宏大,语言优美,尤以知识渊博、嘲讽辛辣见长。他笔下的人物,如波纳尔、瓜纳尔长老、贝日莱等,反映了一个从埋头读书到嬉笑怒骂到投身现实斗争的变化过程,实际上也是法朗士本人的变化过程,他是一位举世公认的进步作家。高峰也。

洛蒂是继夏多布里昂之后的一位擅长描写异域风光的作家,他以一位海军军官的身份把从布列塔尼到非洲到塔希提岛到日本海的绮丽多变的海景带给了法国读者,因而大受欢迎,迅速成为最受欢迎的作家之一。他在绮丽的风光和缠绵的爱情中注入了忧郁的情调和浪漫的气质,显示了与通俗小说多少有些不同的性质,尤其是 1886 年发表的《冰岛渔夫》，显然是洛蒂创作中的一个异数。与他的一见钟情式的恋爱小说不同的是，洛蒂以平实却不乏雄伟的笔锋描写了布列塔尼渔民的痛苦和斗争，以及它们的在死亡的阴影笼罩下的欢乐，充满了一种鲜明的人道主义精神。高峰也。

左拉于 1902 年去世，当年还完成了《真理》一书，可以说是法国 19 世纪的最后一位大师。1898 年 1 月 13 日，左拉在《震旦报》上刊登了致总统的一封信，主张德莱福斯无罪，并将几位军方人士告上法庭，此信以《我控诉!》知名，从此"知识分子"一词广为人知，一个词的流行与否，说明一种观念的兴起与衰落，《我控诉!》是标志性事件。左拉的创作十分丰富，其中以家族小说《卢贡-马加尔家族》最为著名，其创作思想的指导为自然主义。所谓自然主义，其实就是现实主义加上科学实验方法，以此来解释人的本质。他的小说《泰蕾丝·拉甘》《小酒店》《娜娜》《萌芽》《金钱》等，最为有名。高峰也。

......

纵观 19 世纪的法国文学，探究其繁荣昌盛的原因，我们可以得出下列结论：

一、社会环境的变化，贫富差距的扩大，金钱统治的确立，贪婪欲望的膨胀，阶级斗争的深入，党派争执的激烈，科学技术的发展，思想意识的交流，殖民帝国的形成，复辟与反复辟的斗争等等，一言以蔽之，19 世纪的法国社会呈现出空前的复杂性和多样性，促进了个人的解放，动摇了社会的固有秩序，焕发出善恶并存的巨大能量，给文学艺术的创作提供了形式、内容、人物的各种可能性。

二、文学创作的内部规律决定了文学发展的走向和规模。例如，社会的巨大动荡使民众失去信仰，处于茫茫然不知所措的境地，而像盼望甘霖的大地等待着好雨知时，这时的《基督教真谛》就随风入夜了，浪漫主义于是流行，想象、感觉、个人以及自然风光大行其道。浪漫主义本身就有对于真实的诉求，但是，对想象、感觉、个人、风景的偏爱与追求真实格格不入，于是在实证主义和科学主义的影响下，就产生了现实主义。对于"真实"的观察与描写渐渐地不能满足对于无限的追求，就有了隐喻、暗示、象征等途径，不直接命名事物而诉诸人的想象，于是而成象征主义。浪漫主义、现实主义和象征主义是相继产生的三个流派，然而却不是界限分明的三个流派，它们相互重叠，相互渗透，促进了文学艺术的蓬勃发展。贯穿19世纪的三大文学流派延续到20世纪，成为现代派文学各种流派背离或攻击的对象但却依然屹立不倒，可见其生命力之强大。

三、文学的发展离不开思想的支撑和交流的滋润，19世纪的法国文学于此获益良多。不说孔德、圣西门、马克思、尼采、弗洛伊德等思想史上划时代的名字，单说德国的瓦格纳、丹麦的易卜生、波兰的肖邦，沃盖子爵翻译的俄国小说，等等，他们或以作品，或人在法国，都在不同的领域或程度上影响过法国的文学与艺术，对于形成法国19世纪的文学高峰功莫大焉。与此同时，文学批评的进步与发展也为文学的繁荣提供了强大的动力，圣伯夫、勒南、泰纳等厥功甚伟，批评家的声誉，是和不断崛起的文学高峰同步的，所以蒂博代有理由说："真正的和完整的批评……诞生于19世纪。"

四、巧妇难为无米之炊，如果有米了，则巧妇断乎不可少。19世纪的法国作家是这样的一群人，他们自幼喜欢文学，长大则视文学为生命，笃信"人类的特性就是自由和自觉的行动"（马克思语）。所谓自由，就是不受限制；所谓自觉，就是尊重人，信任人，热爱人。自觉是自由的限制。其余的，如名利之想，生活之享受，则在其次。斯丹达尔说过："有才智的人，应该获得他绝对必需的东西，才能不依赖任何人；然而，如果这种保证已经获得，他还把时间用在增加财富上，那他就是一个可怜虫。"站在高峰上的人，都是有才智的人，不是可怜虫。他们是拥有"独立之精神，自由之思想"的人，那些流传青史的作品，由他们创造出来。他们有时候不惜挑战主流意识形态，甚至写出的作品受到法律的追究，例如《包法利夫人》和《恶之花》，但是这并不影响其流传千古，成为后人仰望的高峰。

它山之石，可以攻玉。我们回望19世纪的法国文学，并不只是发思古之幽情，而是在欣赏的同时，想想这种繁荣对于我们究竟意味着什么。

自改革开放以来，我们的社会发生了天翻地覆的变化，一方面，我们的国家正在崛起，焕发出令人惊叹的力量，国力的提升、政权的巩固、科技的发展、人民生活的改善和大众对国家前途的信心等等，有目共睹，举世公认；另一方面，道德滑坡，信仰丧失，贪腐横行，金钱至上，鄙视平凡，追求豪华，欲海难填，欺骗和造假冲击着各个领域，也是不争的事实；这种现象与19世纪的法国有得一比，整个社会成了一个活跃、骚动、荒诞和充满各种机会的冒险家的乐园，它为文学的想象和表现提供了充分的可能性。就是说，出现一个文学高峰的客观条件业已成熟。

文学活动的内部规律有助于文学高峰的出现，但是这种高峰的出现取决于我们对于文学内部规律的认识。改革开放以来，我们经历了一个否定传统、唯"新"是务的过程，如今这个过程是否已经结束还在未定之天。现实主义的文学传统在西方现代派的冲击下呈现出破碎衰微的状态，但是在法国，现代派的典型表现"新小说"风靡了十几年，自20世纪80年代已经不再走红，现实主义传统有效地抵制了现代派的进攻，呈现出合流的状态。我们的先锋派小说忽视人物的塑造，致力于象征、隐喻或抽象的环境构建，与社会生活渐行渐远，失去了鲜活的生活气息和惩恶扬善的道德追求，成为少数人欣赏或敞开心扉的对象或场地。回到19世纪，或者坚持现代派，恐怕都不是产生文学高峰的途径。

　　思想深度是文学高峰的必要的支撑和必然的蕴含。文学作品不是哲学的婢女，或者不是思想的传声筒，这已是从事文学创作和批评的人的共识，但是这并不意味着文学可以没有思想。今天，主流意识形态，如马克思主义，日益巩固，民间意识形态，如儒学，方兴未艾，各种外来思想，蜂拥而入，相互之间，或合作渗透，或博弈争锋，呈现出一种错综复杂的局面。无论哪一种哲学或思想指导，都可能出现传世的作品，形成文学的高峰，关键是从事文学的人要有真诚的信仰。对于域外的文学，或许有一个借鉴或模仿的过程，但是难道我们不应该有一个正确的态度吗？或者说，难道我们不应该有一个反思的过程吗？例如对于现代派文学的认识，看来有些人是过于乐观了，将新小说当成了"打通通向未来小说的道路"，其实它已经"走到了尽头"。传统与创新的存在并不是以彼此否定为前提的。今天的写作要回到传统，并不是抱残守缺，泥古不化，而是相续相禅，踵事增华，灌注新的血液，这种新的血液包括了现代派（例如新小说）的贡献。

　　社会环境，文学的内在规律，思想的碰撞，都是产生文学高峰的外在条件，但是从事创作的人才是高峰出现的充分条件。有一批视文学为生命的、甘于寂寞或清贫的、冷静地观察民众的生活的、探索社会的深刻含义的、埋头于打造独特的语言的人，才有可能从中产生出杰出的作品。倘若我们的作家诗人中以"穷怕了"为理由而充斥着不顾廉耻、利欲熏心、追求奢侈、欲壑难填之徒的话，虽可以产生作品，若把出现高峰的希望寄托于这种人身上，则如缘木求鱼，是绝对不可能的。我们只能期望于"有才智的人"，而对于"可怜虫"，只能看着他们守着漂亮的公馆炮制令某些人叹息流泪的故事之类。所谓"有才智的人"，就是斯丹达尔所说的"幸福的少数人"。他在《意大利绘画史》一书中写道："幸福的少数人。在 1817 年，在 35 岁的一部分人中，年金超过 100 路易（2000 法郎），但要少于两万法郎。"1817 年是《意大利绘画史》出版的那一年，那一年斯丹达尔 34 岁。他所求于金钱的，是独立和自由的保证，故不能过少，过少则可能被迫仰人鼻息；亦不可过多，过多则会逼得人成为因金钱而来的种种束缚的牺牲品，乃至"有漂亮的公馆，却没有一间斗室安静地读高乃依……""幸福的少数人"乃是具有"独立之精神，自由之思想"的人，问题是，我们有高峰崛起所需要的足够的数量吗？须知高峰的出现是偶然的，万事俱备，只欠东风，这东风何时吹起，难以预测，不是规划、盼望、呼唤、培育、刺激、倡导，甚至制造所能奏效的。

2017 年 7 月，北京

李健吾与法国文学研究

　　《李健吾文集》终于在北岳出版社印行了，时在先生诞辰110周年之际。千呼万唤始出来，这套书出得不容易，11卷书，550万字，耗费了编者和出版者难以想象的精力。我作为李健吾先生的学生，面对这套书，不由得产生了一则以惊，一则以喜，一则以愧的感情。所以惊者，是因为李先生居然写下了这么多美轮美奂的文字；所以喜者，是从此以后可以较为完整地了解他对文学的贡献了；所以愧者，是因为我对于这套书几乎没有出力，对于李先生在文学（中国文学、外国文学，尤其是法国文学）方面的创作、批评和研究的贡献了解得实在太少。李健吾先生是文学大师，然而，在看到《李健吾文集》之前，除了他的批评观之外，我居然对他说不出什么。对于他在中国文学方面的创作，我无缘置喙；对于他在外国文学，尤其是法国文学方面的成就，诸如翻译、研究和评论，我也所知不多，难以遽下论断。究其原因，可能是由于先生太过低调了，我与先生接触的三四年间，他从未谈起过他的工作。他由于身体不好，从未给我们上过课，只是反复地说，要多看书，看各种书，看各个流派的书，至于他写过什么东西，哪怕是最近的，他不说，我也不知道。他的《咀华集》和《咀华二集》，我是偶然间得到的，而且不是从他的手中或口中，私淑而已。他送给我一本《福楼拜评传》，只说了一句"这是最后一本"，再也没有多说什么。看到《李健吾文集》之后，情况稍有不同，中国文学方面一如既往，可以说的话不多，外国文学特别是法国文学，自觉还有话要说。文集的最后5卷是文论部分，外国文学部分占了3卷，其中多为法国文学的论述，可以见出他在法国文学方面的造诣，由此我想到了李健吾与法国文学研究的关系，想到了将《李健吾与法国文学研究》作为专门课题进行研究的必要性。

1

李健吾先生是法国文学研究的开拓者之一，他以实在的研究成果为法国文学研究打开了新的天地、展现了新的远景。这片新的天地是对于全部法国文学的来龙去脉进行探索和研究，在这片天地之中，当然有中国读者进行欣赏体验的乐趣；这个新的远景是中国文学从法国文学的演化中寻找弃取的源泉和根据，在这个新的远景中，自然有中国作家拿来借鉴对比的动机和动力。法国文学的翻译和研究大致始于20世纪初年前后，盛于三四十年代，七八十年代又迎来了新的高潮，这期间有一个翻译向研究过渡的过程。在这个过程中，李健吾先生无疑是一个先行者，1935年出版的《福楼拜评传》就是明证。1933年至1935年，他在法国留学，断定当时的中国更需要现实主义，于是有《福楼拜评传》的写作与出版。《福楼拜评传》出自一个年方29岁的年轻人之手，这是一部诗人的激情与学者的冷静紧密结合的作品。书后近百种参考书目，见出作者学问的广博、功力的深厚与劳作的辛勤。今天，我们很难想象，一部80年前的著作还能稳稳地站在一流的位置上。《福楼拜评传》是一本有吸引力的书。它的吸引力表现在：它是一本有科学性的学术著作，它是一本有判断力的批评著作，它还是一本有艺术感染力的创造性著作。以这本思辨与描述并重的书为基础和中心，李健吾先生翻译了《包法利夫人》《福楼拜短篇小说集》《圣安东的诱惑》《情感教育》等，写作了专题论文《拉杂说福楼拜》《科学对法兰西现实主义小说艺术的影响》《〈三故事〉译者序》《福楼拜的〈情感教育〉》《〈包法利夫人〉译本序》《福楼拜的世界观和创作观小议》等，这样，翻译、研究和批评就形成了一个小小的却坚实的整体。此前，中国对于法国文学的介绍多在于翻译，文章则大多是对作者和作品的介绍，少有深入的研究，更少有部头稍大的专著，这是情理中的事。《福楼拜评传》的出版使事情有了变化，它为法国文学的研究开辟了一个新的园地，试想，如果有若干个大作家的评传出版，作为基础，辅以作品的翻译，例如翻译巴尔扎克的《高老头》《欧也妮·葛朗台》等，加上作品的专论，如《巴尔扎克的〈高老头〉》等，再加上深入的个案的研究，例如《激情与巴尔扎克》《巴尔扎克的世界观》等，那样，法国文学的翻译、介绍和研究该是呈现了何等壮观的景象啊！李健吾先生本人做出了很大的努力，除了研究福楼拜的论著之外，还写下了一些关于斯丹达尔的文章，尤其是他写了大量的论述巴尔扎克的小说和创作思想的著作，大大小小的论文有17篇之多。1975年9月，他曾给巴金写信："我现在正在写《〈红与黑〉的关键问题》，可能在年前写好。以后写些有关巴尔扎克的论文，每年写个两三篇，将来出一本论文集。以前拟写的《人间喜剧》不搞了。因为那太死，把我拘住了。"1975年，那是什么年代？看来1958年的拔白旗运动并没有浇灭他胸中燃烧的从事文学研究的烈火。那17篇论文已经很可观了，足够出一本论文集了，可以看出，李健吾先生的心中还孕育着一个更宏伟的计划。可惜，由于国势的动荡，生活的艰难，身体的多病，不唯他本人不能坚持，更重要的是后来人不肯、不愿或不能继续耕耘，因此，这片田地虽然可称肥沃，至今却仍不见繁盛的作物。新的天地，等待着后来者大展拳脚；新的远景，吸引着后来者踽踽前行。我猜想，在李健吾先生的心中，法国文学的翻译、研究和批评应该是这副模样的：虽然人数不多，但个个奋勇当先，朝着那个风光无限的山顶攀登。

2

李健吾先生用力最勤的是法国 19 世纪的现实主义文学，随着时光的流逝，他渐渐失去了对于福楼拜的热情，不过他是"越来越不再那样爱戴他，但是他的优点自属优点，我的心愿仍是心愿"。爱戴还是爱戴，只不过是"不再那样"地爱戴了。他把他的热情转向了莫里哀，转向了斯丹达尔，尤其是转向了巴尔扎克。其实，他的心中装了整个的法国文学，他想写一部法国文学史，将小说、戏剧、诗歌、散文及批评，全部纳入其中。非不为也，是不能也，个人的力量是不足以担此重任的，但是，必须有如此的眼光、如此的胸襟，才能既有扎实的具体研究，又有宏阔的学术视野，这样的研究才是跃动着生命活力的创造性的事业。李健吾先生想写文学史不仅仅是一种设想或愿望，他还切切实实地做了一番努力，他写了两篇长文：《罗朗歌》（今译《罗兰之歌》）和《法兰西的演义诗》（"演义诗"今译"武功歌"），这是在他任职孔德研究所时的事情，抗战胜利后就放弃了。其实，他研究法国文学开始就有全面完整的想法，早在 1935 年，他就写了《克莱武福晋》（今译《克莱芙王妃》），介绍法国 17 世纪的心理小说的开山之作。他写的《老板上流人》（后来他本人译作《贵人迷》），这是他翻译研究莫里哀的滥觞之作。此后，他写了《费嘉乐的结婚》

（今译《费加罗的婚姻》）《胜利后法国现代戏剧》、乔治·桑以及一系列关于法国文学理论的研究与评论文章。他的研究横贯了中世纪、17世纪、18世纪、19世纪、20世纪，其中唯独少了16世纪，可是，16世纪的两大作家，蒙田和拉伯雷，却是他做评论时经常引用的人，而且，我觉得他是学蒙田最像的人，他把蒙田的"跑题"做成了自己的风格的一部分。其他如布瓦洛、圣伯夫、法朗士、布吕纳介、古尔蒙、蒂博代等是经常出现在他笔下的常客。对于这些作家，他不仅仅是介绍而已，有些还是深入的研究，给出了自己的独特的看法，例如对于波德莱尔和他的《恶之花》。我的硕士论文是《论波德莱尔的〈恶之花〉》，完成于1981年。我记得答辩会是在李健吾先生的家里举行的，答辩的评语中有许多溢美之词，记得其中有"我国首次对波德莱尔给予了公正而全面的评价"、"文采斐然"之类，我只当作是李先生对学生的鼓励，没有在意，当然心中也不免有些得意。但是我读了他在1939年1月发表的《鲍德莱耳》、1980年发表的《〈辞海〉中有关波德莱尔的评价问题》以后，不禁脸红了：李健吾先生在1939年就已经指出："他不用别人做例，他自己是最好也最亲切的实例，所以他的现实是深入的，广博的，精致的，无微不在而又感动人的。"在1980年发表的文章中，他借法国当代文学史保尔·亚当的话指出：波德莱尔的现实主义是一种"幻觉的现实主义"。我很高兴，我无意中和我的导师所见略同：我在我的论文中指出了《恶之花》的现实主义成分。当然，令人遗憾的是，当时李健吾先生的身体实在不好，不仅不能给我们上课，就是我在拜访他的时候，也很少谈论法国文学的问题。我在做论文的时候，正是他发表论文之时，他不说，我也不知道，就这样我少了亲耳聆听教诲的机会！一个法国文学研究者最忌讳心有褒贬，对他不喜欢的作家给予不公正的评价。李健吾先生不然，他往往在他不喜欢的作家的作品中发现可以欣赏的东西，例如夏多布里昂的《阿达拉》。李健吾先生的法国文学研究表现出来的气势和胸怀，正是我们所有的法国文学研究者应该追求的境界，起码我这样认为。

3

研究中国文学批评史的人大多把李健吾先生的批评称为"印象的"、"印象主义的"、"中国化的印象主义的"，等等，其来源是法国的文学批评，例如阿纳托尔·朗松和儒勒·勒麦特。其实，"印象"并非贬义词，印象所以遭到非议，是因为止步于印象，倘若向上一步，以印象为基础，形成若干规则，则印象乃是一切批评不可少的最初一步。例如，朗松在文学研究中为印象主义保留了适当的位置。他指出："清除主观成分的工作也不能做得太彻底"，因为"真正的印象式批评可以让人看出一个心灵对一本书的反应，这样的批评我们是接受的，对我们是有用的"。应该加以排斥的，是那种越出"它的定义所规定的范围"的印象主义。李健吾先生对法朗士的名言有独特的理解，他说："所谓灵魂的冒险者是，他不仅仅有经验，而且还要综合自己的观察和体会"，"他也不应当尽用自己来解释"，还应当"比照人类遗忘所有的杰作"。因此，他喜欢并且善于在批评中运用想象，将朦胧的感受化为鲜活生动的比喻。比喻与印象有天然的联系，比喻是印象的深化，他的印象式批评由于有了比喻而比他所借鉴的法国印象主义更近了一步，成为一种理性的印象主义批评。同时，李健吾先生也是一个用学问加以范围的印象主义批评家，知道怎样控制感情，调整情绪，所以他既是热情的，又是清醒的，能够写下这样的话：

"加入自我是印象主义批评的指南，如若风格是自我的旗帜，我们就可以说，犹如自我，风格有时帮助批评，有时妨害批评。"雷米·德·古尔蒙给了他这样的建议："一个忠实的人，用全副力量，把他独有的印象形成条例。"另外，中国古典文学批评也有印象主义的成分，其中优秀者可以称为"把独有的印象形成条例"。李健吾先生古典文学的修养世所周知，不容我在这里饶舌。可以说，一条中国古代诗文评的传统，一条西方的以印象主义为基础的审美的批评传统，这两条线的交会造就了李健吾先生的批评，一种解脱了种种束缚的"自由的批评"，一种在众多的批评方式中卓然不群的值得提倡的批评。

4

法国批评家阿尔贝·蒂博代在《批评生理学》（1930 年）中将文学批评分为三类：自发的批评、职业的批评和大师的批评，1983 年，瑞士批评家让·斯塔罗宾斯基教授认为蒂博代的分类还没有过时，谈到法国文学批评的现状时说："今日的大问题是及时的批评不堪重负，因为批评家的收入常常是很菲薄的，唯有通过电视传播的反响似乎还对出版家有些重要性。至于纯学院的批评，则要保持距离。也许两者之间的余地倒有可图，即教授或作家肯冒某种风险撰写随笔，形成一种自由的批评。"1985 年，他又说："从一种选择其对象、创造其语言和方法的自由出发，随笔最好是善于把科学和诗结合起来。……它无论何时都不应该背弃对语言的明晰和美的忠诚。最后，此其时矣，随笔应该解开缆绳，试着自己成为一件作品，获得自己的、谦逊的权威。"李健吾先生的批评就是这种"自由的批评"。他以刘西渭为笔名出版的《咀华集》

（1936年）和《咀华二集》（1942年）在中国文学批评史上的地位，是众所周知的，那么，他的批评观念是否在法国文学的研究和批评上延续了刘西渭的风采呢？《咀华二集》的初版本中收入了《巴尔扎克的欧也妮·格朗代》等短文，刘西渭的风格一仍其旧，在他转为以法国文学研究为主业的情况下，刘西渭的风格是否有变化？且以他在1957年发表在《文艺研究》上的一篇长达3万字的长文为例。这篇文章题为《科学对法兰西19世纪现实主义小说艺术的影响》，为纪念《包法利夫人》成书百年而作。这篇文章考察科学与艺术之间的关系，重点论述了科学知识的发展对文学和艺术产生的影响，特别是对小说艺术的影响。这篇文章随即遭到了批判，说李健吾在学术上没有抛弃"资产阶级学者老一套的错误"，"还没有相信马克思主义是真理，还没有认真地学习马克思主义，平时的学习，也只停留在字句的表面，没有深入地体会马克思主义的精神"，最后这篇文章认为李健吾"宣扬自然主义"，犯了"世界观与立场"的错误。今天看来，这样的批判显然不能令人信服。《科学对法兰西19世纪小说艺术的影响》是一篇条分缕析、丝丝入扣的分析文章，全文围绕着观察、回忆、想象、感受、道德、反映、心、风格、方法、虚像、传奇、升华、描写、对话等概念，用科学来统领，具体地阐释其含义，最后回到全书的结论："科学到底还是科学，而艺术吸收科学的成果，仍必须回到自己的实践道路。"逻辑无懈可击，论述清晰完整，辨析精微准确。今天看来，这场是非很清楚，论述科学对于小说艺术的影响完全被"阶级斗争"淹没了，科学没有了，艺术没有了，只有斗争了。

5

多年以来，学术论文被要求符合学术规范，例如关键词、参考文献、注释等，有人开玩笑说，看一篇学术论文，不必看内容，只要看其注释和参考书目就行了。至于说语言风格，那就根本没有位置，不在考虑之列。当然，学术论文必须有规范，不可能写一篇没有注释、没有参考文献的论文，除非你的论文完全独创，空谷足音，振聋发聩，但是迄今为止，这样的论文我的肉眼凡胎还没有发现。但是，凡事一经强调，就易走极端。现在的论文很少有不规范者，但是有特点，所谓"写得好"的论文也很少。为什么？其中原因之一是我们很少谈论如何"写得好"的问题了。具体地说，文体的多样化，批评文体的多样化，似乎已被规范化的论文赶到爪哇国去了，其结果是产生了大量生硬、呆板、四平八稳的文章和善于制造这种文章的人，这大概只对职称晋升、评奖有用，而对于渴望看到一篇好的批评文章的读者来说，就只有望洋兴叹的份了。人们习惯地称李健吾先生的批评为"随笔体的批评"，不过，与西方说理的随笔和中国古代的"细、清、真"的随笔相比，他的随笔恐怕还是来源与西方更多一些。李健吾先生的批评充分地表现了"批评之美"，体现了"科学与诗"的结合，个人与世界相互渗透，风格的明晰与美的表达，让·斯塔罗宾斯基说："此其时矣，随笔应该解开缆绳，试着自己成为一件作品，获得自己的、谦逊的权威。"李健吾先生的批评再度引起一些人的重视，承认他的文章是"作品"，这是"此其时"吗？《咀华集》甫一问世，就遭到一些人的攻击，其中之一是作者"只顾到雕琢文章的美丽"。在今天，很少有人关心汉语的语言之美了，"套话"

"概念""术语"等等大行其道，汉语的现状及其命运实在堪忧。在这种情况下，李健吾式的批评是否可以重现其顽强而持久的生命力呢？李健吾先生的文章的风采非有才气者不办，但是动笔之时想到"明白、亲切、平等"，想到读者，这是人人都可以做的。我们也可以破除一些禁忌，如学术论文不可运用"比喻"，不可使用"口语"等等，如此则我们的学术论文可以少一些正襟危坐的呆板之气。我们要切记：社会科学的学术论文，特别是文学的学术论文，并不是单单给专家看的。论文多一些生活气息，少一些学究习气，这是李健吾先生给我们留下的启示。

李健吾先生是一位大师，是文学的大师，是法国文学翻译与研究的大师，他主张批评是一门独立的艺术，他重视在文章中实现风格的表达，他的批评既有艺术性，又有科学性，是典型的职业批评与大师批评的结合。瑞士思想家德尼·德·鲁日蒙谈到让·斯塔罗宾斯基时，说他"无论处理什么题材，首先是以作家的身份出现……首先考虑风格、匀称、句子的节奏"。李健吾先生与此相似，只是天不假年，令他早逝，其风格，如灵动如风、激情如火、明白如话、清澈如水、富有节奏性的句子等，未能得到全面完整持续的发展。但是，李健吾先生的批评已然是成熟的批评，不妨这样认为：李健吾的批评是一种以个人的体验为基础，以普遍的人性为旨归，以渊博的学识为范围的潇洒的自由的批评。他的批评与研究的文章理应成为批评园地的一枝风姿傲然的花朵。

2016 年 9 月，北京

新世纪的第一缕曙光

——《基督教真谛》译后记

> 我根本不是神学家。
>
> ——夏多布里昂

《基督教真谛》是法国作家弗朗索瓦-勒内·德·夏多布里昂的一部早期作品,卷帙浩繁,皇皇巨著也。这部作品前后写了三年,1802 年首次面世,距今已 200 多年了。据说这本书的初稿仅是一本小册子,在作者流亡英国时出版,可惜已经遗失,迄今不见踪影。这本书出版的时候,夏多布里昂 34 岁,还算年轻。一本 200 多年前的、一个年轻人匆匆忙忙之间写成的著作,除了在法国的思想史上有着划时代的意义之外,直到今天还有人阅读,还使一些人有一种新鲜的、逼人的、尖锐的现实感,不能不说是一个奇迹。正如彼埃尔·勒布尔在为弗拉马里庸版的《基督教真谛》所写的导言中所说:"它在法国的思想史上扮演了一个决定性的角色。《基督教真谛》出版之后,一切都和以前不完全一样了。"今天,尽管它有这样或那样的错误或缺点,"人们仍不能不阅读、评论、研究这一本巨著,当然,它同时又是一本伟大的书"①。

夏多布里昂是一位伟大的作家,虽然他曾经做过大使,甚至

---

① 彼埃尔·勒布尔:《〈基督教真谛〉导言》,弗拉马里庸出版社,1966 年,第 11 页。

外交部部长，但他的政治和外交生涯说不上辉煌，他首先是一位作家。可以说，《基督教真谛》既是一本在法国思想史上具有重大学术意义的著作，又是一本令人震撼的、供普通人阅读的书，一本文学的书，一首长篇"散文诗"。它为文学的存在开辟了新的方向，营造了新的空间，为文学批评提供了令人耳目一新的方法。

1

1791年4月7日或8日，一个名字叫作弗朗索瓦-勒内·德·夏多布里昂的年轻人从圣马洛启程，前往美洲，当时他23岁。他出身布列塔尼贵族，年轻气盛，桀骜不驯，感情却丰富细腻，极富想象力。他的借口是发现到达美洲西北部的通道，实际上是因为目睹了1789年革命中的暴力和恐怖而产生了失望和厌恶的情绪。同时，他像大部分远赴新大陆的法国人一样，怀揣着财富和名声的梦想。经过三个月的航行，他于1791年的7月11日，踏上了美国的土地，到达了巴尔的摩。他游历了安大略湖和伊利湖地区，随即南下，在特拉华河流域盘桓，12月10日，从费城登船回国，此前是否经俄亥俄河到过密西西比河一带，因为没有实证，至今仍不能确定，最后于次年的1月2日，回到法国勒哈弗尔港。

夏多布里昂在美国前后五个月，眼界大开，胸襟也为之舒展：

他声称见到了华盛顿，这位"公民士兵"让他认识到："华盛顿是他那个时代的需要、观念、光明和舆论的代表；他不是阻挡而是支持精神的运动；他求他之所应求，完成他被召唤去完成的事情，所以他的事业是前后一致的，永生永存的。这个人很少使人震惊，因为他掌握着正确的尺度，他把个人的生命和国家的生命融为一体；他的光荣乃是文明的胜利；他的名字有如一处公共的圣地，流淌着丰沛的、永不枯竭的泉水。"① 他不由得慨叹道："华盛顿的共和国留下来了，拿破仑的帝国却被毁灭了。"从本性上说，夏多布里昂是个共和派，他的这个说法看来不是虚言。

他亲身体验了尼亚加拉大瀑布的雄伟和壮阔，面对此种大自然的奇迹，他心潮澎湃，浮想联翩："看到这如此雄浑的大混乱，我思绪万千，无法传达。……倘若人性不是和命运与不幸紧密相连，那么，何以解释一道瀑布在大地和天空的无动于衷的面孔前无休止地下落呢？深入到此种山与水的孤独之中，却不知道跟谁谈谈这雄伟的景象！只一个人独对这波浪，这岩石，这树林，这激流！给心灵一个同伴吧，山丘的秀丽的装饰，水波的清新的呼吸，一切都将变得令人陶醉；白日的旅行，傍晚的更加温馨的休息，漂洋过海，在苔藓上安眠，都将使心中涌起最深沉的柔情。"② 大自然的壮美和神奇，使他的崇拜敬畏之情油然而生。

他的灵魂经过雄浑而多彩的北美大自然的洗涤和陶冶，变得极为敏感，生出无穷的想象，这在游历过程中已写出初稿的《阿达拉》中得到了充分的表现："在自然的景物中，优雅总是伴随着壮丽"，"梅塞斯贝河的两岸呈现出最不寻常的画面。西岸，大草原一望无际；绿色的波浪渐渐远去，仿佛登上蓝天，然后慢慢地消失"，"到了对岸，景色就变了，与西岸的景色形成令人啧啧称奇的对比。各种不同形状、不同颜色、不同香气的树木悬在水流之上，聚在悬崖和山峰之上，散在山谷之中，混在一起，共同生长，在空纵向上攀缘，其高度眩人眼目"③。从此，对于自然之美

---

① 夏多布里昂：《墓中回忆录》，郭宏安译，广西师范大学出版社，2002年，第86页。

② 同上书，第88页。

③ 《阿达拉》，法文版，加尼埃-弗拉马里翁出版社，1964年，第72页。

的描绘在他的笔下蔚成大观，无怪乎《保尔和薇吉妮》的作者自叹弗如，不无调侃地说："啊！我嘛，我只有一支小毛笔，而德·夏多布里昂先生有一把大刷子。"

他见识了印第安人的生活和他们的皈依，心中燃起了对基督教的崇拜："晨曦在山后出现，染红了东方。荒原上一片金色，或玫瑰色。种种辉煌壮丽宣告的太阳终于从一片霞光中喷薄而出了，它的第一缕光线正好碰上神父此时举在空中的圣饼。啊，宗教多么迷人！基督教的崇拜多么壮丽！老隐士当祭司，悬崖作祭坛，荒原作教堂，天真的野蛮人参与其中！不，在我们匍匐在地的时候，伟大的奇迹已然完成，上帝已经降临大地，因为我已感到他降临在我的心中。"① 夏多布里昂常常以"野蛮人"自居，想来和他在美国的游历关系匪浅。他要继承蒙田和卢梭的传统，在古老的法国社会中注入一股崭新的力量。

不过，在北美游历了五个月之后，夏多布里昂发现西北通道的初衷早已灰飞烟灭，那一腔财富和名声的雄心也被美国的乌烟瘴气的现实击得粉碎，但是一个从未泯灭的希望还在，即文学上的荣光。安德烈·莫洛亚说："他坚信自己带回的笔记，包含了崭新的、优美的东西，会让同时代的人大吃一惊。……他现在一心想干的，不是去美国亲身感受那里的荒凉僻静，而是成为在欧洲人看来已经见识过那种状况的人。他一辈子都自豪地以野蛮人自居，不过他要用野蛮状态的魅力，来征服最不开化的古老社会。"② 当然不要忘记他是一个布列塔尼人，而且是一个小贵族，

---

① 同上书，第 111 页。

② 莫洛亚：《勒内或夏多布里昂传》，法国格拉塞-法斯卡尔出版社，1956 年。见中译本，罗国林译，浙江文艺出版社，1998 年，第 50 页。

荣誉要求他不要忘了法国，不要忘了国王，他必须回到法国，参加勤王的部队。有一天，他在一个美国人家里看见报上登了国王路易十六出逃的消息，法国将出现一支勤王的军队。尽管他不信任君主政体，却相信"忠诚"这条做人的道理，他立即决定动身回国。于是，1792年1月2日，夏多布里昂经过海上九死一生的艰难旅途，终于又踏上了法兰西的土地，等待他的将是七年流亡伦敦的岁月。

<h2 style="text-align:center">2</h2>

夏多布里昂的《基督教真谛》是一部"应时之作"，如夏多布里昂在《墓中回忆录》中说："我对作品的固有价值并不存幻想，但我承认其偶然的价值：它来得正好，恰逢其时。"① 说它"应时"，一是因为法国民众因1789年大革命而导致的信仰崩溃，道德滑坡，教堂倾颓，土地荒芜，贪腐横行，金钱至上。上至精英、下到百姓，皆嗷嗷待哺，如大旱之望云霓，盼着社会的稳定，信仰的恢复；二是因为拿破仑为了巩固其权力，刚刚与罗马教廷签订了和解协议，试图在宗教的基础上稳定社会；他曾经说过："没有伦理道德，任何社会都不可能存在。而没有宗教，就不可能有良好的伦理道德。因此，只有宗教才能给国家以坚实的持久的支持。没有宗教的社会就像没有罗盘的海船。法兰西从灾难不幸中得到了教益，终于再度睁开了眼睛。它认识到，天主教就像唯一

---

① 夏多布里昂：《墓中回忆录》，郭宏安译，广西师范大学出版社，2002年，第155页。

能使自己在险风恶浪中泊定的铁锚。"① 三是因为整个时代面临着一种情感与趣味的变化，面临着压抑向着宣泄、封闭向着开放的转变，旧时代已经结束，新时代刚刚露出曙光。但是，它并不是一般地"应时"，它不但一时呼应了时代和民众的需要，而且它的呼应延续了很长时间，整个 19 世纪它都拥有大量的读者，在社会思潮的变化演进之中起到了推动并且是持续推动的作用。"应时"含有"浅薄"的意思，然而一部作品不在某种程度上浅薄，如何能在民众中引起热烈、轰动而巨大的反应呢？

因此，《基督教真谛》又是一部传世之作。说它"传世"，一是因为信仰乃是一个民族安身立命的灵魂，法国的民众因为这本书重获了基督教的垂顾，法国社会从此开始有了一个新的面貌；二是因为这本书的内容、主题、风格和孕育的情绪为文学的发展提供了新的可能，使文学作品有了浪漫主义的感受力、想象力和描写的对象；三是这本书将宗教与哲学相结合，其思想深广而丰富，将极大地影响法国思想在人文领域内的发展。② 它传达了一种永恒的真理，不在于什么基督教，或其他什么教，而在于一种信仰。人无信不立，这个"信"，可以解作"诚信"，也可以解作"信仰"，一个人如此，一个民族亦然。《基督教真谛》的轰动效应没有了，但是它变成了汨汨的泉水，长流不断，所谓"传世"，非此而何？

既应时，又传世，乃是一部经典著作的基本品格，《基督教真谛》当得起这个评价。

---

① 转引自《夏多布里昂传》，罗国林译，浙江文艺出版社，1998 年，第 103 页。

② 转引自莫里斯·勒加尔为《基督教真谛》写的题解，伽利玛出版社七星丛书版，1978 年，第 1644 页。

这里应该指出，一般地说，基督教有天主教、新教等等之分，夏多布里昂在《基督教真谛》一书中对此并没有采取明确的立场，他的基督教主要的描述对象是天主教，不像在中国，基督教一般特指新教。不过，我们可以看出，天主教的诗意、美和神秘是他之所爱，而新教的严峻、枯燥和理性自然就不入夏多布里昂的法眼了。

安托瓦纳·贡巴尼翁在 2005 年出版的《反现代派》中说："反现代派——不是传统主义者，而是真正的现代派——只不过是现代派，真的现代派，没有受骗的、更为聪明的现代派。"① 他把夏多布里昂看作"反现代派的英雄"，是反现代派的"第一批奠基者"之一。贡巴尼翁指出了夏多布里昂在法国思想史上的地位，同时也指出了他的《基督教真谛》在法国社会史上和法国文学批评史上所起的作用。在 J-Y. 达蒂埃主编的、2007 年出版的《法国文学史》中，《基督教真谛》被称为"第一篇 19 世纪的文学宣言"，"反诗的世纪结束了，或者写诗癖被当作诗，需要一篇重铸诗的宣言，这就是《基督教真谛》。"② 艾玛努埃尔·戈多教授说："夏多布里昂对我们说，在心里，在世界上，上帝在他留下的空白之中形象更为清晰。这个思想今天不再对我们说话了吗？如果是，《基督教真谛》就完全不可读了，只是充作一种过时的信仰的资料罢了。如果不是，《基督教真谛》的大部分对我们仍然是可以理解的。我们打赌，这是一本以蜜蜂为象征写成的书，这只蜜蜂本能地知道在什么地方找寻食物，知道如何把过去留给它的东西通过

---

① 《反现代派》，安托瓦纳·贡巴尼翁著，郭宏安译，三联书店，2009 年，第 3 页。

② 《法国文学史》，J-Y. 塔迪埃主编，伽利玛出版社，2007 年，第 374-375 页。

目光变成蜜，完成这一同化的行为而不使自己消失。"① 戈多是在一本 2011 年出版的书里这样说的，这本书的名字是《艾玛努埃尔·戈多读〈基督教真谛〉》。戈多的意思是，当信仰存在于人们心中的时候，才是最有力量的。

美国哥伦比亚大学教授雅克·巴森 2000 年出版了一部译成中文近千页的大书，名为《从黎明到衰颓》，副题为《五百年来的西方文化生活》。巴森是一位西方文化史大师，这位 93 岁的博雅老人对西方文化与文明回顾与反思，充满了睿智和洞见。这本书在提到夏多布里昂的《基督教真谛》时说："在这本关于基督教的厚书里面，夏多布里昂将宗教感情触及的所有话题联成一篇护教理论，包括日常生活、自然、内在、社会、政府、历史和艺术，遍及一切，却强烈偏向美感与异象。……时至今日，夏多布里昂精彩小语的魅力不再，其论证精髓的说服力却依然强大——岂不见每一代里都有人幡然皈依，正因为教会打动了他的艺术感性。"② 巴森的描述勾勒了作品的内容，同时见证了《基督教真谛》在今天的影响，特别值得注意的是，他指出了这种影响的关键："艺术感性"。

今天，我们重读甚至翻译《基督教真谛》，获益和受到启发的，更多不在于基督教或其他宗教或思想的信仰，而在于，甚至更在于学术研究的深入和扩大，以及艺术的感觉能力。

---

① 埃马努埃尔·戈多：《埃马努埃尔·戈多读〈基督教真谛〉》，羚羊出版社，2011 年，第 91-92 页。
② 巴森：《从黎明到衰颓》，郑明萱译，（台）猫头鹰出版社，2006 年，第 609-610 页。

3

《基督教真谛》的第一句话是："自从基督教在世界上出现，就有三种敌人不断地对它进行攻击：异端分子、诡辩论者，和那些表面浮浪而笑着摧毁一切的人。"开宗明义，这是一本战斗的著作，然而它不是用凶巴巴的语言攻击"三种敌人"，而是相反，本书力求证明："与牛顿和博须埃、帕斯卡尔和拉辛一起信神丝毫也不可耻；最后，应该呼唤想象力的所有魅力和心灵的所有兴趣来援助这种宗教，人们曾利用这些东西攻击它。"全书分为四个部分，其内容可以做如下概述：

第一部分是《教理与教义》，说的是：在一切曾经存在过的宗教中，基督教最有诗意，最人道，最有利于自由、艺术和学术。从农业到抽象科学，从救济院到米开朗基罗和拉斐尔装饰的庙宇，现代世界的一切都得之于它。没有一种道德比它更神圣，没有一种教条、教义和祭礼比它更可爱，更庄严；它鼓励天才，净化趣味，发展有德的激情，给思想以力量，给作家以高尚的形式，给艺术家以完美的模子；与牛顿、博须埃、帕斯卡尔和拉辛为伍毫无羞惭之处；应该动员一切神奇的想象力和关切的心灵来支持这一宗教。基督教不惧怕光明，它经得起理性最严格、最细密的检验，基督教并不因其美而减弱其真。不要证明基督教是好的，因为它来自上帝，而要证明基督教来自上帝，因为它是好的。生活中，除了神秘的事物之外，没有美、甜蜜和伟大。感情如此，德行如此，思想亦如此。任何民族的宗教都有其不可勘破的秘密，因此没有神秘，就没有宗教。除神秘之外，人还有另一种使他感到惊奇的东西，那就是一系列的圣事。最古老的哲学已经区分开罪孽与美德，然而宗教的智慧仍然胜过人的智慧。基督教的美和道德的高尚表现在它的神秘（三位一体，救世，神下凡而化身为基督），这是人类精神的基本结构，它的圣事（从洗礼到临终涂油礼），它的美德（信仰、希望、爱德）以及《圣经》的真实性（原罪，洪水）之中。大自然的神奇证明了上帝的存在，道德和感情证明了灵魂的不灭。

第二部分是《基督教的诗学》，基督教的诗学有三个分支：诗、艺术、学术。诗的第一条要求乃是寓教诲于娱乐之中，基督教作家的作品绝不逊于古代作家的作品，他们更好地刻画了夫妇、父亲、母亲、儿子、女儿、教士和战士等人物形象的性格特征，从一种新的角度揭示了人的本质。它使上天的神秘和人心的神秘并驾齐驱，在显示了真正的上帝的同时，也显示了真正的人。在基督教中，宗教和道德是唯一的、也是同样的一件事。基督教改变了人类对于罪孽和德行的基本观念，这样也就改变了各种激情之间的关系。它在人们灵魂中唤起的冲突导致了更加深入地分析。基督教本身也是一种激情，这种激情是一种狂热，它向诗人提供了大量珍贵的思想、情感和行为。这种宗教的激情更为有力，因为它与其他种激情相对立，而为了存在，它必须吞噬掉其他激情。基督徒欣赏的美不是一种暂时的美，而是一种永恒的美，它并不能直接呈现出来。为了享受到这种至高无上的美，基督徒必须生活在世上，做出牺牲，进行长时间的净化，以求无愧于他们所追求的目标。基督教还是产生现代忧郁的根源。所谓"现代忧郁"，是这样一种精神状态，它处在各种热情爆发的前夕，而同时我们的朝气蓬勃的、充满活力的、不肯妥协的能力只是其自身上没有自由、没有对象地运用着。人们的情绪饱满，却生活在一个空虚的世界上，什么还未曾受用却已感到万念俱灰。神话缩小了大自然，古代作家没有描写诗，只有基督教才使作家写出了真实的自然，显出了各种风景的魅力。它代替了神话，使我们对宇宙的神奇和美更加敏感。《圣经》完全可以与荷马的史诗相比。被视为艺术的音乐，实际上是对于自然的模仿，它的完善在于表现尽可能美的自然。而快感是个看法问题，随着时代、风俗和民族而变化，所以快感不能是美，因为美是唯一的，是绝对地存在着的。因此，一切可以净化灵魂的、使之远离混乱和不和谐、并在其中产生美德的组织都是有利于音乐的，或是有利于对美的最完美的模仿的。如果此种组织最具有宗教性，那它就具有和谐所必需的两大条件：美和神秘。歌曲来自天使，乐曲的源泉在天上。基督教把音乐从野蛮时代拯救出来。作为例证，小说《勒内》开了描绘世纪病的先河，未曾享受人生就已经悲观厌世，小说的主人公勒内成为法国文学史上第一位罹患世纪病的形象。

第三部分是《美术和文学》，谈论的是绘画、雕塑、文学、教堂和哲学。基督教比其他宗教更有利于绘画，由于其精神性和神秘性，它提供给绘画一种比产生于物质崇拜的理想美更加完善、更加神圣的理想美。基督教纠正了情欲的丑或有力地克服情欲，从而使人的形象具有更加高贵的色彩，使人更强烈地感到肌肉中的灵魂以及物质的联系。基督教为艺术提供了比神话题材更美、更丰富、更富戏剧性、更动人的题材。任何民族都不会像一个人脱掉旧衣服一样地将古老的风俗弃置一旁。森林曾经是神的第一批殿堂，人从森林中获得关于建筑的最初的概念，哥特式教堂就是对森林的模仿，它使人感到恐惧、神秘和神圣，哥特风格具有一种特殊的美。对福音的崇拜开阔了思想，适于感情的表现。在科学方面，福音的教条并不与任何自然的真理相对立，它的教条并不禁止任何研究。基督教绝不与真正的哲学为敌，相反，它以启发过许多大哲学家、大科学家为荣，例如培根、牛顿、莱布尼茨、玛勒布朗什、拉布吕耶尔、帕斯卡尔、博须埃等。虽然一般地说，古代的史学优于现代的史学，但是以博须埃为代表的现代史学体现了理性、健康的道德和雄辩，它有它的美，并不逊于古代的史学。基督教与自然界以及人的心灵之间的和谐本身就是美的源泉。所有的人都暗暗地被废墟吸引着，这种感情来源于我们本性的脆弱，和废墟与我们生命的短暂之间的隐秘联系。人类的破坏更甚于岁月的侵蚀。废墟在自然的景物中投进了一种巨大的道德。既然照耀着它们的太阳终要落下，为什么人类的创造不能消失呢？从风景的角度看，在一幅画中，需要比崭新的、完整的建筑更美丽。基督教的废墟使人想到的不是血、不义和暴力，而是和平的历史，是人子的神秘的痛苦。小说《阿达拉》作为例证出现在这一部分，宗教的狂热扼杀了爱情，也违背了真正的信仰。

　　第四部分篇幅最长，以《信仰》为题。基督教的祭礼富有诗意，首先是教堂的钟，它同时使人心中升起一种感情，使风和云充满人的思想。钟声与人类有着种种隐秘的联系。教士的服装和教堂的装饰使人们想起了古代基督徒为信仰所付出的代价，用拉丁文唱它的圣诗和祈祷符合人类对神秘的向往，在人类生活的各种场合所进行的祈祷表现出基督教既有哲理，又有感情。没有牺牲就没有祭礼，而弥撒是最美、最神秘、最神圣的牺牲，它用精神上的牺牲代替了人和牲畜的血肉。基督教的各种节日本质上都是精神的，上帝向基督徒要求的只是心灵的热情和平衡各种美德的灵魂上的运动。假如没有宗教的光辉照耀，人们向死者的最后告别将是痛苦的。宗教起源于坟墓，坟墓离不开宗教。基督教的丧葬以古代的丧葬不同，它使人想到未来，它把死者的骨灰撒在上帝的教堂的阴影中，葬在上帝的怀抱中。耶稣基督是受苦人的上帝。他推翻了关于道德的一般观念，建立了人与人的新的关系，人的新的权力，一种新的公共的信仰。他的最激烈的敌人也不敢攻击他的人格。他的性格是可亲的、开阔的、温和的，他的恻隐之心是无边无际的。迫害产生了逃避人世的要求，蛮族的入侵粉碎了社会的联系，上帝成了人们唯一的希望，沙漠成了他们的栖身之所，因此那种试图迫使不幸地生活在众人之中的哲学和政治是野蛮的、残忍的。宗教为孤独者提供了隐蔽之所。任何宗教都不像基督教那样具有传播的热情，它的传教士把信仰、文明和知识带给了各地野蛮的或有高度文明的民族，同时给本国带来艺术、科学和商业上的巨大好处。基督教创造骑士时代，那是历史上神奇和令人惊喜的时代。基督教给社会带来了巨大的好处，如兴建医院、孤儿院和养老院，开办学校，促进农业的发展，修建城市、乡村、桥梁、道路，鼓励艺术，发展贸易，制定法律，参与政治和管理，等等。还有一个应该用金字写在哲学历史上的好事：废除奴隶制。总之，基督教使人类社会免于毁灭，它将战胜一切使它净化的严峻考验。因此，"基督教是一种启示的宗教"。

以上就是《基督教真谛》这本书的概述。

4

弗朗索瓦-勒内·德·夏多布里昂于 1768 年 9 月 4 日出生在圣马洛，1848 年 7 月 4 日逝世于巴黎。圣马洛，是法国西北部濒临大西洋的一座小城。莫洛亚在《夏多布里昂传》中说："那些在独特而偏僻的地方为自己准备坟墓的人或者是些非常傲慢的人，或者是些渴望安静和休息而备受折磨、灵魂分裂的人。夏多布里昂从儿时起，就未曾有过内心的安宁。他内心的一切都是矛盾、痛苦的斗争和交替的分裂。他热爱自由又崇尚权威，既有权力的雄心又有虚无的意识，惧怕但尊重婚姻又渴望艳情。他轻视行动又企盼行动带来的胜利，既贬低想象力又在想象中寻求他唯一的庇护所，将极度的忧郁与孩子般的快乐、强烈的感情与庄严的表达结合在一起。"① 夏多布里昂是这样的一个复杂而矛盾的人，他的坟墓在圣马洛港外锚地的小岛上。涨潮时，小岛没于水下，退潮时，小岛与陆地相连。岛上怪石嶙峋，蓬草乱生，唯一的建筑物是夏多布里昂的坟墓。这个岛名为格朗贝岛，其意为"大坟"，真可谓"独特而偏僻的地方"。他孤独而忧郁，响在耳畔的唯有海和风的呼啸吼叫。他是一个布列塔尼人，而布列塔尼人在法国被认为是一种固执、忠诚、独立的人。他生在一个衰而复振的贵族之家，可惜是个次子，世袭的特权大部被哥哥占了去，贵族的荣誉感和对君主的忠诚却被他牢牢地继承了下来。他尚幼稚的心灵已经受到忧郁和孤独的袭击，当他和姐姐吕西尔"出神地谈起孤独"的时候，吕西尔对他说："你应该描绘这一切。"他描绘了，而且终生不疲。在告别贡堡前往巴黎的路上，在冷眼观看攻打巴士底监狱的起义者的时候，在穿越大西洋的航船上，在尼亚加拉大瀑布的面前，在与美国开国元勋华盛顿的会面中，在印第安人的废墟中，在参加勤王军的行军和战斗中，在流亡伦敦贫病交加的困境中，在驻伦敦、柏林、罗马大使的任中，在担任外交部部长的睥睨一切的傲慢中，在维罗纳会议的谈判中，在觐见查理十世的旅途中……他内心中纠缠不去的是忧郁和孤独的情怀，他"描绘了这一切"。除了《基督教真谛》之外，夏多布里昂还写有《从巴

---

① 莫洛亚：《夏多布里昂传》，罗国林译，浙江文艺出版社，1998年，第377页。译文有改动。

黎到耶路撒冷的旅程》《美洲游记》《纳切兹人》《兰塞神父的生平》《历史研究》以及卷帙浩繁的《墓中回忆录》，中国人熟悉的短篇小说《阿达拉》和《勒内》原来是作为例证，收在《基督教真谛》中，前者在第三部，后者在第二部，后来独立出来，常常与一篇短篇小说《那邦塞拉吉的末代王孙历险记》合为一集出版。

夏多布里昂在流亡伦敦的时候，于贫病交加之中写了一部著作，题目是《革命论》，论述了从希腊民主制到法国大革命的所有的革命运动。这是一部深受 18 世纪启蒙思想家影响的、产生于 1789 年大革命的狂热中的、对革命的后果萌生了绝望情绪的著作。它主张平等和自由，批判专制和独裁，攻击的矛头指向旧制度，也指向教士、哲学家、雅各宾派、法国 1795 年-1799 年的督政府，甚至英国人。五年之后，夏多布里昂换了一副面孔，写了一部歌颂中世纪、歌颂圣经、歌颂上帝的《基督教真谛》。如他自己在《墓中回忆录》中所说："我的日日夜夜是在阅读、写作、从博学的教士卡波兰神父处学希伯来文、在图书馆里查阅和向有学问的人请教、带着无穷的幻想在田野上漫步、出门拜访和接待来访中度过的。"[1] 难道《革命论》和《基督教真谛》是根本对立的两本书吗？不是，两本书的对立是表面的，它们有一个共同的思想，即一个社会只有建立在宗教的基础上才可以持久。具体地说，法国的 1789 年大革命产生了血腥和凋敝的后果，是因为它推翻了基督教的传统，而如果法国要再生，只能回到基督教和上帝的怀抱。《基督教真谛》的中心思想是：穷人之向往的实现趋向于暴力和梦想，但是还有另一种实现这种向往的方式，更为平静，更为稳妥。出于比较传统的政治考虑，夏多布里昂建议不走革命的道

---

① 引自《墓中回忆录》（选），郭宏安译，三联书店，1997 年，第 119 页。

路，而走改良的道路，不是重新再造一个社会，而是在原有的基础上加以改造。基督教是一种保证，它呈现出令人感动的场面，中世纪和圣经，使人在美丽的大自然中重新发现上帝。因此，《基督教真谛》是《革命论》的一种合乎逻辑的发展。的确，《革命论》是一本充满了失望情绪的书，但是它见证了一个荒诞的世界，第一次对一种世纪病做出分析，第一次对苦难提出异议，第一次对产生这种苦难的制度表示怀疑。总之，《革命论》表现了一个在金钱统治的世界中没有出路的青年的挫折感，谴责了那些对福音书没有真正信仰的教士，流露出面对一场失败的革命的苦涩心情，同时，这又是一本受到革命运动的热情激励的书。五年之后，他写了《基督教真谛》这本看起来完全对立的书，并不是不可理解的。因此，夏多布里昂可以说："《革命论》不是一本渎神的书，而是一本怀疑和痛苦的书。在这部著作的黑暗中，贯穿着一线照亮过我的摇篮的基督教的光明。从《革命论》的怀疑主义到《基督教真谛》的确信无疑，不需要花很大的力气。"①

他在《革命论》的序言中写道："我的母亲在72岁上被投入监狱，她曾眼看着她的一部分儿女死于其中，后来自己也在那张不曾留给她的简陋的床上咽气。回忆起我的迷失使她最后的日子充满巨大的忧伤；弥留之际，她让我的一个姐姐劝我记起曾经教育过我的那种宗教。我的姐姐在信中告知母亲的遗愿。当那封信漂洋过海到达我的手中的时候，我的姐姐自己也已不在人世；她也是入狱以后死去的。这两个出自坟墓的声音，这种为死神充当代言人的死亡，深深地震动了我。我成了基督徒。我承认，我绝非向超自然的巨大的启示屈服，我的信念发自内心：我哭了，我

① 引自《墓中回忆录》(选)，郭宏安译，三联书店，1997年，第146页。

就信了。"① 他的母亲在世时，深为儿子对宗教的态度所苦，她痛恨文学，以为是文学使她的儿子写出了《革命论》这样的著作，在狱中还苦苦哀求儿子放弃写作。夏多布里昂对母亲的感情是温柔而深沉的，他写道："我的童年和青年是和我对母亲的回忆紧密联系在一起的。我所知的一切都来自于她。我一想到我败坏了这个在肚子里孕育过我的女人的晚年，就感到绝望。我怀着恐惧将一册册《革命论》扔进火里，仿佛那是我犯罪的工具；如果我有可能销毁这部著作，我会毫不犹豫地去做。当我想到用一部宗教著作弥补这部著作时，我才从这种纷乱的心情中解脱出来：这就是《基督教真谛》的起因。"显然，夏多布里昂姐姐的信是他写作《基督教真谛》的最初的动因，或曰直接的原因。其实，《基督教真谛》的起因当然不止一个。

夏多布里昂在 1799 年 10 月 25 日写给丰塔纳的一封信中说："我做了一切努力来消除论战的或者神学的口气，使阅读像读一部小说一样轻松愉快。确信无疑的是，我在其中放进了心中和精神上所能有的一切。"1802 年 9 月 25 日，他在写给一个神父的信中说："如果我用一种卫教士和神学家的寻常笔调写作《阿达拉》和《基督教真谛》的话，我不会有 20 个读者的。"夏多布里昂使用一种崭新的语言和笔调写出了他的心中所有。所以，在信仰的问题上，我们没有理由不相信夏多布里昂的真诚。当然，在夏多布里昂的信仰问题上，学术界仍然争论不休，有的人认为，例如圣伯夫，他的信仰是一种"艺术家和作家的信仰"，言下之意，读者不可信以为真，等等。其实，作为一个作家，其信仰的真实与否并

---

① 转引自《夏多布里昂：革命论，基督教真谛》，伽里玛出版社，七星版，1978 年，第 9 页。

非一个真实的问题。作家以作品说话，作品的真诚说明执笔时作家的真诚，这里有"文如其人"与"文本诸人"的区别。如儒勒·勒麦特所言，夏多布里昂"为了取得更大的效果，常常会歪曲事实，他一生都如此"。[1] 更不用说一百年之后的埃马努埃尔·戈多所言："当夏多布里昂重新组织时间的顺序被证实的时候，就说他之所言是不诚实的，这显得很荒谬。夏多布里昂是一个作家，他所表明的一位浪漫主义作家，他要在隐藏于混乱的现实中的真相的线索。人们所说的这种类型的作家缺乏客观性、错误、谎言或歪曲等，只不过是重新组织生活的一种必要的工作，非如此则意义不能显现。夏多布里昂建议重新看待他的生活是真实的，尽管历史学家证实有变化、有改动，准确地告诉我们促使他写作《基督教真谛》的深层原因。"[2] 这正是钱锺书《谈艺录》所说的："'文如其人'，乃读者由文以知人；'文本诸人'，乃作者本诸己以成文。若人之在文中，不必肖其处世上、居众中也。"[3] "遣词成章，炉锤各具，则本诸其人"，钱锺书先生可以援夏氏以为例矣。

5

法国自 1789 年资产阶级大革命之后，上至贵族，下到百姓，整个社会面临着道德滑坡、信仰崩溃的局面，人们迫切地需要恢复信仰，特别是宗教信仰，而此书又恰恰迎合了拿破仑重建法国天主教的意图，他刚刚与罗马教皇庇护七世签订了和解协议，所

---

① 儒勒·勒麦特：《夏多布里昂》，创造空间出版社，2012 年，第 79 页。
② 埃马努埃尔·戈多：《埃马努埃尔·戈多读〈基督教真谛〉》，第 70 页。
③ 钱锺书：《谈艺录》，中华书局，1984 年，第 165 页。

以，此书一出版就获得了巨大的成功。时代的呼唤产生了《基督教真谛》：流亡的和还在国内的贵族，原先倾向于革命或同情革命的，看到革命造成的混乱、灾难与杀戮，纷纷改变了立场，尤其是对宗教的立场。乡村和城镇的民众大部分还保留着天主教的信仰，大城市稍有不同，天主教、基督教（新教）和无神论杂然其间。1799 年，埃瓦利斯特·巴尔尼写了《古代的神与现代的神之间的战争》，1801 年，西尔万·马雷夏尔写了《反对与拥护圣经》，等等，这些著作都是反基督教的。夏多布里昂写了《基督教真谛》这本书，正是为了直接或间接回答他们，正如他所说："我是在我们的庙宇的残砖断瓦之间出版《基督教真谛》的。忠实的信徒以为自己获救了：当时人们有一种信仰的需要，渴望着宗教的慰藉，因为慰藉已被剥夺有年了。为了克服经受过的诸多对立，需要多少超自然的力量啊！多少被肢解的家庭要在人类的父亲身边找回失去的孩子啊！多少破碎的心和孤独的灵魂为了治愈呼唤着一只神圣的手啊！人们冲向天主的家，就像传染病流行时冲向医生的家。我们的动乱的牺牲品（有多少种不同的牺牲品啊！）逃向祭坛；溺水者抓住岩石，以图获救。"[①]

法国印象主义批评家儒勒·勒麦特 1912 做过一次有关夏多布里昂的系列演说，其中有论及《基督教真谛》者，他说："鉴于他的教育、基督教的童年、他的情感、他的想象力的特点，鉴于他是大革命的牺牲品、革命派的亵渎宗教的牺牲品，甚至鉴于他迷失和怀疑的时代，他从未停止因宗教之美而感动；年轻的时候，他发疯般写作（有时候一天写作 12 个小时），而且关于大的主题

---

① 夏多布里昂：《墓中回忆录》，郭宏安译，三联书店，1997 年，第 183-184 页。

的写作，也许没有人看到一个年轻的作家从如此的巨著开始；在《革命论》和《纳切兹人》中，宗教的关切是经常的；他渴望荣耀，也许这是他唯一孜孜以求的事情；他想用笔扮演大角色；在这个时期，要写的伟大著作、'那一本要写的书'，就是对基督教的赞颂，就是社会重建的条件和开始；这是当时的时势所要求的；里瓦罗尔太不信神，太机智，博纳尔缺少魅力，麦斯特是个外人，是一个过于孤立的天才，而夏多布里昂是唯一能写这本等待已久的书的人，这本书同时是辉煌的、流行的、有效的……几乎必然要由夏多布里昂来写《基督教真谛》。"① 印象主义的批评往往蒙"肤浅""仓促"之讥，但也往往收"鲜活""直接"之效，有时候甚至是一针见血的，儒勒·勒麦特看得很准，《基督教真谛》的出现是有其历史必然性的，夏多布里昂也是写这本书的不二人选。

夏多布里昂在序言中说："这是一本严肃的著作，我不是通过一本小说来批判旧文学的原则和哲学的原则，我用的是推理和事实。"他只说对了一半，此书用的推理不多，多的是大量的事实的描绘，因此，这本书的成就不在于教理的宣扬与论证，而在于它使基督教成为凡夫俗子得以亲近的对象，可以说，没有一部著作像《基督教真谛》一样，使那么多的不信教的人信了基督教，使那么多的异教徒改了宗，使那么多的不坚定的信徒坚定了他们的信仰。这本书给人们的心灵以巨大的冲击，给人们的想象力以强烈的刺激，在文学方面，它成为浪漫主义文学的滥觞，成为浪漫主义文学批评的源泉，在西方文艺理论和文学批评理论的研究上，《基督教真谛》是一部不可或缺的经典著作。

《基督教真谛》的出版正当其时，产生了一种轰动效应，出现

———————
① 儒勒·勒麦特：《夏多布里昂》，创造空间出版社，2012年，第82页。

了洛阳纸贵、满城争说的情景。儒勒·勒麦特说:"《基督教真谛》取得了全部法国文学史上最大的成功。"① 他是在《基督教真谛》出版后100年时这样说的,如今又过了100年,这本书取得的成功的盛况恐怕再没有出现过。从普通百姓到社会精英,从普通教士到上层贵族,仿佛全社会都争相阅读,掀起了讨论或争论的热潮。《法兰西水星报》《政论家》《巴黎日报》《论战报》《北方观察家》《哲学旬报》《法兰西丛书》《里昂公报》《帝国日报》等报刊,在这本书出版不久,就纷纷发表评论,多数都充满了赞美之词。例如,1802年4月24日,《政论家》刊文称:"《基督教真谛》是少有的杰作,它在所有的优点之上又增加了'适时',即是所有时代的作品,又是恰逢其时的作品……它开始了宗教和法国的新时代,它给文学开辟了一条新的道路。"《论战报》则说,《基督教真谛》"表明了哲学和宗教之间的巧妙的联合",它"在文学上和思想上开始了一个成功的革命"。1802年9月18日,丰塔纳在《法兰西水星报》上撰文称:"当人们在众多不堪的形象下歪曲宗教的时候,应该维护它的不被认识的美,使之被人欣赏。当人们不断地将基督教说成一种愚蠢的、野蛮的崇拜并长期愚弄百姓的宗教时,难道不应该证明百姓幸亏有了它才有了文明的最美好的发展吗?"甚至有《回忆录》称:"这一天,在巴黎,所有的女人都彻夜不眠。人们争一本书,抢一本书。怎样的觉醒,怎样的私语,怎样的激动啊!怎么,我们都在说,这就是基督教啊;无论如何,这本书是美妙的。"② 1805年7月6日的《法兰西水星报》又刊文

---

① 儒勒·勒麦特:《夏多布里昂》,创造空间出版社,2012年,第86页。
② 转引自彼埃尔·勒布尔为《基督教真谛》所作的《导言》,弗拉马里庸出版社,1966年。

称："像所有的天才著作一样，夏多布里昂先生的著作是一种伟大和丰富的思想的发展。它的目的使人看到，基督教在改善社会的风俗的时候，必然也改善了其在艺术中表达的方式……因此，在这种充满了诗意和神秘的宗教中一切都诉诸感觉和想象力。"①

夏多布里昂后来回忆《基督教真谛》出版的情景，有过这样一段话："《基督教真谛》有一个片段，当时所造成的轰动不如《阿达拉》，然而它确定了现代文学的一个特性。一群群诗人勒内和散文家勒内已经泛滥成灾。人们听见的净是些悲哀的、前言不搭后语的话，除了风和暴雨、对着云和夜倾诉的无名之痛苦，别无其他。没有一个无知的学生从学校里出来不幻想着成为最不幸的人；没有一个小孩子不在 16 岁上已经耗尽了生命，自以为饱受自己的天才的折磨；没有一个人不在自己的思想的深渊里放纵于模糊不清的激情；没有一个人拍打着自己苍白而脱发的额头不用一种不幸让那些目瞪口呆的人吃惊，这种不幸他不知道叫什么，那些人也不知道。"②夏多布里昂略带嘲讽地道出了一种由《基督教真谛》的出版引发的社会氛围，颇能说明浪漫主义文学的特点。一本书的出版划出了两个时代，之前和之后判然有别，法国从此进入了浪漫主义时代。

当然，一部取得如此轰动效应的著作不可能没有反对的声音，例如，阿尔弗莱德·德·维尼就说："政治、文学和宗教的虚伪，真谛的假象，这就是毫无创新的这个人的一切。"拉马丁则说："据我看，他缺少完全的美的基本元素：自然。这本书是美的，然

---

① 转引自《革命论·基督教真谛》，伽利玛出版社，1978 年，第 1654 页。

② 夏多布里昂：《墓中回忆录》，广西师范大学出版社，2002 年，第 147-148 页。

而过于美了。"当时的一位哲学家冉格内说："预言家、圣诗作者和唱圣诗的人的诗意是这本书唯一赞同的东西；在他的眼中，一切剩下的东西都是虚无。"至于博罗格利公爵夫人则说："我反复地阅读了《基督教真谛》。这是一本人们读过的最无聊的、最轻浮的著作……这个人把宗教当成了好伙伴，如同写给民众的东西一样。"半个世纪之后，马克思这样评价夏多布里昂，他说："如果说这个人在法国这样有名，那只是因为他在各方面都是法国式虚荣的最典型的化身，这种虚荣不是穿着18世纪轻佻的服装，而是换上了浪漫的外衣，用新创的辞藻来加以炫耀；虚伪的深奥，拜占庭式的夸张，感情的卖弄，色彩的变幻，文字雕琢，矫揉造作，妄自尊大，总之，无论在形式上或在内容上，都是前所未有的谎言的大杂烩。"[1] 马克思如此严厉地谴责夏多布里昂，自有他的独特的理由，不会给文学留下足够的、可以呼吸的空间，但是，他毕竟没有忘记指出："自然，从文风上来看，这种结合在法国应当是件大事……"[2] 马克思所说的"结合"，是"用最反常的方式把18世纪贵族阶级的怀疑主义和伏尔泰主义同19世纪的贵族阶级的感伤主义和浪漫主义结合在一起。"马克思是在夏多布里昂逝世之后说这番话的，也并未提到《基督教真谛》的名字，但是他所说的"结合"二字，显然包括了《基督教真谛》的风格。因此，无论《基督教真谛》有多少似是而非的描述，无论它有多少历史事实的错误，无论它有多么繁复的虚假博学，都改变不了它在法国思想史上和文学批评史上的承前启后的地位，正如有人指出的

---

① 1854年10月26日马克思致恩格斯信，见《马克思恩格斯全集》，第二十八卷，人民出版社，2008年，第401页。

② 1873年11月30日马克思致恩格斯信，见《马克思恩格斯全集》，第三十三卷，人民出版社，2008年，第102页。

那样："《基督教真谛》通过与时代的和解，实实在在地起到了200年前《虔诚生活入门》所起的作用。"《虔诚生活入门》是15世纪意大利圣徒萨尔的弗朗索瓦的一部著作，对法国民众的精神生活可以说是一部划时代的著作。《基督教真谛》改变了时代的风气，它改变了法国语言的色彩，它提供了法国文学的新的主题，它提供了法国文学批评的新方向和新方法。正如他自己所说："著作的奇特性更增加了大众的惊奇感。帝国时期的文学本属古典派，乃是一个返老还童的老太婆，看一眼就让人够够的了，《阿达拉》应运而生，是一种闻所未闻的作品。人们不知道该把它归入'怪物'还是归入'美女'；它是戈耳贡还是维纳斯？……旧时代排斥它，新时代欢迎它。"① 总之，如法国学者彼埃尔·勒布尔所说："梦想、本能、景点、废墟、民间信仰、想象，直到作家与读者之间建立起的关系，夏多布里昂留给了浪漫派大作家，且不说小作家，原则，主题，一种音域。"②

　　夏多布里昂在1797年7月10日的一封信中说："我根本不是神学家。"③ 一个不是神学家的人写了一本为宗教辩护的书，我们有理由怀疑它是不是一本神学的书。它是用推理来证明上帝的存在吗？还是靠着信仰来描绘上帝的存在呢？塞南古说得好：夏多布里昂是"用简单的游吟诗人的语言谈论宗教的概念"④他不是靠推理来说明基督教的信条和教义，而是靠优美的文字和雄辩的风格来魅惑读者。这本书"不是说服，而是魅惑。不是建立，而

---

① 《墓中回忆录》，广西师范大学出版社，2002年，第159页。

② 《基督教真谛》序言，第13页。

③ 见夏多布里昂1797年7月10日的信。

④ 转引自莫里斯·勒加尔为《基督教真谛》(伽利马出版社《七星丛书》版)写的《题解》。

是激起渴望"①。夏多布里昂因此得到了"魅惑者"的雅号。莫里斯·勒加尔说得对："如果忘了他是一位布道者，就不能评价他。重要的不是有道理，甚至不是有很好的道理。重要的是说服。对公众的需要进行罗列和分析合乎逻辑地处于《基督教真谛》的写作之前。夏多布里昂不大在乎表面的矛盾，他寻找、发现和达到了一条证据能够打动的、一种手法能够诱惑的那个人。……他太幸运了，他避免了一切虚伪，渐次地或全部地深入到心灵、趣味、精神和社会关心之中。"② 有人说《基督教真谛》是一首直透人心的"散文诗"，不是没有道理。

6

《基督教真谛》的"真谛"二字，在法文中是 le génie，这是一个多义词，其中之一是"天性、天资、天赋、特性、精神"，《小罗贝尔辞典》说，le génie 是"形成某一事物、某一生动的实体的特性，其独特性、其个性的东西"，举的例子就是夏多布里昂的《基督教真谛》。莫里斯·勒加尔在为伽利玛七星丛书版《基督教真谛》所写的长篇题解中说："真谛这种说法用来指抽象概念的特性及创造性，在 18 世纪末原本是很平常的，尽管今天看来相当特别。"③ 我们用"真谛"翻译法文的 le génie。"谛"为佛教语，说的是"真实无谬的道理"，"真谛"在现代汉语中就泛指"最真实的意义或道理"。le génie 一词，有翻作"精华"的，有翻作

---

① 转引自彼埃尔·勒布尔为《基督教真谛》所作的《导言》，第 24 页。
② 同上文。
③ 见《基督教真谛》题解，第 1187 页。

"天赋"的，但总不如"真谛"来得贴切。《基督教真谛》实际上并不是一本讲道理的书，而是描述状态的书，这状态就是"基督教的美"，所以，该书的初版有一个副标题：《基督教之美》。《基督教真谛》的最深刻的意思乃是"基督教之美"，它使宗教失去神圣性，成为世俗的人可以接受的东西，读者不是在理性上受到启示，而是在心灵上得到净化，因此，很少有一本书使用了合适的方式赞美基督教而避免了护教派著作的弊病。彼埃尔·莫罗教授说得好："这不是一本改宗者写的书，而是一本使他（指夏多布里昂——笔者按）改变信仰的书。"① 当然，《基督教真谛》不仅仅使夏多布里昂改变了或者在写作的过程中坚定了信仰，而且使众多的人改变了信仰，或者坚定了信仰。安托瓦纳·贡巴尼翁在《反现代派》中提到亨利·拉克代尔时说："自从他阅读了《基督教真谛》，懂得宗教给这个世界带来了公正、秩序和自由以后，自由主义和爱国主义就激励着他一生的全部行动。"② 拉克代尔是这样，恐怕其他许多人也是这样。

《基督教真谛》是一个艺术家对基督教的思考，他向其他的艺术家证明：基督教可以是美的，基督教实际上就是美的。蒂博代指出："基督教的真谛，对夏多布里昂来说，实际上是一种生命冲动，即一个雕塑家可以抓住并用造型艺术和美来表现的那种生命冲动，那种天才的敏感可以爱的，天才的智慧可以理解的而又缺乏真正体验一番的天才之意志的生命冲动。"③ 这种生命冲动，夏多布里昂用一句饱受质疑甚至嘲讽的话表达了出来："我哭了，我

---

① 转引自彼埃尔·勒布尔尔为《基督教真谛》所作的《导言》，第15页。
② 贡巴尼翁：《反现代派》，三联书店，2009年，第175页。
③ 蒂博代：《六说文学批评》，三联书店，2002年，第218页。

就信了。"由于这种生命冲动，夏多布里昂才利用他游历美洲的见闻、流亡伦敦的苦难、亲眼所见的死亡、坟墓、教堂、废墟、瀑布、月夜，甚至奔走的野兽、飞翔的鸟儿以及他大量的阅读所获取的知识，例如古今的诗人、画家、音乐家等，在几乎所有的人类知识领域之内向一切危及基督教的思潮展开斗争。他拉开了新世纪的感觉、趣味和精神的序幕。

西方现代文学批评开始于浪漫主义。兹维坦·托多罗夫在1984年出版的《批评之批评》中说："在一个浪漫派的团体中——第一个团体，耶拿团体，集合了施莱格尔兄弟、诺瓦利斯、谢林和其他一些人——独特而有力地形成了现代美学的思想原则。"① 在2000年6月的一次研讨会上，法国学者保尔·贝尼舒谈到《基督教真谛》时指出："他（夏多布里昂——引者注）第一个颠覆了帝国时代流行的新古典主义风格：他的比喻和创造足以证明文学界的反应之广阔。他的虚构作品的风格虽然在30年之后已经老了，但是，伴随着法国文学的风格产生了巨大的浪漫主义的改变。他有理由处于法国浪漫主义的源头，尽管在这个国家里，他的书出版时浪漫主义这个词几乎不为人所知。浪漫主义的一支来源于他：拉马丁，雨果，维尼……"② 像斯达尔夫人一样，夏多布里昂是法国浪漫主义的先驱，一个以理论，一个以实践。

在《基督教真谛》中，夏多布里昂对趣味比对精神和心灵给予了更多的注意，也许在法国思想史上，他第一次用文学批评建立了文学和艺术创作的基础。他用大量的文学作品表明，文学批

---

① 兹维坦·托多罗夫：《批评之批评》，瑟伊出版社，1984年，第15页。
② 保尔·贝尼舒《从〈勒内〉和〈基督教真谛〉看夏多布里昂和他的时代》，在论文集《洞观者夏多布里昂》，法鲁瓦出版社，2001年，第69-70页。

评远比神学更有魅力。他的读者对象不是专家，而是对新东西感兴趣的有修养的人，通过他们在向更广大的人群传播。易于接近，轻松愉快，精美细致，是《基督教真谛》的特点。在社会生活中，与趣味和信仰扮演着同样角色的，是道德。没有道德，一切都将在可怕的混乱中、在生活的斗争（巴尔扎克语）中崩塌："道德是社会的基础"①，"没有基督教，就会有社会和智慧的完全的沉沦。"② 美德是希望的源泉和信仰的基础，因此，他认为基督教是世界（社会）的拯救者。无论是否基督教的信徒，没有信仰，可能一切就要崩塌了。

7

关于《基督教真谛》，说得最好的是 20 世纪初的法国批评家阿尔贝·蒂博代，他在 1930 年写过一本书，叫作《批评生理学》，中文曾译作《六说文学批评》，三联书店 1989 年出版。商务印书馆 2015 年重版了这本书，又改回了原来的名字。在这本书中，蒂博代在《大师的批评》和《批评中的创造》两节中对《基督教真谛》做了精当的评论。概括起来，他的观点是：法国的伟大批评是和浪漫主义一起诞生的，它是一种寻美的批评，它在《基督教真谛》中意识到自己的存在。熟悉特性，热爱和尊敬特性，并由此而产生热情，这就是这种批评真正必不可少的东西。寻美的批评在维持热情的同时，还贮存着批评的灵魂，这种灵魂在职业的不可避免的自然规律中经常遭遇死亡或麻木的危险。给《基督教

---

① 《基督教真谛》，第一部第六卷第三章，第 122 页。
② 《基督教真谛》，第四部第六卷第十三章，第 440 页。

真谛》以生命的思想是浪漫主义宏大的思想，不仅是法国的浪漫主义，而且是欧洲浪漫主义的宏大的思想：即在美感和直觉上与一种天才融洽相处，因为人们把自己的精神世界参加了进去，所以要从心灵深处与天才融洽相处，而又因为保留了一段距离，所以又可以从外部来观察他——深入到他的内心相当的程度——感觉他并从他那里走出来相当的距离来理解他。浪漫主义把创造的欲望和理想带进了批评，让感情的血管里流动着营养更为丰富的血液，给批评一种更为清新的空气，使它更善于承认感情的存在，接替它，或同它一起激动。同时，《基督教真谛》也把它的一部分诗歌和历史的气氛给予了浪漫主义，把它的批评气氛，把它的广阔的、优美的、敏锐的和充满生命力的批评给予了文学。总之，夏多布里昂是"法国浪漫主义批评的奠基人"，也即是法国现代文学批评的奠基人。如他所说："法兰西的批评到了19世纪，即在浪漫主义之后才获得发展，因为那本给浪漫主义以决定性推动的书，也把这种推动同样给予了批评，这本书的题目不仅为批评标示出它的程序，即它能够充填的领域，同时也标出了它的局限，即它无法超出的领域。我指的是《基督教真谛》。"[1]

根据蒂博代的观点，《基督教真谛》出版200余年之后，我们可以把它看成一部开风气之先的著作，使法国的文学及其文学批评进入现代的一部著作，把浪漫主义植入文学批评的一部著作，或者说，《基督教真谛》为法国现代文学批评铺就了第一块基石。

根据法国批评家维克多·布隆贝尔的说法[2]，法国浪漫主义

---

① 蒂博代：《六说文学批评》，三联书店，2002年版，第186页。

② 维克多·布隆贝尔《福楼拜论福楼拜》，瑟伊出版社，1971年，第123-124页。

有四个基本主题（包括正题和反题）：一、孤独和忧郁，或被看作痛苦，或被看作赎罪的途径；二、知识，或被当成快乐和骄傲的根源，或被当成一种祸患；三、时间，或被看作未来的动力，或被看作解体和毁灭的原因；四、自然，或被当作和谐与交流的许诺，或被当成敌对的力量。

《基督教真谛》针对18世纪崇尚的古典主义，提出了一整套浪漫主义的美学思想，为文学创作和文学批评规定了新的原则、主题和方法。夏多布里昂认为，文学以及一切与人有关的知识的最高理想是表现基督教的美。他说："在一切现今存在过的宗教中，基督教是最富于诗意的，最人道的，最有利于自由和文学艺术的；现在的世界一切都得之于它，从农业一直到抽象科学。……众所周知，欧洲的文明，一部分最好的法律，差不多所有的科学和文艺都来自宗教。……它促进了天才，使趣味纯净，发展了美好的情感，使思想充满活力，给予作家以崇高的形式，给予艺术家以完美的楷模。"在此基础上，《基督教真谛》为文学艺术的创作与批评提出了基本的主题与方法：它充满了对历代帝王的丰功伟绩的描绘和赞颂，对中世纪的古老风俗的无限缅怀和崇拜，对巍峨的教堂、雄伟的风光、昏暗的森林的膜拜，对基督教笼罩下的人的激情的刻画，对钟声、基督教的仪式的赞美，对坟墓、废墟、人生虚无命运无常的咏叹，以及对圣经、圣徒、天使、传教士的赞赏，对魔鬼、地狱、异教徒的鞭挞和讽刺，这一切都是为了表达人的精神所追求的最高理想：基督教的美。夏多布里昂认为，忧郁的情怀是文学艺术的基本要素，思慕向往天国是其基本诉求，而天主教正是引领文学艺术追求超越的旗手。忧郁，孤独，虚无，是这种文学的人物之典型特征。

8

蒂博代说:"《基督教真谛》今天留给我们的最有生命力的东西莫过于那些令人击掌叫好的文学批评篇章,对这些篇章,连最为仇视夏多布里昂的职业批评家们,如圣伯夫、法盖和勒麦特尔,也不得不带几分恭敬。"① 《基督教真谛》出版迄今,"应时之作"的轰动效应也已风光不再,除了它在法国思想史上的学术价值之外,它在法国文学批评史上的地位更值得我们注意,某些篇章的确是"最有生命力"的。

我们知道,蒂博代在《六说文学批评》把批评分作三大类:自发的批评、职业的批评和大师的批评,而夏多布里昂是大师的批评的翘楚。大师的批评的最本质的特征是"寻美的批评",是与古典主义的"求疵的批评"相对立的一种批评,它说话的对象是读者,就是说这种批评要告诉读者作品的美在什么地方,为什么是美的,美的途径是什么。《基督教真谛》的批评是寻美的批评,它在历代的文学作品及一切精神的创造物中寻找美,寻找世俗之美,寻找宗教之美,寻找基督教之美,然后予以赞颂。基督教的道德,基督教诗人和画家的作品,基督教的钟声、仪式、弥撒、歌声和祈祷,废墟、坟墓,等等,一句话,《圣经》和上帝是美的。总之,"寻美的批评"是以美的文字寻求作品的美,然后表而出之。"寻美的批评",这是《基督教真谛》的第一个特点。其实,应该指出,"求疵的批评"和"寻美的批评"并不是你死我活或者相互对立的,倘若一味求疵,对美一无所见或者有意排斥;倘若

---

① 蒂博代:《六说文学批评》,三联书店,2002年版,第129页。

一味寻美，对疵曲加回护或者视若无睹，一部作品不是疵，就是美，不是美，就是疵，美疵成势不两立之局面，并不是文学批评的理想境界。求疵为了寻美，寻美不避求疵，如此才成就了批评，使批评即获得了评价的可能，又获得了阐释的权利。遗憾的是，如今的批评还没有实现两者的平衡。

《基督教真谛》的批评的第二个特点是"历史的批评"。夏多布里昂具有一种发展的眼光，过去、现在、未来统领着他对基督教及文学艺术的脉络，仿佛一条大河，弯弯曲曲奔向大海。他几乎囊括了整个欧洲的历史，历数并且评论著名的历史学家和哲学家，用历史的、发展的眼光解释人类思想的创造物。由于基督教的真谛，法国的历史学家超过了古代的历史家，达到了与文学一样的完美的水平。例如他谈到《圣经》的"历史风格"说："它的历史风格本身就是不断的奇迹，证明了它延续其回忆的奇迹之真实性。"如果他认为代议制君主政体是应时产生的，那是因为他知道，世界的成熟必然取消国王的统治，不可避免地走向民主，而民主的实现依赖于基督教思想的实现，而基督教思想除了慈悲之外，还包括自由、平等和博爱。

《基督教真谛》的第三个特点是"比较的批评"。有人将克洛德·弗里埃 1830 年在巴黎索邦大学建立外国文学教席当作比较文学建立的起点，甚至说弗朗索瓦·诺埃尔在 1816 年就出版了《比较文学讲义》，维尔曼在 1829 年就谈论"文学的比较研究"，让一雅克·安贝尔 1830 年就使用了"文学的比较史"的术语，其实夏多布里昂的比较文学的概念出现得更早，在《基督教真谛》中已经大量地、广泛地使用了比较的方法，其中最为著名的是荷马与《圣经》的比较、维吉尔和拉辛的比较，等等。例如，夏多布里昂从"简单"、"风格的古代性"、"叙述"、"描写"、"比较"、"崇高"

等六个方面比较了荷马与《圣经》，就技艺"崇高"而论，他说荷马，崇高"由词汇的壮丽和思想的庄严之和谐构成"，而《圣经》，崇高则由"思想的伟大和渺小之间的对立……"。另举维吉尔与拉辛比较为例：他说："拉辛也许高于拉丁诗人……人们欣赏一个，人们却喜爱另一个；第一个具有过于庄严的痛苦，第二个更多地对社会的所有阶层说话。"他相当详细地列举和分析了两个诗人的相同的地方和不同的地方，显示出他的比较的方法不是率性为之，而是相当成熟、经过深思熟虑的。

《基督教真谛》的第四个特点是"经验的批评"。所谓经验，是一个人或团体实际经历或体验的东西，在这本书中，是指夏多布里昂在书中所叙述描绘的事物，如自然风景、人工建造、飞鸟走兽、历史、政治、宗教、文学、艺术、哲学等等，几乎每一种都经过他的眼或大脑，或亲见，或力行，或阅读，或耳闻，他的足迹遍及许多地方，这些地方都化作文字进入了他的书。他的经验同时又受到想象力的照耀，因此他的文字基于经验，又不止于经验。没有见过而又写入他的书的东西，他能够坦率地承认，例如他在《墓中回忆录》中说："在艺术方面，我知道《基督教真谛》缺少什么；我的作品的这一部分是不完善的，因为1800年我还不懂艺术：我没有见过意大利，没有见过希腊，也没有见过埃及。同样，我没有充分利用圣徒的传记和传说；当然他们向我提供了美妙的故事：经过有品位的选择，是可以从中获得大丰收的。"《基督教真谛》基本上是一部经验的总结，没有他对1789年大革命的观察、北美之行、勤王军的历险和伦敦的流亡和读书生活，单靠冥思苦想，是不可能有这样一本书的。

这里，我要引用一段我曾经写过的话："夏多布里昂说：'从本性上说，我是一个共和派；从理智上说，我是个保王党；从道义上说，我是个波旁派。如果我不能保留正统的君主制，比诸一个不知谁生下来的杂种君主制，我远更喜欢民主制。'这样的表白无论真实与否，都有其动人之处，所以动人，乃是因为这是一个有思想、有信仰、有感情、有想象力并且付诸行动的人常会有的窘境。比诸他的爵位，他更愿意自己成就一个名声；比诸他曾经崇拜的拿破仑，他更倾心于辛辛那提的农夫华盛顿；比诸金钱和地位，他更看重思想的自由和批评的权利。他的本性是独立不羁，是自由，是怀疑，所以他是一位痛苦的诗人。他的理智是光宗耀祖，是传统，是信仰，所以他是一位精神的卫道士。他的道义是尊卑有序，是忠诚，是正统，所以他是一位极端的政治家。然而，本性、理智和道义常常是矛盾的，诗人、卫道士和政治家三者的相遇使他成为一个极其矛盾、极其复杂的人，并且毕生承受着内心冲突的折磨。感情上的浪漫主义，理智上的现实主义，带给他精神上的痛苦、感情上的狂热、行动上的鲁莽、政治上的迂阔和生活上的清贫。他赞颂基督教的诗意和美，他用永恒的时间之光照亮了废墟，他为忧郁孤独的情怀打开了宣泄的闸门，他为怀旧的幽思注入悲剧的崇高，他在动乱的时代中开辟了一个可供冥思玄想的角落，他在古典和现代的转换中保留了延续的脉络，所有这一切都出之以辉煌的、雄浑的、金属一般的、富有魔力的、直扣人们心灵的文字。他因此获得了'魅惑者'的雅号，然而这个雅号中却饱含着巨大的危险。他往往被指责为'虚假'、'做作'、'妄自尊大'等等。"其中，《基督教真谛》贡献不小。

莫里斯·勒加尔用这样一段话结束他为《基督教真谛》写的题解，我觉得可以引在这里，他说："至少，《基督教真谛》使宗教丧失了神圣性，甚至使世俗之人可以接近。他作为一个艺术家对基督教进行思考，向他们**表明**，基督教可以成为美的素材，它对他们来说应该是真的，因为它是美的。塞南古不喜欢夏多布里昂，说他'用简单的游吟诗人的语言谈论宗教的概念'，这句话是很严厉的，但是扩大一点儿说，并非不正确。这本书带不来宽恕，但是它传授了一种画家、诗人和小说家获益的虔诚的声色之乐。将犯罪和悔恨引入艺术并在诗的形式下将其表现出来，是一个不小的贡献。夏多布里昂无疑恢复了哥特式大教堂：无论雨果还是于斯芒斯都不会忘记。他特别建立了一座小教堂，一点儿也不严厉，装饰繁复，充满了礼拜仪式的歌声和香气，在那里面，英雄，有时是教士、动人的女罪人、外省的小资产者或者巴黎的公爵夫人前来哭诉他们可爱的罪孽，唱着'宽恕吧，造物主'，要求最后的、最肉感的圣事。在这种意义上，很少有一本书带来了如此多的皈依。"[①] 这里说的是普通读者对《基督教真谛》的态度，那么批评界呢？我们这里有埃马努埃尔·戈多教授的一段话，他是这样说的："批评界未曾以与《基督教真谛》相称的全部严肃的态度对待它，轮番指责它不真诚、机会主义、轻浮、无效，直至没有章法的折中主义。仿佛伴随着它的出版和成功的笔战延续至今，使得一些反对《基督教真谛》的最无成见的不信教的人可以突然间撇撇嘴说：人们可以承认它有一种风格，但那是过去的事情了，而基督教的保卫和发扬太系统化了，不够深入，过多的感情，基督教和罗马天主教令人恼火地混为一谈，过于贫弱的神学基础，我不知道还有什么。"[②] 普通读者和批评界的分歧并不奇怪，我们今天如何看待《基督教真谛》？勒加尔和戈多的话从两个方面做了很好的总结。其实，这种分歧乃是相背而成的，感性而非理性，

---

① 勒加尔为《基督教真谛》写的题解，第 1614 页。
② 戈多：《戈多读〈夏多布里昂〉》，第 57 页。

具体而非抽象，诉诸心而非诉诸脑，正是《基督教真谛》的特点。如何阅读这一类的著作？戈多的态度，我认为是正确的，他说："我们一点儿也不否认作品的局限——这也许是任何护教书都有的局限——我们决心不带任何偏见地阅读，如果我们发现某一部分过时了，我们不会忘记这是任何轰动一时的思想性的著作都会有的情况。"①

总之，我翻译《基督教真谛》是为了研究文学批评史的人全面深刻地认识西方文学批评的源头，了解西方文学批评如何在它的源头上储存了如此丰盈的原料。如果有对基督教信仰感兴趣的人读了这本书，无形中磨砺了他对文学艺术的敏感，岂不是一种意外的收获吗？当然，那些以为一个社会的稳定需要以一种信仰作为基础和支撑的人，也许可以从《基督教真谛》的写作获得某种启发：适应时代变化的需要，以一种为民众喜闻乐见的方式和语言来宣扬一种信念。重要的不是基督教，不是宗教，重要的是一种信仰，一种深深植根于人们心中和精神上的信仰。信仰是多元的。我不相信，今天的中国人读过这本书会有多少人皈依基督教，但是我相信，许多人读了这本书会有更加坚定的信念：一个人，一个民族，一个国家必须有一种信仰，有，就会坚定地走上富裕强大的道路，没有，则会迷失前进的方向，陷入万古长如夜的境地，所获得的一切将会或快或慢地丧失。或曰：盍不慎欤！

无论是普通读者，还是专业人士，对于彼埃尔·勒布尔的这段话，都不可轻轻放过而不加以慎重的思考："无论如何，这本书的作用来自它的极大的真诚。夏多布里昂打动了他的读者，因为他是他们中的一员，他感觉到同一种震撼，而在这种当代和以后

---

① 戈多：《戈多读〈基督教真谛〉》，第58页。

几个时代的令人眩晕的混乱中，他比任何人都更热切地寻找一块岩石，可以永远地，尤其是当下依附其上。因为痛苦，还有眩晕，不等人。他承受了时代的矛盾，他也触碰了它，因为他代表了它。"① 夏多布里昂在他那个时代的巨大震动之后，承受了各种好的和坏的后果，用他的生花妙笔写下了《基督教真谛》这样的巨著，200 年之后，仍然"打动"了我们或我们中的一部分人。无论我们做出了怎样的反应，都应该感谢他，感谢他给我们留下了一部关于美和信仰的书。

2016 年 10 月，北京

---

① 转引自彼埃尔·勒布尔为《基督教真谛》所作的导言，第 37 页。

加缪《记事本》译后记

1935 年 5 月，阿尔贝·加缪参与《阿斯杜里起义》的创作，时年 22 岁；1960 年 1 月，加缪在前往巴黎的时候殒命于车祸，时年 47 岁。25 年间，从初入文坛到猝然弃笔，加缪以近似笔记的形式写下了日记、思考，对文学、哲学、政治以及人类命运的观点，写作计划、构思、提纲、读书随想、花草树木、风景、游记、交往、偶尔听到的别人的对话、故事以及对本人作品评论的反应等文字，共写了九本学生用的练习簿，其中有些条目，例如第七本，还打印成册。这九本笔记本中的文字真实生动地表现了作为作家的加缪的创作经历、思想演变和精神历程，看似随手而记，实则精心结撰，何况事后还有修改、补充和删减等事情。伽利玛出版社 1962 年、1964 年和 1989 年分别出版了这九本笔记，分为三卷，总名曰《记事本》。九本笔记，分别称为"笔记本 I""笔记本 II"……直至"笔记本 IX"，2500 余个条目，短则一个词，长则 2000 字，有一段竟达 3000 字，可说是洋洋大观。本书选择了近一半的条目，舍弃了引文、提示性的词语以及因为不明就里而无从猜测的文字等，意在精彩也。

九本笔记本，加缪将作为一个艺术家的他之所见所闻、所思所想、所行所为通过简明扼要、澄澈如水的文字表现了出来，读来似清流样沁入肺腑，似雕刻般印上脑际。他是一个小说家、剧作家和随笔作家，然而他往往以艺术家自称，作家当然是艺术家，可是一位作家坚持称自己是艺术家，就不那么当然了。在笔记中，加缪说："要写作。在表达上永远应该稍稍不及（与过相比）。反正勿饶舌。""真正的艺术品是说得少的作品。"一个人写作时应该做到的"是学会自我控制"。这是加缪对自己提出的要求，也是他对文学写作提出的要求，往更远些说，是对人类文字表达提出的要求。加缪是一位古典主义的大手笔，是一位"相信文字"的作家，是一位自觉追求风格的艺术家。他的风格是一种"高贵的风格"，是一种"恰到好处""含而不露"的风格。他谈及自己的写作时，经常见诸笔端的是"限制""堤坝""秩序""适度""栅栏"等表示"不过分"的词汇，总之是"勿饶舌"。这种对于"度"的自觉意识，使加缪为文有一种挺拔瘦硬、冲淡清奇的风采。《记事本》就是一个明证。

"饶舌"，加缪用的是"bavardage"，即为喋喋不休的闲话，译为"饶舌"，可谓恰当。文坛上确有一部分人，下笔如同呼吸，滔滔不绝，一泻千里，但是言不及义，难免产生出一堆文字垃圾。加缪以为不可。笔记一类的文体，本来就要求简明扼要，开门见山，一击便中，但是加缪写作笔记，不单单是遵循为文的规矩，而且还有意简单，不说废话，言简而意赅。作为一个中国人，译者虽不才，但是与加缪不免心有戚戚焉。老子说："多言数穷，不如守中。"庄子说："天地有大美而不言。"孔子说："敏于事而慎于言。"这都是每一个中国人应牢记在心的古训。就为文而言，清人刘大櫆的主张就更与加缪跨越时空相视而笑了。他说："文贵简。凡文笔老则简，意真则简，辞切则简，理当则简，味淡则简，气蕴则简，品贵则简，神远而含藏不露则简，故简为文章尽境。"他把为文的"老""意""辞""理""味""气""品""神"诸般一一说到，最后归结为"文章尽境"，可以说是对"简"字的鞭辟入里、全面深刻的理解。可见无论古今中外，作文的道理是一致的，即"勿饶舌"。

如果说笔记体的文字要求当日事当日记，勿饶舌是其固有的品格，《记事本》还不足以印证加缪的主张的话，那么试举小说《局外人》为例，以说明之。"勿饶舌"的主张是加缪在1938年8月（？）提出的，那时他已开始创作《局外人》了。实际上，远在1935年，加缪就有了写作一本关于"自由的人"的念头，到了1938年，《局外人》的大量的细节就出现了，1940年5月，一本书完成了，名之曰《局外人》，1942年由伽利玛出版社出版。这本书至今仍居畅销书之首，虽然它不是一般意义上的畅销书。从孕育到呱呱坠地，一件作品经过了七年的酝酿和磨炼，译成中文仅仅有5万余字，可谓精练到了极致。《局外人》具有古典主义的澄澈，文笔老到，意图真诚，词语恳切，道理恰当，滋味清淡，气势蕴藉，品格高贵，精神深远而含蓄不露，无一废词缀句，所以甫一问世，即好评如潮，历75年而不衰，可以说是"勿饶舌"之典范。加缪说："真实的艺术品是说得少的作品。"《局外人》是一件真实的艺术品，它说得少，可它含义隽永，对它的解说连篇累牍，至今似乎还没有穷尽。

1957年10月，诺贝尔文学奖落在了加缪的头上，在此之前，他一直是贫穷的，但是他从不抱怨，不追求也不羡慕有钱人的生活，而是尽情享受大自然的不费分文的馈赠：阳光和大海，坚信"地上的火焰抵得上天上的芬芳"。他蔑视的是富人的炫耀，捍卫的是穷人的尊严。他在《笔记本Ⅶ》中写道："我最喜欢的十个词：世界，痛苦，土地，母亲，人，荒原，荣誉，贫穷，夏天，大海。""贫穷"赫然位列其中。这可以说是从根本上概括了加缪的世界观和人生观。加缪对世人发出了这样的警告："宁可贫穷而自由，不要富有而为奴。当然人人都愿意富有而自由，这就是有时候使他们既贫穷又为奴的原因。"他不想空洞地颂扬贫穷,只想自由地生活而甘愿贫穷以保持精神上的独立。"贫穷是一种以慷慨为美德的状态。"慷慨者,不吝啬之谓也。这不禁让人想起了"箪食瓢饮居陋巷,回也不改其乐"的故事。这故事在过去是一桩美谈,不知今日变成了什么。现代人为什么不幸福?斯丹达尔说,是因为我们"虚荣"。虚荣导致贪婪,贪婪引发逐利,逐利形成了灵与肉的分裂。信矣!

加缪从不攀附权贵,正相反,他以此为耻。1953年4月,他的妻子接受了法国总统奥里奥尔的午餐邀请,加缪获知后很生气,并在一次旅行中向母亲讲了这件事。母亲问他吃了什么,他说什么也没吃,因为他们拒绝了邀请。加缪的母亲说:"这很好,儿子,这些人和我们不是一路人。""不是一路人",说得多好!加缪一向不理解巴黎有钱人的生活,他不习惯上流社会甚至知识界的生活,他只在印刷和排字工人中间感到自在,视他们为朋友。他在《记事本》的第七本中写道:"在阿尔及尔,别墅区内的高墙上开满鲜花。这是另一个世界,我在那里感到被流放。""另一个世界",说得多好!这与他拒绝法国总统的午餐邀请出于同一机杼。加缪出身贫寒,但是他认为他的家庭"有一种高贵的气质",身处有钱人的世界无异于一种流放。以一种平常心看待财富与地位,并不是每个人都能做到的,甚至有些以"民主"为标榜的人以见到废帝为荣,口称"皇上",说不定还沾沾自喜呢。"巴黎是一座丛林,那里的野兽很难看。"所以,他获得诺贝尔奖之后,在普罗旺斯的卢尔马兰买了房子。

加缪是一位艺术家,坚信"是艺术和艺术家重建了这个世界,但永远是怀着一种抗议的背后意图",所谓"背后意图"乃是一个"反抗的人"对抗和批判一个"荒诞的世界",最后达到"博爱"

和"幸福"，而这种对抗和批判不能直接地说出来，因为"艺术的活动有其廉耻。它不能直接地把事情说出来"。所以加缪才说："我为什么是一个艺术家而非哲学家？因为我根据词句而非概念来思考。"他从具体的事物出发，也就是说他从所见所闻、所思所想、所作所为出发来进行有血有肉的思考。在他的眼中，艺术具有至高无上的地位，"它（艺术）是我们这个无序的种族产生的有序的产物。这是千百个哨兵的呐喊，千百座迷宫的回声，这是人们无法遮盖的灯塔，这是我们可以对我们的尊严给出的最好的见证。"《记事本》是否是一种见证？我想起码加缪是怀着这样一种心情写出了攀登艺术高峰的过程中艰难地行走与攀爬。《记事本》止于加缪刚过 46 岁的时候，所记录的正是这样的一种充满了痛苦与欢乐的旅途。令人扼腕的是，一个绚烂之后渐趋平淡的人竟然折戟于盛年，岂非荒诞乎？

......

瑞士阿尔卑斯山间的路旁常有一块牌子，上面写着这样一句话："停一下吧，欣赏啊！"立牌子的人深谙旅游者的心理，他希望那些乘车的、骑马的、徒步的人，都暂时停下自己的脚步，喘一口气，好好观赏这雄浑而绮丽的风景：山间的湖泊、倒挂的瀑布、峰顶的积雪、碧绿的草场、绚烂的野花、挺拔的松柏、悠闲的牛羊……我很希望能有这样一块牌子，写上这句话，让你在这一部《记事本》的选本面前，"停一下吧，欣赏啊"！在你一生的旅途上，或是一马平川，或是崎岖山路，的确需要喘一口气啊！

2016 年 12 月，北京

书前闲话
——《完整的碎片》序

　　本书收录的多为短文，此短文者，或为学术文章的边角料，或是严肃文章的调味品，总之是无须正襟危坐的阅读以至于绞尽脑汁的东西，称为碎片可也。然而"碎片"这个词，论来历可也不短，太远的不说，日本的清少纳言的《枕草子》产生于11世纪初，译家称其作为"章段"，共305段，短的只有一句话，被称为日本随笔的始作俑者。较近的有帕斯卡尔的《思想录》，更近的则有齐奥朗的《眼泪与圣徒》，等等。至于中国的古人就不必说了，诸子百家，无论是别人记述，还是自己书写，文章没有长的。碎片者，片段也，散文中篇幅之极短者也，有完整的，有不完整的，有可以整合的，有茕茕孑立的。在后现代主义者的眼中，碎片有大用，一切都被解构了。支离破碎，东鳞西爪，残篇断简，片言只语，甚至牛溲马勃，正是所谓文化多元化的特征。好还是不好？积极还是消极？正面还是反面？正能量还是反能量？不可一概而论。

　　钱锺书先生在《读〈拉奥孔〉》一文中说："许多严密周全的思想和哲学系经不起时间的推排销蚀，在整体上都垮塌了，但是它们的一些个别见解还为后世所采取而为未失去时效。好比庞大的建筑物已遭破坏，住不得人、也唬不得人了，而构成它的一些木石砖瓦仍然不失为可资利用的好材料。往往整个理论系剩下来的有价值东西只是一些片段思想。脱离了系统而遗留的片段思想和萌发而未构成系统的片段思想，两者同样是零碎的。眼里只有长篇大论，瞧不起片言只语，甚至陶醉于数量，重视废话一吨，轻视微言一克，那是浅薄庸俗的看法——假使不是懒惰粗俗的借口。"钱锺书先生区分了"同样是零碎的"两种"片段思想"，指出了它们同样是值得重视的"微言一克"。废话称吨，微言论克，前者为重，后者为轻，耽于前而弃于后，则不仅是"懒惰粗俗"，而是"浅薄庸俗"了。钱锺书先生的断语可谓严厉，暗合了当代学术界关于"碎片"的议论。

这不禁使我想起中国诗文评中的一段公案了。南宋词人张炎在《词源》中评吴文英的词时说："梦窗词如七宝楼台，眩人眼目，碎拆下来，不成片段。"前人赞同张说者，都谓吴文英的词缺乏整体性与连续性，不注意"词的全部的脉络"，没有"整个的情绪之流"。我在这里不免要问一句：如不碎拆下来又将如何？如果它是七宝楼台，就让它眩人眼目；何必碎拆下来，反获"不成片段"之讥呢？无论是神仙的居所，还是华丽的宫阙，无论是想象，还是现实，它都是一个美好的事实。再说，什么东西碎拆下来不成片段呢？不过是碎拆的程度不同而留下的片段之用处（或没有用处）不同罢了。吴文英的词是一个个的整体，就让它待在整体之中吧，不必将其拆作片段而讥其堆砌獭祭。就算是片段，也要看它是否与整体有联系。如果有，就是"微言一克"，如果没有，也可能成为"废话一吨"。当代学术界的碎片理论的要害在于解构整体，还要重构整体。

本集中超过一万字的文章只有一两篇，余者多为三四千字的短文，甚至有不足千字的连"一克"都不到的。是否是"脱离了系统而遗留的片段思想"，或者是"萌发而未构成系统的片段思想"？不敢说，反正是短，只好归之于"碎片"。然而，碎片与碎片不同，有的是"好材料"，如钱锺书先生所说；有的是所谓吴文英词的"不成片段"。判断的标准只有一个，那就是这碎片是否与整体有联系。本集中的文章有一个大的范围，即法国文学。这法国文学，虽不是钱锺书先生所说的"整体上都垮塌了"的"庞大的建筑物"，但它毕竟是由众多的碎片组成的"七宝楼台"，择几个碎片而述之，似可窥其全貌之一般。每一个碎片都是一个完全的、自足的整体，集合起来又是一个更大的总体，所以，本书题为《完整的碎片》。至于本书所谓"碎片"是否是当代学术界眼中的碎片，则不是本书作者所考虑的事情。阅读碎片，但不要碎片化阅读，凡事一"化"，即面目全非。

2014 年 4 月 12 日，北京

《第十位缪斯》后记

　　这本文集主要收入了近期发表的一些文章，有论文、随笔等一些我认为有学术价值的文字，另外选入了一些已经收入其他文集中的文章，意在比较全面、集中、具体地表达我对文学批评的看法。这些已在序文中说明了，此处不再赘言。唯一需要说明的是这部文集的题目，为什么叫作《第十位缪斯》？

　　法国批评家阿尔贝·蒂博代在1930年出版的《批评生理学》的第三章《大师的批评》中写道："人们进行批评首先是出于对美的东西的趣味，接着是对不美的东西的厌恶，结果久而久之，人们眼里就没有美的东西了。伏尔泰说：'长期以来我们有九位缪斯。健康的批评是第十位缪斯。'他把她置于趣味神庙的门口。起初，批评这位缪斯和别的缪斯相同，和她们一样美丽，是她们的妹妹，像克吕泰涅斯特拉和海伦是姐妹一样，但她的父亲是一位凡人，而不是一位天神。只是她衰老得很快，人们最后会看到，她成了神庙前一个年老色衰的看门人，受到九位姐姐的嘲笑。幸运的是，九位缪斯不屑于占据她的位置，或者把使她们青春永驻的食物，即创造的热情，交到她的手里。"这段文字就是这部文集所以叫《第十位缪斯》的缘起。

　　希腊神话中，缪斯原是一些歌唱女神，后来成为司诗歌、艺术和科学的女神。缪斯有时是一位，有时是三位，有时数目不定，直到赫西俄多，才定为九位：克利俄、欧忒耳珀、塔利亚、墨尔波墨涅、忒耳普西科瑞、厄拉托、波吕许谟尼亚、乌拉尼亚和卡利俄珀，分别司历史、节日、喜剧、歌唱、舞蹈、婚庆、颂歌、天文和史诗。在艺术作品中，缪斯的形象是花容月貌的少女，神情高尚，体态优雅，各有与其所司艺术和科学的标志。伏尔泰显然意识到最终九位缪斯和第十位缪斯的区别，他把她放在趣味神庙的门口，她的姐姐们不愿当神庙的看门人，也就不和她争位置，让她安心从事她的事业。久而久之，第十个缪斯人老珠黄，失去了青春少女的鲜亮的颜色。她能否恢复青春的活力呢？这是 18 世纪的伏尔泰不能预见的。

把守趣味的大门，其责任大矣。蒂博代说："毫无疑问，趣味应该是批评的主要组成部分，但是批评家不仅要欣赏，他还要理解和创造。"趣味是文学批评的大问题，此处不拟细说，只需跟着蒂博代说："趣味是一种从艺术作品获得快乐的方式……"然而，他有一点与伏尔泰不同，他说："正是浪漫主义把这个有生命的火花，把这种创造的欲望和理想带进了批评"，也就是说，伏尔泰剥夺了批评的"创造的热情"，而蒂博代则把"创造"还给了批评，使这第十个缪斯和她的九位姐姐"一样美丽"。此中的关键，蒂博代认为，是"感情交流"："创造对他（指批评家——笔者按）来说，就是感情交流。"他不惮用断然的口吻说："批评真正的缪斯是友情，……哪里有友情，哪里就有创造。"友情即感情的交流，"批评只有吸取了感情交流的力量才能变为创造的批评"，而浪漫主义就是"一次感情交流的运动。友情也即寻美"，"寻美的批评在维持热情的同时，还贮存着批评的灵魂"，这种灵魂面对杰作永远感到"新鲜"而不会"麻木"。

第十个缪斯守在"趣味神庙的门口"，但愿她重新获得"创造的热情"，满怀着"创造的欲望和理想"，不至于"受到九位姐姐的嘲笑"，把那些没有趣味或有着恶劣趣味的批评关在门外。以此观之，"健康的批评是第十个缪斯"。

2012 年 12 月 27 日，北京

略说文学随笔

我今天准备谈一谈文学随笔的问题，我所谓文学随笔，指的是文学问题的随笔。在进入我的论题之前，我必须声明两点：首先，我之所以认为应该讲一讲有关文学随笔的问题，不是我认为我有这种资格，仿佛我已经是一个文学随笔的大家、可以聚众收徒了，而是我认为这是一个很重要、而迄今为止还没有获得足够重视的问题，我可以抛砖引玉，使讨论得以进一步深入，当然，我更希望有更多的人拿起笔来投入实践，因为理论问题早已解决了，我不过是在这里这时重新提出来罢了。第二，我在讲的过程中难免要举些例子，而这些例子又都是我的文章，这并不意味着我写得好，只不过因为是自己写的，查找、使用起来方便，有些真实和真切的体会。我并没有做一篇《论文学随笔》的文章的打算，所以没有这方面的资料积累，一些好的文学随笔读过了，却也找不到了，因此没有别人的随笔做例子，并不意味着我否定别人的随笔。

两点声明做过了，我可以进入论题了。我今天要讲三个问题：一、什么是文学随笔？二、什么是好的文学随笔？三、怎样写好文学随笔？

一、什么是文学随笔？

什么是文学随笔呢？要回答这个问题，我们首先得看看什么是随笔，文学随笔不过是随笔之一种罢了。假如我们拿到一篇文章，根据直觉，我们就可判断这是一篇论文或散文，假使我们认定这是一篇散文，我们根据其以说理为主还是以抒情为主，我们还可判断其为随笔还是小品。倘若我们判定一篇文章为随笔，我们一眼即可认出它是科学随笔、历史随笔、哲学随笔、社会随笔或文学随笔。当然更为有效的是，我们进行反面的判断，即判定某篇文章不是散文、随笔或小品。为了给我们的谈论一种公认的基础，我们不妨查一查《辞海》，《辞海》上说：随笔是"文学体裁之一，散文的一种。随手笔录，不拘一格的文字。中国宋代以来，凡杂记见闻，也用此名。'五四'以来，随笔十分流行，一般以借事抒情，夹叙夹议，意味隽永为其特色，形式多样，短小活泼。"这个定义看来颇适合中国宋代以来的"杂记见闻"之类，因为宋代洪迈写过一本《容斋随笔》，他说："予老去习懒，读书不多，意之所之，随即笔录，因其先后，无复诠次，故目之曰随笔。""随笔"一词，大概是首次出现在中国的文献里。前人评价此书"考证精审，议论高简"，可见作者说"读书不多，意之所之，随即笔录"不过是一种谦辞罢了。不过，我们可以看到，前人所谓"随笔"，是和"读书"有联系的，"读书"然后才"意之所之"，才"随即笔录"。这个定义还有"借事抒情"一节，与五四以来最为流行者相较，有些距离，与当今最为流行者相较，距离就更远了，因为今日所谓"随笔"，以说理为主，抒情尚在其次，当然，所谓随笔，并不排斥抒情，但是情在理中与直接抒情究竟不一样。除非我们把随笔归入小品文，否则我们是不能说随笔"借事抒情"的，倒是可以说，随笔是借事说理。"借事"很重要，没有"借事"，不成其为随笔。所借之事，往往从读书中得来。在二三十年代，小品随笔往往并称，似乎没有区别。所以有人说："随笔中论理之成分是非常少的"，这与现代随笔的情况大相径庭。不过，随笔与小品的区别，已有前人说起过，在此不必细谈。因此，《辞海》上的定义不能说是一个好的定义。

《辞海》上说"中国宋代以来，凡杂记见闻，也用此名"。也用此名这四个字，说得很含混，言下之意，仿佛宋代以来的随笔不同于五四以来的随笔似的，其实，两种随笔都不脱"随手笔录"的实质，不过，自五四以来，三言两语式的"随即笔录"少了，有一定篇幅的多了，说理的或寓情于理的多了。这种"多"与外国的理论的输入有关。朱自清先生说："现代散文所受的直接的影响，还是外国的影响。"他所说的"散文"，包括随笔。不过，这种外国的理论一旦输入，就多少有些偏差。例如，周作人1921发表一篇题作《美文》的文章，谈的是外国文学中的"论文"，尤其谈的是其中的一种，即"记述的，是艺术性的，即美文，这里边有可分出叙事与抒情，但也很多两者夹杂的"。周作人说的论文显然是法文中的essai，或英文中的essay，所谓"美文"是论文中之较短者。他没有说，所谓"美文"，也是以说理为主，我认为偏差由此而来。接着又有人谈"絮语散文"，英文所谓"familiar essay"，直接把法国的蒙田当作"絮语散文"的开山祖。接着又有人谈小品文，于是絮语散文和小品文合而为一，成为一个东西。对中国散文创作影响最大的是日本人厨川白村论英国essay一段话："和小说戏曲诗歌一起，也算是文艺作品之一体的这essay（散文），并不是议论呀论说似的麻烦类的东西……如果是冬天，便坐在暖炉旁边的椅子上，倘在夏天，便披浴衣，啜苦茗，随随便便，和好友任心闲话，将这些话照样移在纸上的东西，就是essay。性之所至，也说些以不至于头痛的道理罢。也有冷嘲，也有警句罢。既有humor（滑稽），也有pathos（感愤）。所谈的题目，天下国家的大事不待言，还有市井的琐事，书籍的批评，相识者的消息，以及自己的过去的追怀，想到什么就纵谈什么，而托于即兴之笔者，是这一类的文章。……在 essay，比什么都要紧的要件，就是作者将个人的人格的色彩，浓厚地表现出来。"于是，轻灵飘逸，幽默诙谐，一粒沙子上谈世界，半片花瓣上说人情，就成了人人追求的境界，就成了随笔的主流。偏差越来越大了，终于闹到把随笔中说理的成分赶尽杀绝的程度。国家的大事，家庭的琐事，个人的私事，统统在"废话和闲话"中化作"冷嘲"或"警句"，纵使有"滑稽"和"感愤"，也总是"以不至于头痛"为度的。这就是说，随笔的要义，在于闲适。厨川白村是反对将 essay 译作随笔的，他的反对有些道理，因为法文中的 essai 来自动词 essayer，有"尝试"的意思。但是，相沿成习，我们只好接受这种译法，补救的办法，就是发掘出 essay 的原有的含义，赋予随笔一种全新的意义，这样随笔可以容纳更多的内容，也不至于和小品文混为一谈了，因为随笔完全可以写上 10 万字，蒙田的随笔就有长达 12 万字的。

所谓随笔的"原有的含义"，其中之一就是它不总是"以不至于头痛"为度的。这头痛，不知是说的写的人的，还是读的人的，总之是和"暖炉"、"安乐椅"、"浴衣"、"苦茗"之类不相称的东西吧。英国人的随笔，我读的不多，已觉得不尽是"即兴之笔"。培根的简洁紧凑中往往藏着"诛心之论"，这是王佐良先生的话。要让人看出这种"诛心之论"，写的人要用心，读的人也要用心，用心则难免头痛。所以，头痛，并不是英国随笔的缺点。法国随笔，我读的稍多，敢肯定少有"即兴之笔"。蒙田的率意铺陈中常常伴有伤时之语，写的人要有意，读的人也要有意，有意则必然头痛。因此，头痛，更不是法国随笔的缺点。这两家的文字嘛，都是看上去"随随便便，和好友任心闲话"，实则举重若轻，功夫下在"店铺后间"（蒙田谓人人皆须为自己辟一"店铺后间"），

"店铺后间"是腹笥极厚的意思，非博览群书、融会贯通、有得于心不办。随笔给人带来思想的快乐，思想着的头焉能不痛？思想的快乐中有"头痛"存焉，谓予不信，看看罗丹的《思想者》就知道了。

"以不至于头痛"为度的随笔当然是有的。洪迈的"老去习懒"之作大概是的，本·琼生说的"不过是随笔家罢了，几句支离破碎的词句而已"大概是的，戈蒂耶说的"肤浅之作"大概也是的。随笔，essai，essay，在中国，在域外，都曾被小看过，都曾带过贬义，蒙田也曾自嘲"只掐掉花朵"（言下之意是不及其根也）。肤浅，率意，"不至于头痛"，的确是随笔的胎记，不过也仅仅是胎记而已，倘若一叶障目，看不到随笔的全貌，势必将我们引入歧途。我所说的"外国的理论一旦输入，就多少有些偏差"，其意在此。写滑了手，率尔操觚，或者忸怩作态，或者假装闲适，或者冒充博雅，或者以堕落为潇洒，或者以媚俗为直面，或者以不平常心说平常心，或者热衷于小悲欢小摆设，或者以放在篮子里的就是菜，甚至以吸一口香烟或玩一圈麻将的轻松为标榜，那就是以为随笔尽是"废话和闲话"，那就或深或浅地染上了斯塔罗宾斯基所说的"随笔习气"。

让·斯塔罗宾斯基是1984年"欧洲随笔奖"的得主，对随笔有独到的见解。让·斯塔罗宾斯基所谓"随笔"，指的是蒙田所创造的essai，我前面已经说过，我们不得已而译为"随笔"。根据让·斯塔罗宾斯基的考证和阐发，essai一词的含义有称量、考察、验证、要求、试验、尝试等等，甚至还可指"蜂群""鸟群"之类。总之，"essai即指苛刻的称量、细心的检验，又指展翅飞起的一群语词"。蒙田在他的徽章上铸有一架天平，同时还镌有那句著名的格言："我知道什么？"让·斯塔罗宾斯基认为，这种

"独特的直觉"表明，"essai 的行为本身乃是对于天平的状态的检验"。因此，蒙田的"随笔"实在是一种追寻和探索，一种对自我和他人（世界）的追寻和探索，并在两者之间建立和保持平衡。经过培根、洛克、伏尔泰、柏格森等人的运用，"随笔"表明了一种著作，"其中谈论的是新的思想，对所论问题的独特的阐释"。这种著作提请"读者注意，并且在他面前展示角度的变换，至少向他陈述使一种新思想得以产生的基本原则"。"随笔"既是内向的，注重内心活动的真实的体验；又是外向的，强调对外在世界的具体的感知；更是综合的，始终保持内外之间"不可分割的联系"。让·斯塔罗宾斯基说："写作，对于蒙田来说，就是带着永远年轻的力量、在永远新鲜直接的冲动中，击中读者的痛处，促使他思考和更加强烈地感知。有时也是突然地抓住他，让他恼怒，激励他进行反驳。"蒙田深知，"话有一半是说者的，有一半是听者的"。因此，蒙田的"随笔"展示了人和世界的三种关系："被动的依附，独立和再度掌握的意志，认可的相互依存及相互帮助"，这种关系使随笔成为一种"最自由的文学体裁"。这种文学体裁有其"宪章"，那就是蒙田的一句话："我探询，我无知。"探询而后无知，而不是无知而后探询，这是蒙田的思想的精义。让·斯塔罗宾斯基指出："唯有自由的人或者摆脱了束缚的人，才能够探询和无知。……强制的状态企图到处都建立起一种无懈可击、确信无疑的话语的统治，这与随笔无缘。""随笔的条件和赌注是精神的自由。"现代人文科学的广泛而巨大的存在"不应该减弱它的活力，束缚它对精神秩序和协调的兴趣"，而应该使他呈现出"更自由更综合的努力"。总而言之，"从一种选择其对象、创造其语言和方法的自由出发，随笔最好是善于把科学和诗结合起来。它应该同时是对他者语言的理解和它自己的语言的创造，是对传达的意义的倾听和存在于现实深处的意外联系的建立，随笔阅读世界，也让世界阅读，要求同时进行阐释和大胆的创造。它越是认识到话语的影响力，就越有影响……随笔应该不断地注意作品和事件对我们的问题所给予的准确回答。它无论何时都不应该背弃对语言的明晰和美的忠诚。最后，此其时矣，随笔应该解开缆绳，试着自己成为一件作品，获得自己的、谦逊的权威。"毋庸赘言，这是对现代随笔的一种全面、生动而深刻的描述，同时也是对文学批评的一种全面、生动而深刻的描述。可见文学随笔是文学批评的一种有效的形式。

文学随笔正是这样的随笔的一种，它以文学的问题为对象，以精神的自由为阐释的动力，要求语言的明晰和对美的忠诚。

现在我们来谈第二个问题：什么是好的文学随笔？

评定文章的好坏，是最难的一件事了。为什么？不是有标准在吗？可是标准是死的，而人是活的。人人都认为自己的文章好，再加上人的好恶不同，再好的标准也等于虚设。所以中国古人说："知音其难哉！音实难知，知实难逢，逢其知音，千载其一乎！"（刘勰）又说："作文难，论文尤难。""为文非难而知文为难。"于是，中国古人在论文方面分为两派，一派以为，例如曹丕，"文如精金美玉，市有定价，非人能以口舌定贵贱也。"一派以为，例如薛雪，"诗文无定价，一则眼力不齐，嗜好各别，一则阿私所好，爱而忘丑。"实际上，两派可归于一派，因为说"诗文无定价"者，不过是加上了评文的若干障碍，影响了人们对诗文的评价，标准等于虚设。这些障碍若是出于主观，尚可疗治。有一种障碍是出于时代，那是没有办法的事，我们只能与时并进，到了哪个时代说哪个时代的话（如果有人逆时代潮流而动，坚持一种独特的标准，那么，我对这种人表示敬意）。比如说蒙田的随笔，就是一种独特的随笔，其题目和内容不尽一致，尤其是后期的随笔，不但篇幅很长，而且内容远远大过题目。这是蒙田的风格的突出体现。例如，有一篇叫作《塞亚岛的风俗》，全文一万字，主题是"心甘情愿的死是最美的死"，文章的十分之九讲的是各种原因的自杀，引证的名人言论也不下十条，到了文章的最后，才姗姗而出塞亚岛的字样，讲了那里的一个故事，不足400字。例如，题目叫作《谈维吉尔的诗》，谈的却是爱情，更确切地说，是婚姻，是爱情与婚姻的区别，而且不是专门谈维吉尔，那著名的比喻："笼外的鸟儿拼命想进去，笼内的鸟儿拼命想出来。"就出自这篇随笔中。离题，这是蒙田的随笔的突出特点之一。他说："我愿意说明我的思想的过程，让人看到每个想法当初是怎样产生的。"因此，他的随笔犹如一个在林中穿行的人，不时离开森林看看田野的风光，这里是溪流，那里是野花，那里是庄稼，远处又有一只鸟儿在鸣唱……我国当代作家中，唯李健吾先生学得最像，离题而不离意。蒙田说得好："我的思绪接连不断，但有时各种思绪从远处互相遥望，不过视角是斜的。……失去我文章的主题线索的不是我，而是不够勤奋的读者。"这告诉我们，读蒙田的随笔，是要费些脑筋的。我所以说，日人厨川白村关于随笔"以不至于头痛"为度的说法不能用于蒙田，其原因在此。读蒙田的随笔是要"头痛"的，这种头痛带来的是思想的快乐和精神的享受。但是，我们今天恐怕只能说，某篇随笔若是出于蒙田之手，那么这篇随笔是好的，若是出于他人之手，我们可能就要说这篇随笔不好了，因为时代变了，人们的趣味不同了。人们可以欣赏蒙田的离题万里的随笔，若是今日有谁写一篇蒙田式的随笔，人们就会不耐烦了，非说"不堪足读"不可。再说，我们也看不到这样的作品，因为它早被编辑大人枪毙了。我倒是希望真有自费出版，把自家认为好的作品印出来，免得再过编辑这一关。这样，或许会有一些好的随笔出来。

我以为，好的随笔有两种，一种有新的思想，虽然表达不算好，仍是好文章。一种有新的表达，虽然说的是老生常谈，但是它说得好，让人爱看爱听，这就仍不失为好文章。也可以说有第三种好文章，既有新的思想，又有新的表达，好上加好，当然是好文章，只是这样的文章颇不易得。

有新的思想、新的看法要表达，所谓有新意，这是我们作文的主要目的。但是人类有几千年的历史了，我们中华民族就有五千年的历史，出现的贤人哲人不可以千万计，几乎把人在生老病死兴衰穷达诸方面的问题翻来覆去地谈了个遍，所以，在人文社会科学方面，后人若在前人的基础上增砖添瓦，其难度可想而知。就算我们在中国人面前表达了一个前人未曾表达过的观点，焉知在其他民族中没有人表达过？我在一篇文章中看到所引的某名人的一段话，说的正是这种情况："所有的新见都不过是未被揭露的重复，所有的正确都不过是未经觉悟的谬误。我们已经失去了偏执一端向这个世界挑战的信心和勇气，我们预先就看到了那种挑战的徒劳与可笑。"我们平时谈论一篇文章，说它"颇有新意"，那只不过是一种说法罢了，其实认真研究起来，未必真有新意。但是，如果新意中包括新材料和新知识，那么情况会有不同。我写过一篇叫作《曹操的面目》的文章，承编辑部不弃，给发表了出来，有人说这是"一篇意在笔外的好随笔"。播过电视剧《三国演义》之后，有人对剧中曹操的形象不满意，要求有识之士出来"还曹操以本来面目"，让人们看到一个"杰出人物、英雄人物、真男儿、大手笔的曹操"。我不同意这种看法，就写了这篇随笔。随笔的好坏，可以不论，若问它有什么新的思想，可以告诉大家：

没有，因为它的主要意思就是那么一句话："就以曹操而论，历史上的，文学上的，不会是一个人。"这里牵扯到一个根本的问题，即：文学上的曹操是主观的，是多少年来人们创造出来的，而历史上的曹操是客观的，是不以人们的好恶为转移的。这个道理，前人已经说过多少遍了，已经成为人们的常识了，但是这常识并不牢固，一旦时机成熟就会沉渣泛起。我只不过是把这个老生常谈的道理再说一遍而已。若一定要说"新意"，这篇文章倒有一点儿，就是："今日的中国人已经不喝'浊酒'了，却也不会'笑谈'了。"这里边隐含的意思是：中国人的物质生活水平提高了，精神上的潇洒却丧失了。再降低一格，这篇文章还有些新的知识，例如19世纪的法国人是从大仲马的小说中学习历史的，19世纪的英国人是从司各特的小说中学习历史的，然而这些本身已经变成历史了。这对中国人来说，可以说是一种新的知识或新的材料吧，言下之意，我们中国人也不必再从小说中学历史了。总之，一篇文学随笔中包含有新的思想，是很困难的，因此也是很珍贵的，因此，无论它表达得怎样，它都应该被看作一篇好的文学随笔。

第二种文学随笔，虽然说的是老道理，然而它说得好，说得妙，说得巧，让人有耳目一新的感觉，也就是说，它有新的表达，这也是好文章。所谓新的表达，就是有新的角度，新的用语，新的解说，新的阐发，哪怕是新的比喻。我们的文章多数是重复前人讲过的道理，只不过是角度不同，材料不同，解说不同，阐发不同，甚至比喻不同。只要有不同，就会给人一种新的感觉，有了新的感觉，就是一篇好文章。新思想不见得，甚至可以说，不可能天天有，而新的表达却可能随时产生。我写过一篇文章叫作《"池塘生春草"：康复者的世界》，说的只是关于两句诗（"池塘生春草，园柳变鸣禽。"）的解释，我发现波德莱尔关于康复者的观点，正好与宋人田承君和清人方东树的见解相合，于是指出，"池塘生春草"，乃是康复者的世界，表现了一个大病初愈的人对任何微末的事物都感到新鲜有趣的情景，进而推知一切艺术家对外部世界所应抱有的心态。"池塘生春草，园柳变鸣禽"，本是南北朝诗人谢灵运的诗句，已成为千古传诵的名句，一千五百多年来，历代的诗人或诗评家都讲过它的好处，无非是自然天成、若有神助之类，话虽然不错，但总觉得它没有搔到痒处。只有田承君、方东树两位从病愈入手，指出，"池塘生春草，盖是病起忽见此为可喜，而能道之，所以为贵"。果然，这两句诗是谢灵运"病起登楼"后写下的。我当然也可以直接表示，我同意这两位的观点，但是，别人也可以反驳我的观点，因为它只不过是若干观点之一种罢了。再说，我不是研究中国古典文学的，爱好是可以的，随便发表什么看法，恐怕还轮不到我。但是，我有了波德莱尔的观点作为援手，情况就大不一样了，我可以堂堂正正地从比较的角度写一篇东西，这个东西就是文学随笔。我也可以写一篇比较文学的论文，但是那需要更加丰富的材料和更加严密的论证，而我只想指出这样一个事实，更进一步的工作可留待别人去做。我认为这篇随笔完成了它的使命，从一个崭新的角度支持了中国文学史上的一种看法。所以，文学随笔是要表达新思想，但是更为经常的，是它以新的角度、新的语句表达人们已经熟知的真理。把老生常谈说得让人耳目一新，是文学随笔的主要任务。

说到这里，我来谈谈"文采"问题。孔子曰："言之不文，行而不远。"文采的重要，尽在此矣！后人关于文采说了那么多话，皆由此生发。孔子的意思是，所说的道理如果不加以文采的修饰，也可以传播，但是不能传播得广远。那么，什么是文采呢？按照《辞海》上的解释，文采有二义：一是错杂华丽的色彩，二是辞采，才华。前者指的是一件东西的外表所具有的色彩，文者，错杂也。不单指文章，或者说，经过后人的引申，才可以指文章。后者说的是文章的色彩，然而却没有说是什么样的色彩。一般人的误解正在这里。他们以为文章有文采，就要堆砌辞藻，浓妆艳抹，使之具有"错杂华丽的色彩"。反之，则认为没有文采。其实，这是在外面装点文章。这好比一栋房屋，使用的是伪劣的材料，外面装修得再好，也经不住风吹雨淋。正如宋人吴可所说："凡装点者好在外，初读之似好，再三读之则无味。"所以，孔子说的"言之不文"，不是说文章没有外在的华丽包装，而是说文章没有内在的表达手段，内在的表达手段，就是文采。苏轼在一封信（《答谢民师书》）中说得好："孔子曰：'言之不文，行而不远。'又曰：'辞达而已矣。'夫言止于达意，即疑若不文，是大不然。求物之妙，如系风扑影，能使物了然于心者，盖千万人而不一遇也，而况能使了然于口与手者乎？是之谓辞达。辞至于能达，则文不可胜用矣。"有人认为，"行而不远"和"辞达而已"是互相矛盾的，言真即可，用不着修饰。苏轼反驳了这种看法，指出辞达并不是一件容易的事，不但要了然于心，而且要了然于口与手，我在这里还要说，不但了然于口，而且要了然于手，因为有人虽然了然于口，而并未了然于手，还是写不出好文章。所以，辞能达或不能达，文的作用不可忽视，而这并不关乎辞藻的华丽。"辞达"可以分为能达和不能达，我认为，苏轼对于孔子的话给予了正确的解说。苏轼说得对，辞至于能达，就说明了它有文采。中国古代画论有"墨分五色"或"墨有六彩"之说，我看可以移来说文。所以，华丽不是文采，四六骈句不是文采，只有适度的华丽和必要的四六骈句，才可以称得上文采。简洁是文采。清人刘大魁说得好："文贵简。凡文笔老则简，意真则简，辞切则简，理当则简，味淡则简，气蕴则简，品贵则简，神远而含藏不尽则简，故简为文章尽境。"我要补充一句说，简而洁是文章尽境。洁者，干净也。有繁而不觉其长者，这时的繁仍是简。刘大魁又说："文贵华。"这里的华，只不过是适度的华丽而已。因为他又说："所恶于华者，恐其近俗耳。"过度的华丽，就近于恶俗了。

　　传统观点认为，语言是思想的外衣，是形式与内容的关系，是一种依附的关系。这与现代语言学的看法大相径庭。现代的观点认为，形式即内容，所谓有意味的形式，因此，注重内容的表达方式，是一篇随笔成功的决定性因素。能够欣赏语言，不是每个人都能做到的。拥有欣赏语言的能力，是一个从事写作的人的幸福。中国有句古话："文章本天成，妙手偶得之。"文章是否"天成"，且不去说它，但是，"妙手偶得之"是不错的。"偶得"的机制是什么，我没有能力去研究，我看还是把它归于偶然性吧。写出好文章是偶然，但是看到好文章就不是偶然了。这种看到好文章的能力是需要培养的，但是"入门须正"，养成一种正确地欣赏语言美的能力。我希望大家有朝一日都能具备这种能力。我希望我们能天天看到好文章，我也希望我们能不时地写出好文章。

　　总之，好的文学随笔，一是有新的思想，二是有新的表达，二者兼得最好，如不能兼得，各占一端亦好。中国古人说："文无定法。"好文章的面目是多种多样的，但是有一个原则，即读起来不觉得厌烦。

　　现在我们来讲第三个问题，如何写好文学随笔？

　　由我来讲这个问题，真有些不自量力，仿佛我是一个写文学随笔的大师，来给大家讲作文秘诀。说实在的，如何写好文学随笔？我也不知道。古人说："文无定法。"或者，"文成法立。"这就决定了一切关于如何写好文章的说法，都失去了存在的根据。

但是，既然我讲了什么是好的文学随笔，就必然要讲一讲如何达到好的途径，这是其势使然，不得不如此了。我不讲如何寻找主题，不讲如何谋篇布局，不讲如何遣词造句，也不讲如何刻意求新，这些东西在任何一本讲写作的书中都可以找到，至于能不能实际地运用，那就看大家的造化了。今天我讲一讲个人的体会，或者说，我是怎样写文学随笔的，可能具有某种可操作性。

首先，要善于读书。

读书人，顾名思义，就是以读书为爱好、为职业的人。对这样的人，提出读书的问题，岂不是大水冲了龙王庙？我以为未必。我不必说读死书死读书读书死，那样说对我们读书人有点不公平。我只说要读各种各样的书，要读杂志，读报纸，要扩大我们的知识面，要活跃我们的头脑。要把一种书当作许多种书来读，我的意思是，当你为了写论文而读书的时候，你是为了你的主题而在书中找材料，那么，你不妨把暂时用不着而又可能有用的材料记下来，这时，一本书就变成了许多本书。专著当然要读，单篇的文章更要读，新鲜的思想、新鲜的语言往往在文章里。读书的时候，若碰到可能有用的材料，要不怕麻烦地记下来，否则，越是怕麻烦，日后的麻烦就会越多。我就有怕麻烦的毛病，许多有用的材料当时没有记下来，到了真用得上的时候，就得花更大的工夫去找，记得的还好，有许多恐怕记都记不得了。我们并不是每读必写，有人以为，读书是为了写作，而仅仅是为了写作，这是以读书为职业的人的态度。我认为，这种态度使我们成为读书的机器，失去了大部分读书的乐趣，这不能不说是我们的悲剧。我们应该不带目的读书，应该只为了乐趣读书，起码有些书是应该这样读的。让写作的题目自然而然地产生。我说过，随笔是读书的产物，所以，善于读书是写好随笔的关键。

其次，要善于积累。

我们的主要任务是写论文、写专著，写随笔只是业余的事情，所以，当你有了写随笔的主题之后，要会积累材料，才能最后完成一篇随笔。原则上，随笔可以处理任何主题，但是，往往你有了一个主题，却苦于材料不够。随笔所需要的材料不可过多，亦不可过少，只有一个材料要完成一篇好随笔是很困难的。你不妨用一张卡片记下你的主题和你的材料，然后去读书，遇到有用的材料就记下来。你不必刻意去读书，去找你的材料。你随意读书，总能遇到你的材料，等到你的材料够了，你也考虑得差不多了，这时你开始写，用不了多长时间，一篇随笔就完成了。或者，你先有材料而后有主题，材料又太少，也可照此办理。

比方说，《"池塘生春草"：康复者的世界》这篇文章，我是在翻译波德莱尔的《现代生活的画家》这篇文章时，对他关于康复者的观点有印象，后来我在读中国诗话时读到田承君有关"池塘生春草"的看法，突然想到两者的联系，这才有了写作的冲动，但是当时材料太少，我就陆续地把所有能够找到的诗论诗话找来，就这样把历代关于"池塘生春草"的评论找齐，说是找齐，其实不一定要完整，只要有代表性的材料齐了就行。材料不是一下子找到的，是逐步积累的，因为这不是一项任务，用不着着急。如果你做了很多卡片，随读随记，就会经常有成熟了的题目，只怕你没有时间来完成它。

第三，要善于联想。

随笔要写得有趣有味，没有想象力不行，没有想象力的随笔是干瘪的随笔。试想一篇干巴巴的随笔，开篇即讲主题，讲完主题戛然而止，所谓"黄茅白苇，一览无余"，读者怎么会读得有兴味呢？但是想象力不是凭空而来，要紧紧围绕着主题生发，而且随笔的想象力也不是幻想，不是无根之想，仍然是一些材料，是读书的结果，只不过它可能不是和主题有直接的联系。这样的随笔才能激发读者的回应，使他浮想联翩，收到意在言外的效果。这样，一篇文章即说明了主题，又使读者联想到其他，一石而二鸟，岂不妙哉！其实，我这里所说的想象力，更确切地说，应该是一种联想力，万方辐辏。而至于主题，比如《曹操的面目》这篇文章，其主题原本是"历史上的，文学上的，不会是一个人"，但是这主题由"中国人不再喝浊酒"而来，中间加上大仲马、司各特、库赞、子路、韩愈、卢梭、托尔斯泰、蒙田等人烘托，在主题之外，引人多少遐想！正是："青山依旧在，几度夕阳红；古今多少事，都付笑谈中。"其中的关键在于"一壶浊酒喜相逢"。如今的人们，既无浊酒，相逢亦不喜，自然没有笑谈了，一切都以现实的功利为准，岂不悲哉！而这不过是一篇两千字的文章。

可以有许多办法写成一篇好的文学随笔，我这里只说了三条，我认为是最重要的，当然语言的打磨也很重要，但那是要看个人的心得的，近年来人们喜欢讲"悟"，我看悟来悟去，最重要的悟是对语言的美的悟。一说起"悟"，那就讲千言万语也没有用，还是大家去体会吧。

我的话讲完了，请大家批评指正。

2005 年 5 月，北京

谈文学翻译

今天来跟大家谈翻译，并非传授什么经验，而是就翻译过程中常常遇见的几个问题交流一下看法，如能对翻译的进步有所帮助，那就是我最大的愿望。外文所的工作是就外国文学进行学术研究，翻译是题中应有之义，当然，我们的翻译应该是理论的翻译和外国文学名著的翻译。我今天讲的主要是名著的翻译，打算讲八个问题。

一、要有一个切实可行的翻译原则

我对于文学翻译，只是业余爱好，但比之作为本行的"研究"，似乎更多一些敬重。从存活的可能性上说，一部好的译品更有机会活得长久，而一部或一篇洋洋洒洒的论文，倘能为读者指出些许阅读的门径，已属难能，若想传之久远，庶几无望，此非我辈所敢求者。

虽说是业余爱好，这文学翻译究竟是一项严肃的事业，须满怀热情地认真从事，并多少该有些自尊自重自豪感。因此，一个动笔翻译的人可以没有系统周密的理论，却不可以没有切实可行的原则。他必须对什么是好的翻译有自信而且坚定的看法，但是他不一定要固执地认为只有一种翻译是好的，其余的都是坏的。我对翻译提出的标准，多半是一个读者的标准。

在中国的翻译界，自严复首标"译事三难：信、达、雅"之后，又有"忠实、通顺和美"、"不增不减"、"神似"、"化"等说法提出，近来又有主张文艺学派的人对所谓语言学派大张挞伐。主张虽多，又各据其理，然就其可操作性来看，鲜有如"信、达、雅"之可触可摸、可施可行者。我甚至有一种近乎愚钝的想法，这种种的说法似乎都还或近或远地在"信、达、雅"的树荫下乘凉。当然也有不少人欲破此"三难"之说，但看来是攻之者众，破之者寡，譬如攻城，打开一两个缺口，整座城池却依然固若金汤。何以故？怕是"信、达、雅"三难确是搔着了文学翻译的痒处。只要我们与世推移，对"信、达、雅"之说给予新的解释，就会给它灌注新的生命力。并非所有的新说法都显示了认识的深入和观念的进步。

"信、达、雅"中，唯"雅"字难解，易起争论，许多想推倒三难说的人亦多在"雅"字上发难。倘若一提"雅"，就以为是"汉以前字法句法"，就是"文采斐然"，是"流利漂亮"，那自然是没有道理的，其说可攻，攻之可破。然而，可否换一种理解呢？试以"文学性"解"雅"。有人问："原文如不雅，译文何雅之有？"提出这样的疑问，是因为他只在"文野""雅俗"的对立中对"雅"字作孤立的语言层次上的理解。如果把事情放在文学层次上看，情况就会不同。倘若原作果然是一部文学作品，则其字词语汇的运用必然是雅亦有文学性，俗亦有文学性，雅俗之对立消失在文学性之中。离开了文学性，雅自雅，俗自俗，始终停留在语言层次的分别上，其实只是一堆未经运用的语言材料。我们翻译的是文学作品，不能用孤立的语言材料去对付。如此则译文自可以雅对雅，以俗应俗，或雅或俗，皆具文学性。如同在原作中一样，译文语言层次上的雅俗对立亦消失于语境层次上的统一之中。如此解"雅"，则"雅"在文学翻译中断乎不可少。

总而言之，译事三难：信、达、雅。信者，真也，真者，不伪也；达者，至也，至者，无过无不及也；雅者，文学性也，文学性者，当雅则雅，当俗则俗也。信、达、雅齐备，则入"化境"；然而"彻底和全部的化，是不可实现的理想"，于是而求"神似"。因此，我认为，对文学翻译来说，信、达、雅仍是可用的标准，仍是"译事三难"。

我服膺朱光潜先生的话："好的翻译是文从字顺的直译。"

二、略说译者的心态

我这里所说的译者，是指文学名著的译者。翻译一本有定评的世界名著，和翻译一本名不见经传的普通著作，译者的心态可以是不同的，这并不是势利眼，而是每一个译者所经历的真实的情况。当然，这并不妨碍我们说，译者要认真严肃地对待落在他手上的每一部作品。

译者是一个很复杂的群体，其中有以翻译为职业的人，有以翻译为副业的人，以翻译为职业的人当然有选择的权利，但是他的这种选择权是有限的；以翻译为副业的人从事翻译，有的是为了谋利，虽然文学翻译不是一个有效的谋利的途径，有的是为了专业的需要，例如搞文学研究的翻译某一本书，有的纯粹是为了爱好，我对这样的人表示敬意。但是，无论哪一种译者，他们都有可能某一天碰到一本名著，这样就有了一个心态问题。所谓心态，就是译者以何种姿态面对原作。

我认为，译者对于名著，有三种可能的心态，即：高于原作的心态，与原作平等的心态，低于原作的心态。试分别论之。

第一种，译者采取高于**原作**的心态。

译者采取高于原作的心态，就会取俯视的姿态，认为原作不尽符合自己的审美情趣和标准，句子过长或过短，结构显得怪异，词汇也不如想象中那么丰腴华美，他试图在译文中予以补救或美化，进行所谓的"文学翻译"。他想象原作者若用译语进行创作，当会更美。于是，他就用一系列美的词汇来翻译他认为不美的原文中的词汇，他把原来过长的句子截短或过短的句子拉长，任意改变句子的结构，他甚至为了审美的目的而对原作有所增删，例如把作者暗含的意思挑明，把原文中的极具民族特色的明喻和暗喻换成译语民族习见的比喻，总之，他是在别人的园子里挥舞锄头，把一切他以为不良的禾苗尽行剪杀。这就是把翻译看成是美化的翻译观，译者提供的是一个铺锦列绣、雕缋满眼、自以为美的译本。更有甚者，他会像钱锺书先生所说的那样："一个能写作或自信能写作的人从事文学翻译，难保不像林纾那样手痒；他根据自己的写作标准，要充当原作者的'诤友'，自以为有点铁成金或以石攻玉的义务和权利，把翻译变成借体寄生的、东鳞西爪的写作。"然而，他心目中的美的词汇、语句的结构和长短等等，是否就真的是美的，他认为原文中的不美是否真的不美，他认为原作中隐晦的含义是否真实，往往是一个很大的疑问。事实上，一个单独的词和语句，很难说得上美与丑，须在一定的语境中才能加以判断，再说，一个人对于非母语的美与丑很难有铢两悉称、无微不至的体会，这得借助别的手段，例如以原文为母语的人的评论，才能加以差强人意的判断。原文中的比喻是在深厚的民族传统中形成的，倘若换上译语民族耳熟能详的比喻，则异域的色彩丧失殆尽，钱锺书先生说得对："比喻正是文学语言的根本。"文学语言的美与丑并不在美与丑的词汇和语句的使用，而在于使用的恰当，所以才有波德莱尔的"从恶中挖掘美"的诗歌语言，而波德莱尔的诗歌语言是美的。"美化之艺术"往往片面地理解文学语言的美，以为其美尽在于词汇，所以堆砌辞藻成为追求美、追求精彩的主要手段，文章于是变成词语华美典雅、音调和畅悦耳、充满四六句的骈俪之文，若是原文的风格是古直、瘦硬或是通俗的呢？那就对不起了，因为译文原本是要美化的呀。所以，在这种心态的指导下，所提供的译文是一种所谓"归化"的译文，我不取这种姿态。

第二种，译者采取与原作平等的心态。

译者采取与原作平等的心态，就会取平视的姿态，仿佛两个朋友或一对恋人，执手相对，一言一语，一颦一笑，都在对方的心里引起同情的理解，达到心心相印的程度，就是说，译者完全融入原作。傅雷说："选择原作仿佛交朋友；有的人始终与我格格不入，那就不必勉强；有的人与我一见如故，甚至相见恨晚。"董桥说："下等译匠是'人在屋檐下，不得不低头'，给原文压得扁扁的，只好忍气吞声；高等译手是'月上柳梢头，人约黄昏后'，跟原文平起平坐，谈情说爱，毫无顾忌。"又说："好的翻译是男欢女爱，如鱼得水，一拍即合。读起来像中文，像人话，顺极了。"这是译者与原作之间的一种理想状态，可望而不可即。人们常常说，读古人书，就像与古人谈话，然而是"像"而不是"是"。古人留下的是一个固定的文本，你只需听就行了，或者只是听你一个人在说，他并不回答，你若想得到他的回答，必须针对他的回答提出问题，所以谈话是单向的。如果是活着的人，双向的谈话当然是可能的，然而必须是离开文本而就文本来进行，这样的机会实际上是极少的。所以傅雷说"仿佛"，说得有分寸，而董桥的话说得有些绝对了，丧失了分寸感。"人在屋檐下，不得不低头"，不见得要"给原文压得扁扁的"，更不见得要"忍气吞声"，有了原文在，不管你使出多大的腾挪功夫，也会像孙悟空一样，飞出十万八千里，落下来还在如来佛的手心里。译者本来就在原文的"屋檐下"，怎么能不低头呢？"月上柳梢头，人约黄昏后"，平起平坐，谈情说爱，非得约到人不可，约不到人，你和谁谈情说爱？如果你约到的人是一个古人，或者是一个远在千里之外的现代人，他的话就在那儿，容不得你插嘴，你怎么能谈情说爱？再说，还有思想上的原因，使你不可能处处与原作者平等，很可能有你所不能同意的地方。这里不关乎译者的水平，可能译者是一个大学者大作家，而原作者只不过是一个普通人，可是你一旦面对原文，你就必须怀着恭敬的心情细心地聆听他的声音。所谓"平起平坐"，所谓"谈情说爱"，所谓"毫无顾忌"，只不过是译者的一厢情愿罢了。其实，"下等译匠"和"高等译手"的区别并不在这儿。所以，与原作平等的心态终会迫使一个译者不是采取高于原作的心态，就是采取低于原作的心态，我也不取这种姿态。

第三种，译者采取低于原作的心态。

译者采取低于原作的心态，就会取仰视的姿态，仿佛面对大师，先就有一种谦虚和崇敬的心情，你得尽心地去理解和体会，理解其含义，体会其风格，然后才会想到如何用译语加以传达。理解当然是理解原作说了什么，还要理解它是怎么说的。如果是一部名著，它就存在着多种阐释的可能性，作为译者，他就要把这种可能性表达出来，而不是用自己的阐释排斥其他的阐释，固定或限制读者的想象力。我不敢自诩原作者的朋友，也不敢期望与原作者平起平坐，我只能小心翼翼地跟随他，尽可能忠实地传达他的意思，既不过亦无不及。我会选择合适的词汇，而不是美的词汇，尤其要避免采用具有民族特色的成语，我不会无条件地回避西化的译法。我也可能有不理解的地方，虽经种种的努力仍是不解，那么，我不会强作解人，我会如实地翻译出来，我相信有比我高明的读者。我不能想象作者使用译语来创作，他只能用母语创作给本民族的人看，如果他选择一种外语作为创作的语言，其对象也是使用这种外语的人。为所有的人创作的作家是不存在的，而真正能感动一个民族的作品，才能感动其他民族，成为全世界的共同精神财富。好奇是人的天性，也是民族的天性，一个人、一个民族有着探索和吸收其他人、其他民族的精神世界的需要，因此，越是民族的，才越是世界的，世界才是丰富多彩的。这决定了翻译作品必然有别于本国的作品，不仅在内容上有别，而且在形式上有别，它带来了新的词汇、新的句子的结构和新的篇幅的面貌。汉语言是发展变化、逐步丰富起来的，它今天能够体贴入微地翻译其他民族的文字，也是它在其发展过程中不断地吸收其他民族的语言精华的结果，而这种吸收是没有尽头的。我要让中国人知道，外国也有好的诗、好的散文和好的小说，而不必采取中国人喜闻乐见的形式。当然，面对一个大师的作品，不必像"小孩子跟着巨人赛跑一样"，完全可以像学生和老师，他有着一颗虔诚的心，他愿意竭尽心力把老师的思想介绍给同胞。事实上，当今的中国人懂外文、了解外国的越来越多，他们希望看到既有洋味又符合中文习惯的作品，而不再满足于所谓"归化"了。其实，现代的中国人、现代的汉语，其容纳和消化异质的力量是很强的，往往超过了人们的想象。钱锺书的文章，西化的成分是最强的，例如，他说："孟德斯鸠的'神笔'，和林译的钝笔，成为残酷的对照。"这"对照"前面加上修饰语"残酷的"，就是典型的西化的用法，然而谁能说钱锺书写的不是中文呢？可以说，只有取低于原作的心态，才能保证你客观地对待原作，所以，我愿意采取这种姿态。

当然，译本的好坏不完全取决于译者的心态，这是不言而喻的；而且一个译者在翻译的过程中，其心态完全可以有变化，这种变化对于译本的质量是有影响的，而这种影响不可一概而论。但是，无论怎么变化，一个译者在接触原作的开始时决定取什么心态，起着关键的作用，它将大体上规范翻译的全过程。译文呈现出不平衡的状态，说明了译者心态的失衡，这就是我们经常看到的译文时雅时俗的状况的原因，当然这不包括原作者出于修辞的原因而故意做成的雅俗失衡的状况。一个译者面对原作取什么心态，可能并不是自觉的，这样他就失去了控制，游移于三种状态，这显然对于译文的质量是极为不利的。我认为，一个成熟的译者在翻译之前，必定会自觉地决定采取什么心态，并且一以贯之。

三、何谓"纯粹之中文"

语言是发展的，中国语言并没有例外。它除了从古代和民间汲取营养外，还不可避免地从外国语言取用新的表达方式和新的词汇，所谓"纯粹之中文"是不存在的。退一步说，若言"纯粹"，桐城派古文倒有几分像，李绂有《古文词禁八条》，吴德旋有古文"忌小说"等五忌之说，林琴南有《论文十六忌》等等，正如钱锺书先生所说："受了这种步步逼近的限制，古文家战战兢兢地循规守距，以求保持语言的纯洁性，一种消极的、像雪花那样而不像火焰那样的纯洁。"值得庆幸的是，"'古文'的清规戒律对译书没有任何裁判权或约束力"。翻译能够进行，使用的必然是一种"不纯的中文"。这种中文虽不纯而毕竟是中文，可能还是好的中文。

我们有各种各样的中文，有古代的中文，这古代又可分为好几代，有各种方言，也有现在通行的、以普通话为基础的白话文，但是没有一种"纯粹之中文"。傅雷曾经说过："我国语体文历史尚浅。""白话文跟外国语文，在丰富、变化上差得太远。"他又曾经说过："不妨假定理想的译文仿佛是原作者的中文写作。"那么这里的"中文"到底是哪一种中文呢？恐怕只能是一种发展变化中的中文，而不会是那种"纯粹之中文"。对于傅雷先生的主张原是不可以泥于字句的，例如我们如何理解"仿佛"二字？一个外国作家对中国读者讲话，无论如何讲的也是外国的人和事，"把外国人变成了中国人岂不是笑话"！有人把四字成语奉为至宝，仿佛充斥着四字成语的中文就是打遍天下全无敌的中文。我不知道这样的中文到底是什么样的中文。翻译本身承担着发展中文的任务，那种动辄把拒绝滥用四字成语的译文称作"洋泾浜中文"的做法，是一种耸人听闻、不负责任的恫吓战术，为认真探讨翻译艺术的译者所不取。

主张利用四字成语来发挥汉语优势的译者内心中潜藏着作家的欲望，于是"得意忘形"和明白道出"言外之味"就成了他们的方法论，他们的所谓"再创作"无非是想用译者之手代替原作者之手来写一篇自以为妙的文章。翻译是一种创作，但它是有限的创作。有意必有形，有什么样的意，就有什么样的形，意和形是一致的。翻译家本应该是谦虚的，只能从原作的"形"中得"意"，不能舍原作的"形"取自家的"意"。离了原作的"形"，谁能保证你得的确是原作的"意"呢？"言"和"味"的关系亦复如此，"言外之味"是要由读者自己去体会的，翻译家的任务不是将这"味"表现为文字，而是要用文字引导读者体会这"味"。正如傅雷先生所说："在最大的限度内我们是要保持原文的句法的，但无论如何要叫人觉得尽管句法新奇而仍不失为中文。"这"句法新奇而仍不失为中文",正是翻译作为艺术的关键所在。这里,我想赠送钱锺书先生的一段话:"正确认识翻译的性质,严肃执行翻译的任务,能写作的翻译者就会有克己工夫,抑制不适当的写作冲动,也许还会鄙视林纾的经不起引诱。但是,正像背着家庭负担和社会责任的中年人偶尔羡慕小孩子的放肆率真,某些翻译家有时暗恨自己不能像林纾那样大胆放手的……"我们还是不要做钱锺书先生所批评的"某些翻译家"吧。

四、不妨依样画葫芦

"信、达、雅"的标准不妨用于诗的翻译。如此译诗,则不惟诗的意、言、象、境不能改变,就是形式如音韵格律、诗句的长短、诗行的数目顺序等也不能置于不顾,换句话说,不妨依样画葫芦。我这里说的是法文诗,不包括其他语种的诗。由于两种语言、两种文化及其他许多因素的巨大差异,完全做到形似也是有困难的,首先字母换成了方块字,便已不似;即使译某一首诗时做到了形似,也终归还是"似",不是等同。因此,我的译诗也只能是力求在形式上与原诗一致,例如,原诗是十二音节的亚历山大体,译诗便出以十二个汉字,原诗为十音节诗,译诗便出以十个汉字,余类推。韵式亦与原诗一致,如交韵(abab)、随韵(aabb),抱韵(abba)等。译者本不精于法国诗律,所谓"在形式上与原诗一致",也只是"力求",求其大体不差,例如,押韵,求的是顺口顺耳,不曾去查外国或中国的韵书;而精微之处,如行中大顿、跨句等等,实难做到亦步亦趋,如影随形,只好弃之不顾了。例如,波德莱尔是写十四行诗的大家,所作虽多为不规则十四行诗，但用韵并不含糊，而我的译诗只能在音节、韵式上求仿佛，而不能尽照其阴阳韵的安排，甚至原诗五韵而译诗则六韵，等等。试举一例。《流浪的波希米亚人》，十四行，每行十二音节，五韵，韵式为 abba/abba/ccd/eed/，译诗欲亦步亦趋而不能，只好应以十四行，每行十二个汉字，韵式则改为 abba/cddc/eef/eef/，不是五韵而是六韵了。力求肖似其形，无非是希望读者在阅读时能想见原诗的形貌，窥个仿佛也好。

法国格律诗向来称八音节诗、十音节诗、十二音节诗等等，如我国称五言、七言等，足见音节在法诗中的地位。有人对以汉字应音节颇不以为然，理由是法语为多音节，汉语为单音节。其实不然，现代汉语中单音节的词是很少的，甚至在翻译中不敷使用，总嫌其少，而不嫌其多。用十二个汉字模仿法诗的亚历山大诗行常常可以做到惟妙惟肖，包括节奏、停顿、重读等等。

以译诗的字数对应原诗的音节，其结果是形成一种诗行相当齐整的诗，具有一种视觉的美感，当然有的眼睛以错落为美，不过错落须有致方为美，否则不美，若蓬头垢面然。此处不拟细论。总之，这种齐整的诗行难逃"豆腐块"之讥。其实，"豆腐块"为人诟病，罪不在齐整，而在其削足适履造成的佶屈聱牙之苦，倘若可读可诵，既顺耳又悦目，"豆腐块"何罪之有？实际上，法国古典格律体诗正是一方方略见毛边的豆腐块。

译诗应保持洋味洋相，又能让国人读得通听得懂（不一定要一读即通，一听便懂而"想也不用想一想"），则不必成为国人喜闻乐见的熟面孔，金发碧眼的美人不必穿上旗袍才能成为君子好逑的窈窕淑女。有人主张译诗要民族化，不知如何化法？化成什么？有人说译诗可以在某种前提下进行"得意忘言"式的创造，也不知能创造出什么？再说何谓"得意"？你怎么知道你果真"得意"了？换了一种"言"，别人还会得出原来的"意"吗？与其让译者把自己得的"意"强加给读者，莫若让读者在尽可能保留下来的形象、词语、节奏中自己去"得意"。其实，诗的"意"是有限的，而"言"则是无限的，诗人的创造性往往表现为"人人心中所有，人人笔下所无"，怎么能"忘言"而让诗人的有也变成无呢？让国人以为洋人也写古风、排律或西江月浣溪沙，未见得是一件值得称颂的事。偶一为之，博人一笑，玩一次语言的游戏，也有其趣味在，但究竟不是正途。我们有别的办法让国人知道，洋人也能写得一手好诗，律绝词曲之外也有可以被称为诗的东西。

五、慎用"四字成语"

我来谈一谈译文中使用"四字成语"的问题，因为在一些译者看来，"翻译腔和四字成语之间的斗争，是中国翻译界的大是大非的斗争，是中国文化能否走向世界的关键"。

首先，把翻译腔和四字成语作为对立的两极，似乎主张慎用四字成语的就一定主张翻译腔，这是错误的。查时下的翻译，那种字对字句对句所谓"字比句次"的欧化翻译确实不多见了，倒是不顾原文的风格单纯追求译文的华美时有所见。有的译者大造舆论，且名之曰"美化之艺术"，要"发挥译语的优势""以少许胜人多许"，而其法宝或其法宝之一就是"四字成语"。因此，成为对立的两极的不是翻译腔和四字成语，因为四字成语并不能避免翻译腔，而是慎用四字成语和滥用四字成语，是把翻译看成沟通和交流还是把翻译看成是两种语言文化的竞赛。

傅雷先生说得对："要提高译文，先得有个客观标准，分得出文章的好坏。"四字成语（包括四字结构的词汇）当然是中国文化的瑰宝，但是四字成语的运用不能保证就是一篇好文章，因为中国语言也是发展的，"汉赋"的时代早已过去，今人已不再欣赏充斥着四六句的文章了。中国有许多语言大师，从来没有任何人把四字成语的运用当作好文章的必要条件，倒是有作家认为写小说少用四字成语为好，例如沈从文。此无他，因为小说的语言之美在于个性化，也就是有个人的风格。堆砌辞藻，包括滥用四字成语，诚可雕缋满眼，亦能铿锵悦耳，但绝不是好文章。这种文章我们见得多了，如果是老年人写的，我们会说他"油滑"或者"陈词滥调"；如果是年轻人写的，我们会说他"稚嫩"或者"不成熟"。对于那些把四字成语之类当作汉语的优势而不择地择时加以发挥的译者，我只能说他们分辨不出"文章的好坏"。

有的译者把"四字成语"看成是汉语的最好的表达方式之一。可以少许胜人多许，以四个字表达原文十几个字的内容，于是就取得了竞赛的胜利，并且是进行了"再创作"，得入"化境"。可是实际上做起来，往往是一个成语只能译外文中的一个词，以自己之多对他人之少，哪里有什么"以少许胜人多许"呢？即以《红与黑》中于连的遗言为例，短短四行字就用了五个四字成语，即"锦绣河山""雄心壮志""热情奔放""居高临下"和"高枕无忧"，其实并不比别的译法来得精练，只不过是把"最富庶的省份"、"野心"、"激情"、"位置"和"羡慕"译成了四字成语罢了，字数反而多了。这还是只看字数，若是再看看内容，可议的地方就更多了，例如杨绛先生就说："翻译西方文字的时候，（四字成语）往往只有一半适用，另一半改掉又不合适，用上也不合适。"把外文内涵丰富但可能曲折婉转的句子随便裁弯取直，用四字成语来代替，难免大而无当，丧失其含义，如果这成语有特殊的含义或者地方色彩，还会使人发生匪夷所思的联想，这是任何一位严肃认真的译者所不愿为的。

其实，使用四字成语，本来是译者个人的事，也是读者个人的事，喜欢的尽管坚持，大不了是一本书的事，本不值得费此口舌，非在此辩个究竟不可。但是有人把用不用四字成语看成大是大非的斗争，非要争个第一把交椅，而且作为明日之译坛的厚礼推荐给大家，这就不是个人的事了。我的态度很简单：我不接受。

六、少用甚至不用修饰语

《红与黑》的基本风格是简洁自然，基于这种把握，我在动笔翻译的时候，首先想到的是，严格控制形容词的使用，决不无缘无故地增加修饰语，因为现代汉语的形容词总嫌太多太滥，有时并没有增强或减弱的作用，不过是一些出于习惯的、毫无意义的陈词滥调罢了。例如，不必遇雪就称"皑皑"，遇马就称"骏"（顺便说一句，斯丹达尔认为，"不说马而说骏马，此为虚伪也"），遇大雨就称"滂沱"，遇小雨就称"霏霏"，遇到女人身上的物件就称"玉臂""酥胸""纤手""秀足"等等。第一章《小城》第二段有这样一句：

Les cimes brisées du Verra se couvrent de neige des les premiers froids d'octobre.

Brisées 译作"嶙峋"，既方便又现成，但不如径直译作"破碎"，既鲜明生动，又贴近原文；neige 则译作"雪"，连"白"都不要，遑论"皑皑"。原句是简洁的，现译作："十月乍寒，破碎的维拉峰顶便已盖满了雪。"不见一个废字，可称简洁。

其次，尽量避免使用成语或四字词语。成语自然是汉语的特色，极富表现力，具有深厚的文化内涵，但用在文章里讲究巧妙和适当，用多了反而会给人一种陈腐感或不成熟感。

用在译文里更要慎之又慎，否则会引起错误的乃至不伦不类的联想，实为翻译的大忌。至于把它当成点石成金的法宝，就更不可思议了。且看《红与黑》的第一句：

La petite ville de Verrière peut passer pour l'une des plus jolies de la Franche-Comt.

斯丹达尔无意作惊人语，故起得自然平淡，有娓娓道来的风致。然而译家，特别是后来诸君，大概鲜有不想先声夺人的，故起得用力，一个"风光秀美"竟不解气，还要来个"山清水秀，小巧玲珑"，其实何如"漂亮"二字，既指"秀"又指"小"，以少许胜人多许？故译作"维里埃算得弗朗什-孔泰最漂亮的小城之一"，具有简洁之美。最近我又考虑，是否可以把"之一"两字去掉，因为"最漂亮的小城"的说法不过是一个模糊的说法，不见得就是第一第二的排座次，再说"之一"之类不是小说的语言。又如最后一章有"les plus riches provinces de France"一语，译作"法国那些最富庶的省份"，平实而少枝节，倘若译为"锦绣河山"，则未免空洞，亦不准确，何况法国人并不以"锦绣"称河山之美，而且于连当时关心的只是"富庶"而已。成语是用了一个，却难说以四字胜了十字，优势安在？

七、一句挨一句翻

动手翻译，第一个问题就是以句子为单位，还是以段落为单位。杨绛先生说："翻译得把原文的句子作为单位，一句挨一句翻。""但原文的一句，不一定是译文的一句。"翻译以句子为单位，前人曾经说过，但是"怎样断句，怎么组合"却鲜有人给予清晰的解说。义足为句，中外皆然，唯长短有别矣。把断句组合成完整的句子，且"不能有所遗漏，也不能增添"，从不由自主的束缚到经过"冷却"的重新组合，杨先生是这个循环操作中的高手，她的经验值得我们珍视。断句可能离原文远了，可是重组以后的句子却离原文近了，由句子而段而章而篇，全文岂能不信？这里杨先生又指出："尤需注意的是原文第一句里的短句，不能混入原文的第二句；原文第二句内的短句，不能混入原文第一句。原文的每一句是一个单位，和上句下句严格圈断。因为临近的短句如果相混，会走失原文的语气和语意。"这是具体而微的、活生生的经验！有人以段落为翻译的单位，这就难免走入意译一途。直译意译之争，其来久矣，杨先生岂能不知？不过她以"不大了解什么叫意译"一句话把这场争论轻轻地打发掉了。如果译者认为可以得意忘言，离形得似，随意用自己的话语置换原文的词句，杨先生对此态度十分明确，语气十分坚决："我认为译者没有这点自由。"因为"那不是翻译，是解释，是译意"。以句子为翻译的单位，可以尽可能地贴近原文，避免走失语意，阻断文气。曾经有人请汉语高手润色译文，充当我国古代佛经译场中"笔人"的角色，"结果译文通顺了，但和原文不拍合了"。对此，杨先生是明确反对的。

"选择最适当的字"，是断句重组、连缀成章的关键，因为没有适当的字，就不能把原文的意思"如原作那样表达出来"。文章的意思，语句的色彩，甚至感情，大半靠用词，而这里的词指的是"普通文字"，唯普通文字需要调度而又"最不易调度"。所以，杨先生说："译者需储有大量词汇：通俗的、典雅的、说理的、叙述的、形容的等等，供他随意运用。"否则，"那些文字只陌生生地躲在远处，不听使唤"。用词之难，最易引起争论，有人以为，无论何时何地，用上最响、最亮、最华丽的词，就是最好的翻译，就是文学翻译，他的译作也就成了"翻译文学"。其实，文学语言的好坏只有一个标准，那就是"恰当"。该俗的俗，该雅的雅，唯恰当是求。严复论翻译之难，标出"信、达、雅"三字，如果以"恰当"解雅，则"信、达、雅"仍不失为翻译的标准，而"恰当"就是文学性。雕缋满眼，铿锵悦耳，并不等于文采斐然。适度的华丽，可以是文采；适度的朴素，怎么就不是文采？有人把所谓四字成语当作法宝，以为借"民族文化的瑰宝"之势祭将起来，任谁都得倒下。其实，杨先生说得明白："这类词儿（指'风和日暖''理直气壮'等四字成语）因为用熟了，多少带些固定性，应用的时候就得小心。"有深厚的文化底蕴和地方色彩的成语简直就不能在译文中使用，有些又只有一半适用而另一半不适用，对四字成语情有独钟的人难免会削足适履，或过或不及地套用，这样的例子并不罕见。"即使意义完全相同，表达的方式不同也不该移用。……保持不同的说法，可以保持异国情调"。我看杨先生的旗帜很鲜明，只是没有大呼小叫而已。

八、自觉地传达原作的风格

有人以为，原作的风格是不可传达的，译者不必为此多费脑筋，故译文若可以谈风格的话，那只不过是译者个人的风格或者随便给个风格罢了。此等议论殊不可解。风格是一种微妙而又模糊的东西，如果难以言传，至少是可以感觉到的。语言固然不同，但使用语言的人基本上是有同感同嗜的，否则操不同的语言的人之间就是不可交流的。幸亏事实上并非如此。故布封说："风格就是人本身。"中国古人说"文如其人"，莫泊桑说风格是一种"在其全部色彩和全部强度上表达一件事物的唯一的、绝对的方式"，等等。因此，原著的风格是存在的。当然，以一种语言传达另一种语言所传达的风格是困难的，也是不可能完全传达的，然而这并不意味着连部分地传达也是不可能的，更不意味着连传达的努力都不必做。其实，完全的翻译本身就是不可能的，然而人们仍在努力地进行着翻译；不少人都说"诗不可译"，然而仍有大量的诗被译过来译过去；就是认为"风格不可译"的人，其实也在努力地使译文的风格贴近他所译的原作。如果我们的确不能在原文和译文中像司空图那样分出 24 种风格，究竟还能分出姚鼐所说的"阳与刚之美"和"阴与柔之美"以及差强人意的多种色彩，当然这是需要译者多费脑筋的。所谓"风格不可译"和"诗不可译"，都是一种纯理论的命题，不能用来指导实践；而在实践中，倒是应该倒过来说："风格可译"，"诗可译"，但须多费脑筋。所谓"多费脑筋"，不是说要多皱眉头，冥思苦想，而是要反复阅读原作，对原作有准确的整体把握。对原作风格的体会，说到底是在理解的基础上的一种感觉，尤其是对原作语言的感觉，而这种感觉是可以用另一种语言传达的，至于传达到何种程度，那就因人而异了。毋庸讳言，再好的译者也不敢自诩完全掌握了原作的风格，但是不要紧，他可以借助原作者本国人的研究成果，再辅以个人的随着阅读而逐渐清晰起来的印象，大体上确定其为豪放婉约、阳刚阴柔之类，译文循此方向努力，庶几可以传达其风格之一二。例如，我们不妨比较一下斯丹达尔和夏多布里昂。这两位作家的风格有明显的差别，而夏多布里昂尤为斯丹达尔所不喜，其文字风格可以说是一放一收，一明一暗，一浓一淡，一腴一瘠。有人将作家分为两类，一类是用眼睛读的，一类是用耳朵读的，斯丹达尔正是用眼睛读的作家的典型，而夏多布里昂则是用耳朵读的作家的代表。我们如果译夏多布里昂，不妨把译文拿来大声朗读，铿锵悦耳，气顺音高而能持久，就表明我们至少已经部分地传达出夏多布里昂的风格了。而对斯丹达尔，则恰恰相反，译文若是朗朗上口，能令人摇头晃脑，那就几乎可以说背离了他的风格了。阿兰说斯丹达尔的文字"拒绝唱歌"，此之谓也。风格的传达不在字句，在文章的总体效应和感觉，但必自字句始，通篇的大白话是难以传达典雅的风格的，反之亦然。

有一种意见认为，语言的发展是日趋大众化，作家之间的风格的距离日益缩短，风格会渐渐不成问题，故译者可以不必为此多费脑筋。日常语言或当如此，文学语言则大大不同。今日的作家，无论中外，有哪一位不把形成自己的独特的风格当成生死攸关的第一要务呢？翻译为什么偏偏要反其道而行呢？窃以为，今日复译《红与黑》，假使有可改善的话，首先就是风格，译文要尽可能地传达出原著的风格（包括文字的风格）。不求铢两悉称，但必须有传达的意图，有没有这种意图，结果会大大不同。

我译《红与黑》，的确是在风格的问题上费了些脑筋。风格

（特别是文字的风格）是一位作家成熟的标志，就《红与黑》而论，译者首先要确认其文字是否有风格。这个问题其实历来有争议，当初就有不少人认为斯丹达尔根本不会写文章，自然谈不上风格，现代人大概很少有这样认为的了，不过，把文学翻译看作两种语言文化竞赛的译者实际上是置原作的风格于不顾的，也许他根本就认为原作没有风格，因为"独特性"只为一人所有，是不能竞赛的。我认为，《红与黑》的文字风格大体上可以用"简""枯"两个字加以概括。褒者可以称之为"简洁"与"枯涩"（这里的"枯涩"与"流畅"相对立，多为大作家所赏识，如波德莱尔、茅盾等）；贬者可以称之为"简单"与"枯燥"。无论是褒还是贬，总之是脱不了"简""枯"二字。以此为基础，还可以加上法国学者所说的"几何学的清晰"、"数学的精确"、"《民法》的冷静"，"明白如话"，"自然"等等。用阿兰的话说，是"他（斯丹达尔）喜欢平常的语言，然而这平常并非通俗"。其实，对于"简""枯"二字，斯丹达尔本人并不避讳，且每有自我批评之意。他在数年后重读《红与黑》的时候，写下了如下的感想："文笔过于涩，过于生。作者叙述的时候只想到思想。他缺乏让-雅克的《忏悔录》中的那种平缓的展开……多米尼克（斯丹达尔往往自称多米尼克——笔者注）对于1830年的才智之士的那种夸张的长句所怀有的厌恶使他陷入涩、生、断、硬之中。"他还在一部自传性的作品中说："我竭尽全力写得枯瘦……""对于现代空话的厌恶使我陷入相反的缺点之中：《红与黑》的好几部分写得枯瘦。""夏多布里昂先生和萨尔旺迪先生的匀称、矫饰的句子使他写作《红与黑》的时候文笔过于不连贯。"他还在手稿上写道："《红与黑》的口吻是否过于严峻？"斯丹达尔的自评中说到种种"过于"，那是以当时盛行的浮夸文风为参照的，今日的读者未必作如是感。

总之，斯丹达尔追求的是"完全自然"，他"不希望用矫揉造作的手段迷惑读者的心灵"，他认为"最好的风格是让人忘记其为风格，最清晰地让人看见它所表达的思想"，所以他欣赏伏尔泰的"惊人的清晰"、孟德斯鸠的"凝练"和哲学家贝尔的"言简意赅"。上述有关《红与黑》的文字风格的议论，无论褒贬，我们是可以在阅读中体会到的，称之为"简""枯"也是站得住的。我在反复阅读之后，神差鬼使般地竟然想到了中国人论书法的一句话，这句话是"书到瘦硬方通神"。这就是说，我体会《红与黑》的文字风格乃是在朴素平实的叙述中透出"瘦""硬"二字所蕴含的神采，也可以说是"外枯中膏"。确认了《红与黑》的文字风格，剩下的就是如何尽量用中文传达出来，当然这"剩下的"其实是最大量、最艰巨的工作。不过，所谓"瘦""硬"，是就文本的总体感觉而言的，并不排斥个别语句、段落的轻灵、雍容甚至华丽。

2005 年 4 月，北京

必须和经典作品保持接触

雪夜。孤灯。清茶。斗室。手持一卷，或《论语》，或《庄子》，或《红楼梦》，或《红与黑》，或……这样的人有福了。白天，你忙碌，你奋斗，晚上，你沉静了，返回到内心，与古代有智慧的人对话。白天你可能是孤独的，但晚上不。经典著作（文学名著）是一系列我们必须记住的人名和书名，是我们共同的文明的标记，是人类几千年活动的大大小小的里程碑。这里程碑，对于个人来说，也许只有几块，但是它所蕴极深、极远、极广、极大，可能支配着你整个的一生。如果没有，也许你的一生就失去了指南。人生的价值不在事功，在这个指南。这个指南，可以是政治的，可以是经济的，可以是科学的，可以是哲学的，可以是文学的，而其核心，则是道德的。如今道德受到了嘲笑和诟病，但是它仍然是经典著作（文学名著）的一块或隐或显的基石。

有记者问："现在还有人读批评著作吗？"瑞士批评家让·斯塔罗宾斯基教授回答说："必须对作品进行解释，必须和经典作品保持接触。"让·斯塔罗宾斯基教授的意思是，对经典作品"必须"进行解释，这种解释因时代的发展而不断更新；批评家既是中介者又是创造者，一身而二任，成为联系作品与读者的指导性的纽带，其工作是断乎不可少的。言下之意是，一个社会中得有判断力和鉴赏力的读者与经典作品保持联系，发挥判断和展现欣赏的能力，才能保证社会的不断前进，而这种读者必须有一定的数量。有了对历史的理解、批判和欣赏，才能使社会的发展有正确的方向，没有过去的未来是盲目的未来。托克维尔有言："当过去不再照亮将来时，人心将在黑暗中徘徊。"是之谓也。让·斯塔罗宾斯基教授强调的是"必须"，带有呼吁的意思，我想还是有人听到了。

据说现在的大学生不大喜欢读经典作品（文学名著），有些人满足于读一些名著提要之类，或应付考试，或以为谈资，或竟拿来用作论文的根据。如果传闻属实，那就不能不令人担心了。大学生是社会中阅读欲望最强的人群，过了学生阶段还保持着阅读习惯的人，除了以读书为职业的人，如批评家者流，就是我所说的有判断力和鉴赏力的读者了。其实，如果批评家仅限于专业、余皆不读的话，那也算不得有判断力和鉴赏力的读者。大学生缺乏阅读经典著作（文学名著）的欲望，或能力，必然导致我们的社会中有判断力和鉴赏力的读者的减少，社会的整体阅读水平下降，其结果之一就是文化水准和道德意识的普遍滑坡，出现了大批"只会做事、不会做人"的人。如果社会的中坚是这样一批"只会做事、不会做人"的人，所多玛和蛾摩拉的命运就难免降临到头上。

大学生不喜欢读经典著作（文学名著），据说是因为这些书"没有用"。不少人认为，在一个讲究实际和功利的社会中，经典作品（文学名著）一不能吃，二不能穿，既不能赚钱，又不能谋职，真真是"没有用"，不如把时间花在"有用"的知识或技能上。但是，为了考软件工程师而读电脑方面的书，为了当医生而读医学方面的书，为了一个哲学博士的头衔而读哲学方面的书……总之，为了谋生而必须读书，这不是我说的"读书"。当然，有些人喜欢言情小说，有些人酷爱野史传闻，有些人迷恋神秘未详之事，等等，也是读书，但不是"和经典著作保持接触"。

只有为了增广见闻、丰富情感、加深修养和提升心灵而于业余时间进行的读书，才是我所说的"读书"，而这样的读书，非"和经典著作保持接触"不办。以解释经典著作为生的人，是正直的人，永远是少数，而以解释经典著作牟利的人，则只不过是芸芸众生的一员罢了，我很怀疑他的"解释"是否是有价值的解释。唯有读而不写的人，才是"少数幸福的人"，他们摆脱了职业的束缚与烦恼，能够真正从读书中获得乐趣。

有人说，如今是大众文化的时代，把文化分作雅俗已不时兴。但是，大众与小众并非对立，小众引导大众，他们原本是一支队伍；时兴或时尚，著一"时"字，或兴或尚只不过是瞬息而过罢了，不会留下痕迹。经典作品（文学名著）对于人类来说，在可以预见的将来，不会过时，永远为小众所拥有，但是它引导着方向。能够"和经典作品保持接触"的人永远不会是大众，然而他们并不因是小众而丧失活力，反而通过各种渠道像波纹一样发挥其影响。如果有越来越多的人加入小众的部分，那么这部分就会发展壮大，虽然它永远不会成为大众。相反，如果小众的部分人数越来越少，以至于茕茕孑立，形影相吊，那么，人心就只能在黑夜中徘徊了。有人把读书动机分为两类，一是学习性阅读，二是休闲性阅读，我看还可以加上第三类阅读，即修养性阅读。修养性阅读是关于如何做人的阅读，是任何个人都不可或缺的阅读。热爱读书吧，"和经典作品保持接触"！

2008 年 6 月，北京

读各种各样的书

最近读到巴金的一篇文章，题目叫作《文学的作用》，文中说："倘使我一生就只读这一部书（指他梦中借到的《彭公案》——笔者注），而且是反复地读，可能大中其毒，'不幸'我有见书就读的毛病，而且习惯了为消遣而读各种各样的书，各种人物、各种思想在我的脑子里打架，大家放毒，彼此消毒。我既然活到75岁，不曾中毒死去，那么今天也不妨吹一吹牛说：我身上有了防毒性、抗毒性，用不着躲在温室里度余年了。""打架"的结果，是巴金写出了《随想录》。此文有一种凛然正气，发表于1987年1月27日。所谓"见书就读"、"读各种各样的书"，就是"读书无禁区"，就是"开卷有益"。所谓"有益"，并不是说每一本书都是好书，不是逢"卷"必开，不需选择，而是说书的对比甚至对立是有益的。只有一种温度的地方是温室，温室里的花草经不起外面温度的变化；只读一部书的人是温室里的花草，现实社会的风吹雨打、冷暖炎凉会使它枯萎凋零，它只好一生待在温室里，倘若温室成了魔窟呢？无论是温室，还是魔窟，"只读一部书"熏陶出来的人是单纯的人，单纯的人不足以应付复杂的社会。曾经有过一个时期，大家都被要求做一个"单纯的人"，如果某人被说成"思想复杂"，就几乎是说他"反动"了，接下来的事情是可以想象的。不过我们也得承认，事业有成的人多数是思想复杂的人。

巴金的话让我想起了蒂博代于1922年写的一本书，书名叫作

《批评生理学》，中译本改作《六说文学批评》，他在书中说："不同报纸的大量存在有益于社会的智慧，正如大量地阅读不同的报纸有益于为数不多的爱好书面谈话的人的智慧一样。一份极右报纸的读者，像一份极左报纸的读者一样，不久便会成为狂热分子。……但是右派报纸对左派的狂热分子来说，却可以强迫他保持某种程度的明智，它制造了一种阻止他上街的力量。左派报纸对右派狂热分子也起同样的作用。"社会的动乱往往是由那些缺乏智慧的人造成的，而智慧就是不极端，不偏执，不狂热，恪守中道。所以，蒂博代说："智者恐惧只读一本书的人。"为什么？因为这种人由于思想的偏激而成为一个狂热的、不可理喻的人，而偏激的造成，"只读这一本书"在其中所起的作用不可谓不大。不同的报纸，或书，可以形成对话，或多种声音的共存，这样就可以释放出智慧，消灭有害的东西，所以，蒂博代说："智者从中获得智慧。"积极的、正面的、革命的书要读，消极的、反面的、反对革命的书也要读。火花从碰撞中进出，真理在交锋中显现，此之谓也。有些人惧怕不同的声音，恨不得舆论一律才好。殊不知舆论是不可能一律的，有人群的地方就会有不同的意见，不同意见的妥协才是社会前进的动力。

　　钱锺书先生 1947 年出版了小说《围城》，其中恰巧也谈到了"一种"和"多种"的问题，不过其"多种"被事情的另一极端"无"所代替。小说说的是赵辛楣和方鸿渐因应三闾大学之聘起了争论，赵说："办报是开发民智，教书也是开发民智，两者都是'精神动员'，无分彼此。论影响的范围，是办报来得广；不过，论影响的程度，是教育来得深。"方反驳道："从前愚民政策是不许人民受教育，现代愚民政策是只许人民受一种教育。不受教育的人，因为不识字，上人的当，受教育的人，因为识了字，上印刷品的当，像你们的报纸宣传品、训练干部讲义之类。"不识字的人上人的当，识了字的人上印刷品的当，都是上当，归根结底，还是上人的当，因为印刷品也是人做的。假如允许各种各样的报纸，允许各种各样的教育，也就是允许各种各样的书，情况会怎样呢？会天下大乱吗？不会，因为正义终究会战胜邪恶的。反之，则会掩盖矛盾，邪恶会在暗中捣乱，不满会在底下酝酿，社会的安定徒有其表而已。假如主持教育的人指导思想是错误的，那就不仅仅是丢失了一两代人的损失了，整个的社会都要为之付出代价的。读书不等于受教育，可是受教育必然要读书。如果教育只允许人们读一种书，那么这种教育肯定是失败的教育，它教育出来的人经不起任何的风浪，所谓的教育成果转眼间就会烟消云散。

孟子曰："尽信书不如无书。"无书是不可能的，只要人类存在，就有人类的文明；只要人类的文明存在，就一定有书，书是文明的载体，书是文明接替的香火。亚历山大图书馆可以被焚，秦始皇可以焚书，希特勒可以烧书，但是书究竟不能焚尽烧光，反而越来越多，不仅数量多，而且种类多。有书而不尽信书，是善于读书；不尽信书，是善于怀疑。要让人读各种各样的书，首先要有各种各样的书可读。过去曾经有所谓内部出版的书，专门售给某级以上的干部，似乎书的毒素也因人的地位而异。书的"毒素"当然因人而异，但是并不因人的地位或者级别而异，这是主持内部读物的人所不曾想到的。再说，某级以上的干部并非个个是读书之人，经他们之手或以他们的名义，有些书流散在某级以下的人手中，成就了这些人的"复杂"，使他们能够不以一种眼光看世界，这也是那些让人只读一种书的人所不曾想到的。如今还有出于各种原因被禁止的书，但是其中有一种禁书是没有道理的，匪夷所思，那就是有关"思想"的禁书。正确的思想是通过斗争才得以确立和发展的，各种思想的砥砺摩擦是人类文明的动力，其不断前进扬帆远航靠的就是劈风斩浪，靠的就是有各种各样的书的存在。善良的愿望不是解决问题的办法，只有通过不同倾向的书的斗争，社会的矛盾和人类的精神才会一步步地走向平衡。

喜欢读书的人大概都读过培根的《谈读书》，王佐良先生的译笔使《谈读书》开头的两句话成为众人津津乐道的警句："读书足以怡情，足以傅彩，足以长才。其怡情也，最见于独处幽居之时；其傅彩也，最见于高谈阔论之中；其长才也，最见于处世判事之际。"所谓"怡情""傅彩""长才"者，绝非"只读一种书"所能办到。心中只有一种理想的境界，天下的丰富色彩只见到一种玫瑰色，独处幽居时怎能保持与大千世界的联系？口中只有一套干巴巴的词汇，对茫茫宇宙懵然无知，怎能在高谈阔论之中口若悬河字字珠玑呢？胸中只有一种解决问题的方法，在万事万物面前无所措手足，怎能在处世判事之际见出读书所增长之才干呢？凡此种种，非"读各种各样的书"不能也。400多年前的培根谈读书，还不能想到要把"一部书"和"各种各样的书"对立以来，不像80多年前的蒂博代，不像50多年前的钱锺书先生，也不像17年前的巴金，但是意思都在里面了。所谓读书，或者说善于读书，就是不"只读这一部书"，而要"读各种各样的书"，要"各种思想、各种人物"在头脑里"打架"，"大家放毒，彼此消毒"，这样才能造就一个心胸开阔、思想活跃、虎虎有生气的人。巴金说得好："塑造灵魂也好，腐蚀心灵也好，都不是一本书办得到的。只有日积月累、不断接触，才能在不知不觉中受到影响，发生变化。"

读书是最容易做到的事，展卷即可；但是读书又是最不容易做好的事，读各种各样的书是关键的一步，至于哪些书需要精读细品，哪些书需要泛读浅尝，哪些书需要浏览吞食，哪些书需要清理抛弃，则是下一步的学问了。

2006 年 6 月，北京

佳作与劣作

试比较两段文字：

其一："文学非政治选举，岂以感人之多寡为断，亦视能感之度、所感之人耳。故以感人而言，亦有讲究辨别；鄙见则以为佳作者，能呼起（stimulate）读者之嗜欲情感而复能满足之者也，能摇荡读者之精神魂魄，而复能抚之使静，安之使定者也。盖一书之中，呼应起讫，自为一周（a complete circuit），读者不必于书外别求宣泄嗜欲情感之具焉。劣作则不然，放而不能收，动而不能止，读者心烦意乱，必于书外求安心定意之方，甚且见诸行事，以为陶写。故夫海淫海盗之籍，教忠教孝之书，宗尚不同，胥归劣作。何者？以书中所引起之欲愿，必求偿于书外也。"

其二："就题材消失这种观念而言，我们或许只有一个严格的标准，来把作为艺术的色情文学、色情电影或色情绘画与那些姑且称作'黄色物品'（因缺乏一个更恰当的词）的文学、电影或绘画区分开来。黄色物品有'内容'，而且有意对其进行设计以使我们与这种内容发生联系（带着厌恶或者欲望）。它是生活的替代。然而艺术并不激发性欲；或者，即便它激起了性欲，性欲也会在审美体验的范围内被平息下来。所有伟大的艺术都引起沉思，一种动态的沉思。无论读者听众或观众在多大程度上把艺术作品中的东西等同于真实生活中的东西而激动起来，他最终的反应——只要这种反应是对艺术作品的反应——必定是冷静的、宁静的、沉思的，神闲气定，超乎义愤和赞同之上。"

两段文字，何其相似！前者出于中国学者兼作家钱锺书先生之手，见于《中国文学小史序论》，此文发表于 1933 年，时作者 23 岁；后者出于美国学者兼作家苏珊·桑塔格女士之手，见于《论风格》，此文发表于 1965 年，时作者 32 岁。两段文字，前者谈的是佳作和劣作的对立，后者谈的是色情与黄色的区别，其实两者谈的是一个东西：艺术的色情作品可以是佳作，而专事刺激感官的黄色作品则为劣作。何为艺术？何为非艺术？艺术者，能放能收，能动能止，呼应起讫，自为一周，纵使读者心旌摇动而复能归于平静，超乎义愤与赞同。取之于作品，归之于作品，读者于作品之中获得审美的满足。非艺术者则不然，读者于作品中所激起之嗜欲愿望必于作品之外求得满足，或有付诸行动者，所谓诲淫诲盗、教忠教孝也。色情之为艺术，因为不单有色，而且有情，色、情水乳交融，结为一体，读之或生欲望而终能平静安定，得到感情的升华，人的某些不能或不敢付诸行动的欲望可以在阅读中得到宣泄。有色而无情，无论男人或女人，唯以满足官感的需要为目的，谓之黄色。一般所谓"色情读物""色情场所""色情行业"等等之"色情"，实为黄色，我们习焉不察，故混而用之。西文中表达"色情"与"黄色"的是两个词，中间有很大的分别，例如法文（英文也是一样），有一词 un érotisme，表示爱情、肉感、性感等，可以说是"色情"；另有一词 la pornographie，表示肮脏、下流、猥亵等，总之是与卖淫有关，则非"黄色"莫属。两个词，两种意思，当然有所关联，但归根结底是不可混淆的。我们平常所谓"色情小说"等等，实则大部分应称之为"黄色小说"，而真正的色情小说，其中不乏佳作，至于黄色小说，则"胥归劣作"。本文选出两段文字，并非想作比较文学，而是惊异于两段文字之相似，我相信桑塔格并未读过钱锺书之文章，而她能够自出机杼，于 22 年之后写出一段如此相似的文字，可见天下毕竟是人同此心、心同此理啊，所谓"东海西海，心理攸同"也。

色情是婚姻以外的性的吸引或者结果，是"面容的美，亲历者焕发的光彩和迸发出来的无度的激情"（列奥纳多·达·芬奇语）所照亮的一种活动，是精神的放假，情感的溜号，对一种禁忌的违反，所谓"禁果"。色情文学就是关于这种活动的文学，而这种文学自古就有，无分中外，可谓源远流长，相伴而生的则是黄色文学。禁忌总是有的，它是人类为了自己的生存和繁衍而自然形成的。无论我们怎样爱动物，主张与动物平等，我们也不能事事与动物看齐，例如性行为，这就是说，人本身所具有的兽性要受到某种限制，这就是禁忌的作用，所以乔治·巴塔耶说："色情是人的性欲活动，它与动物的性欲活动是互相对立的。"吊诡的是，人是一种矛盾的存在，他总想打破禁忌，获得自由，这是色情文学和黄色文学存在的根本原因。色情文学能够给人一种满足，只要他阅读即可，而黄色文学则不能，必须要在阅读之外另寻一种满足的途径。近来有"身体写作"一说，在一些男女作家之中流行，它被认为是"从传统群体本位向现代个体本位"的转型，是对传统道德和主流意识形态的颠覆，因而"包含了无限的可能性"。可是我要问：假如身体写作只是以暴露自己的床上经验为目的而宣扬一种个人或小团体的生活态度，完全摈弃了精神的追求和感情的升华，那它产生的是色情文学还是黄色文学？灵与肉的分裂乃至对立是自基督教产生以来西方文学的一大传统，蔑视肉体，崇尚灵魂，我国古代也把人的身体称作"臭皮囊"，可是古希腊人却盛赞人的肉体，推崇男人和女人的健美的裸体，立为追求的目标和理想。然而，现代社会的"身体写作"并不在乎躯体的健壮完美，而重在身体的功能，特别是下半身的功能，即性的功能，它所描写的几乎总是床上功夫和所谓"高峰体验"，情感之类无与焉。"道德"这个词在某些人眼里是过时了，可是，道德毕竟是人性的一部分，有它的底线在，在一个消费社会中，身体本身难道也成了消费的对象了吗？并非所有的"颠覆"我们都应该额手称庆的。身体写作，古已有之，迄于今日，不绝如缕，但是书中的主人公似乎变得更无耻了。

2014 年 5 月，北京

说 "无病呻吟"

　　"无病呻吟"，在日常语言中是一个贬义词，说的是虽然没有病却要发出呻吟之声，以博得人们的同情；在文学上，比喻没有真情实感而强做感慨的言辞，意在吸引读者的眼球。在生活中，"装病"固然不好；但在文学上，"装病"则有可说。钱锺书先生在《中国文学小史序论》一文中说："所谓不为'无病呻吟'者即'修辞立诚'之说也，窃以为惟其能无病呻吟，呻吟而使读者信以为有病，方为文艺之佳作耳。文艺上之所谓'病'，非可以诊断得；作者之真有病与否，读者无从知也，亦取决于呻吟之似有病与否而已。故文艺之不足以取信于人者，非必作者之无病也，实由其不善于呻吟；非必'诚'而后能使人信也，能使人信，则为诚矣。"这就是说，从读者欣赏文学作品的角度看，无病可以呻吟，文学与生活判然有别。这种大胆而新颖的言论，从未听中国人说过，相反，我们倒听说过胡适的"八不主义"，其六曰："不做无病之呻吟。"钱锺书先生 70 年以前的话，今天读来还觉得新鲜，有振聋发聩之感。其实，钱锺书先生是一以贯之的，他在《谈艺录》和《管锥篇》两书中对文如其人亦可非如其人剔抉甚详亦甚辩，让人不能不想到他的名言："假如你吃了个鸡蛋觉得不错，又何必认识那下蛋的母鸡呢？"此言不止于风趣也。

　　"修辞立其诚"，是中国人今天仍在实行的一条古训，《易·乾》曰："修辞立其诚，所以居业也。"《礼·乐记》曰："著诚去伪，礼之经也。"是为著文说话之道，为历代中国人所遵之不爽，并经过不断地生发衍化，或成为屈原的"发愤以抒情"，或成为司马迁的"发愤著书"，或成为王充的"起事不空为，因因不妄作"，或成为刘勰的"昔诗人什篇，为情而造文；辞人赋颂，为文而造情"，或成为韩愈的"物不得其平则鸣"，直至成为欧阳修的"诗穷而后工"，在在以作者的"诚"为本。笼统地就著文说话而言，也就是说，就"文章"而言，说真话，道真情，"诚"确是为文的根本，"诚"之不存，文岂足徵？所以，从作文说话的角度看，作者当然要"修辞立诚"；从阅读作品的读者角度看，情况完全不同，他不必关心（也无从关心）作者的修养，只需沉浸在作品的表达之中；作者和读者"二事未可混为一谈"。钱锺书先生在《管锥篇》中举例甚详，略谓：宋人王禹称《黄冈竹楼记》开篇即道："黄冈之地多竹，……。"清人丁国钧"莅黄，遍游山水"，却"未见一竹"，800年间，居然沧海桑田，变化如此之大，使他不能不叹曰："泥古不可以例今。"宋人欧阳修写有《醉翁亭记》，说"环滁皆山也"，500年后，明人郎瑛亲至其地，却看到"滁州四望无际，祇西有琅琊"。古今有变，当不至此，他发出了这样的疑问："欧阳何以云然？"更令人惊奇的是，苏轼写过《后赤壁赋》，曰："江流有声，断岸千尺，……攀栖鹘之危巢。"晚明袁中道说："韩子苍、陆放翁去公未远，至此已云是一茅阜，了无可观，'危巢栖鹘，皆为梦境'。"清初陆次云说："昔读两赋，宛转留连，兹寻其迹，渺若云烟。"故钱锺书先生说："诗文描绘物色人事，历历如睹者，未必凿凿有据，苟欲按图索骥，便同刻舟求剑矣。盖作者欲使人读而以为凿凿有据，故心匠手追，写得历历如睹；然写来历历如睹，即非凿凿有据，逼真而亦失真。"① 正如瑞士文学批评

---

① 钱锺书《管锥篇增订》，中华书局，1982年，第11—12页。

大家马塞尔·莱蒙所言："在 20 世纪，我们以为知道了任何言语无论多么'真诚'，都说的是存在以外的事情。"

在中国古代，人文未见分化，文学尚不独立，修辞立诚之说是可以成立的；但就独立以后的文学而言，情况或有不同。文学的本质，用亚里士多德的话说，就是"不在于描述已经发生的事，而在于描述可能发生的事，即根据可然或必然的原则可能发生的事"。就是说，文学并不以表现真实存在的事为己任，它的责任在于把想象的事说成读者信以为真的事，所以，文学的真实性并不等于事实的真实。这是文学区别于其他学科的地方，因此，无论什么人，只要识文断字，就可以读可以发表看法，所谓"闲书"是也。在文学上，作者是真有"病"或假有"病"，并不是判断其作品为"佳作"或"劣作"的标准，要看他善于呻吟与否。"唯其能无病呻吟，呻吟而使读者信以为其有病，方为文艺之佳作耳"，这才是真正的知音之言啊！不要以为读者是傻瓜，只要你一呻吟，就以为你有病；只要作品中有一点儿假，整个作品立时就会塌架，读者遂弃置一旁，晒曰："此乃文学耳！（Et tout le reste est littérature. ）"（法国诗人魏尔伦语）说真话，道真情，不识字的老妇叙述她一生的经历，固然能成为一件感人的作品，但是，"巨奸为忧国语，热中人作冰雪文"的现象在文学史上并非罕见，这种现象不能单纯地归之于"无病呻吟"，它有着更为深刻的心理原因。

自 19 世纪中叶至 20 世纪初年，法国文学批评界流行的是圣伯夫的传记批评法，这种方法"要求不要将作品同人分开"，"还要着重回答那些对他的作品提出的看似全不相关的问题（他如何表现等等），还要收集有关作家一切可能有的资料，核查作家的书信，询问曾经认识作家的人，如果他们活在人世，还要同他们进行讨论，如果他们已不在人世，则需查阅他们写的有关作家的文字"，一言以蔽之，就是"文如其人"，或者人如其文。这种实证主义的批评方法在20世纪初年受到马塞尔·普鲁斯特的严厉批判，他在1908年左右写的《圣伯夫的方法》一文中说："一本书是另一个'自我'的产物，而不是我们表现在日常习惯、社会、我们种种恶癖中的那个'自我'的产物，对此，圣伯夫的方法是不予承认，拒不接受的。这另一个自我，如果我们试图了解他，只有在我们内心设法使他再现，才可能同他真正接近。"简言之，即文亦可非如其人，或人亦可非如其文。夏多布里昂自诩："我那个时代的作家，作品与生活相一致者很少，我是其中之一。"实际上，在他的最主要的作品《基督教的真谛》和《墓中回忆录》中，想象之我与真实之我，历史之我与社会之我，创造之我与生活之我，经常处于矛盾抵牾之中，令后世的评论者争论不休。例如他在美洲的行程，就是一大公案。夏多布里昂以他的如椽巨笔描绘了美国密西西比河两岸的粗犷原始的蛮荒之美，令千千万万读者心醉神迷。但是，夏多布里昂究竟到过密西西比河一带没有，他描绘的景物究竟是目睹之物还是想象或阅读的产物，至今仍是一桩悬案，大部分人认为他描绘失实，用语浮夸。然而，当我们把他的作品视为文学的话，其是否为实录就不成为问题了。夏多布里昂并非以学者的身份写密西西比河，而是以艺术家的眼光看他笔下的景物，其中有他的观察，有他的想象，即便是实地的观察，也会有他的与众不同的眼光和角度，从而闪射出独特的光彩。相反，倘若夏多布里昂处处以亲见为准，跟在实际景物后面亦步亦趋，不敢越雷池一步，他充其量不过使法国人多了一部北美游记罢了，而且还逃不过黑格尔的耻笑："靠单纯的模仿，艺术总不能和自然竞争，他和自然竞争，那就像一只小虫爬着去追赶大象。"

因此，就夏多布里昂的作品而言，对之以考证，还是对之以阅读，结果是不一样的，前者是实录，后者是创造，前者是历史，后者是艺术，前者或有夸张不实之处，往往为人诟病，后者则创造了想象的奇迹，放射着史诗的美。瑞士作家拉缪论夏多布里昂，有言："一个人想成为什么，也许比他是什么更为重要。"此言得之。人与文的不尽重合，甚至分裂，这也许是从事精神创造活动的人的特权吧。平心而论，圣伯夫的方法倘若不趋向极端的话，是可以接受的，它解释了很多的文学现象；普鲁斯特的方法虽不免片面而抽象，倒是更为深刻地表现了人的复杂性，更全面地解释了人与作品的分离。

文学批评面临着一大悖论：英国18世纪著名学者塞·约翰逊认为"普通读者"最少成见，最能公正评价作品，然而他们并不写作，媒体上没有他们的声音；而我们所知道的批评都是表现为文字的，出自一群被称为批评家的人之手的。普通读者并不关心哪一部作品是什么人写的，他们只读作品，好便读，不好则束之高阁。批评家则不同，他们读了作品，还要知道作者，正如居斯塔夫·朗松所说，读了作品还要知道作者的，就离批评家不远了。所以，关心作者是真有"病"还是假有"病"，反倒忽略了作品是真"呻吟"还是假"呻吟"，这样，文学批评的本质就变了：是评论作品，还是品鉴作者？是作品第一，还是作者第一？换句话说，是作者的品质保证了作品的质量，还是作品的质量表现了作者的深层的自我？

于是，我们就有了两种学问，一是关于作品的，例如，在中国有"红学"，是关于《红楼梦》的，在法国也有"红学"，是关于《红与黑》的；二是关于作者的，例如，在中国有"曹学"，是关于曹雪芹的，在法国则有"贝学"，是关于斯丹达尔的，因斯丹达尔的本名叫作亨利·贝尔，故称"贝学"。不过，我以为，宁可有像法国的哈罗古尔那样的诗人，人被忘了，但是有一句诗留下来（Partir，c'est mourir un peu.），供千百万人传诵，也不要像有的大作家大诗人一样，空留其名，其作品则被忘得干干净净。

批评家固然要有文字发表，但是要取"普通读者"的姿态，如果他不能抵制研究人的诱惑的话，也要先看作品后看人，切不要像圣伯夫说的那样："批评家只不过是公众的秘书，但他不是一个听候指示的秘书，他每天早晨推测，整理和草拟所有人的思想。"批评家是有舆论特权的人，但是，他不能自认舆论的代表。文学上的事情是很奇怪的，在批评界喧嚣一时的作品，可能转眼间即成明日黄花；而一些在批评界默默无闻的作品，却可能在少数人中间长久地流传。据说，早在魏晋时代，中国的文人就有了文学独立的自觉意识，看来，两千年之后，虽几经呼唤，我们的文学还在"独立""自觉"的道路上跋涉，虽然不能到达终点，但是，我们可以希望走在这条道路上的人越来越多。愿更多的人理解钱锺书先生的话："故文艺不足以取信于人者，非必作者之无病也，实由其不善于呻吟；非必'诚'而后能使人信也，能使人信，则为'诚'矣。"

2004 年 8 月，北京

我与文学翻译

我曾经在《〈恶之花〉译跋》中写道："我对于文学翻译，只是业余爱好，但比之作为本行的'研究'，似乎更多一些敬重。从存活的可能性上说，一部好的译品更有机会活得长久，而一部或一篇洋洋洒洒的论文，倘能为读者指出些许阅读的门径，已属难能，若想传之久远，庶几无望，此非我辈所敢求者。"今天，我仍然坚持这些话所表达的意思，若要有所补充的话，我想说："我的翻译大部分是与我的研究并行的，是欣赏的对象，也是观点的佐证。"

一

我的第一本翻译是科学论文《病夫治国》，1981 年出版，讲的是第二次世界大战以来一些领袖人物如何抱着病体治理国家的故事，因不属文学类，故不在此多说了。然而此书出之以文学笔法，可以说是离文学不远。据说此书的读者不少。

我的第一本文学翻译是小说《大西岛》，1982 年出版。该书的作者法兰西学士院院士彼埃尔·博努瓦是 20 世纪初一位非常成功的小说家，写过 40 多部小说，他的小说除了有异国情调为背景、情节诡异复杂以外，还辅以丰富的地理、历史、考古的知识，增加阅读的乐趣。此外，还有两大特点，一是女主人公的名字都以 A 开头，二是篇幅都是 250 页。我在瑞士留学时看过以《大西岛》为底本改编的电影，印象非常深刻。我在所里的图书馆里发现了这本书，竟然一夜之间把它读完了，然后竟然又一个月内把它译完了。小说的中文本有 16 万字，大概完成于 1981 年初。我虽然没有把彼埃尔·博努瓦当作研究对象，但我一直很关心他的作品在法国的命运，据说他"又回来了"。

让-路易·居尔蒂斯是我在广泛阅读法国当代作品时发现的。他 1986 年被选为法兰西学士院院士，1995 年逝世。他是法国著名的小说家，得过各种各样的奖项，尤其是以一部反映法国抗德斗争的小说《夜森林》获得 1947 年的龚古尔文学奖。他的小说语言纯净，极富幽默感，坚持传统，又不避现代，深刻地反映了法国的当代生活。他是少数几个在新小说压倒一切的恐怖气氛中仍然坚持传统的创作道路的作家之一，这样的作家在当时是不多的。我几乎读过他的全部作品，从中选译了《夜森林》，因为它说出了一个真理：德国人走了，一切又回到旧的轨道，解放后的法国的道路仍然长满了荆棘。这部小说的语言明净如水，又不乏辛辣的讽刺，真实地反映了法国普通人抗击德国法西斯的复杂心态。小说的中译 1980 年就完成了，1984 年方才出版。

20 世纪 80 年代初，我的研究兴趣在阿尔贝·加缪，写过一些论文，成本的东西出过《加缪中短篇小说》，时在 1985 年。我在瑞士留学期间（1975-1977）就读过加缪的《鼠疫》《局外人》等，十年之后，我又陆续读了他的其他的作品，渐渐形成了一些对他的作品的基本观念。我认为，单单说出这些观念是不够的，还要让读者有自己的感受，即亲自品尝一下。当时，除了《鼠疫》有中译本之外，没有其他的作品的译本，《局外人》也许出过所谓的"黄皮书"，不过我当时并不知道。于是，我就译了加缪的中短篇小说（包括《局外人》和《堕落》）和《西绪福斯神话》，还有他的随笔。《局外人》的翻译，我是下了功夫的，尤其是语言，我力图再现其干净简洁、平淡到近乎枯涩的风格，尤其是致力于表现主人公于不动声色之中流露出对生命的眷恋。随笔是加缪的重要的创作部分，据我所知，还没有人做过这方面的研究。当然，我的工作并没有结束，无论是翻译还是研究，尤其是随笔的研究，都需要进一步的深入。

从我做研究生的时候起，我对波德莱尔就给予了持续的关注，一直到今天。1987年，我在硕士论文的基础上细加整理补充，完成了论文《论〈恶之花〉》，近15万字，1991年由漓江出版社出版，应主编刘硕良之请，我附了100首译诗，大致包括了《恶之花》的精华。论文在先，翻译在后，可以说翻译是论文的副产品。从阅读的角度看，大概是读译诗的多，读论文的少吧，我没有做过调查，我想情况大致不差。此前的1987年，我出版了《波德莱尔美学论文选》，向读者展示了他的文学艺术观念，与此相应的是，我写了几篇以波德莱尔美学观念为对象的中法比较的论文。近几年来，我补齐了《恶之花》（计164首）、他的文学艺术论文和散文作品，有些中译本还在出版过程当中。到目前为止，除了通信之外，波德莱尔的作品基本上已经译成中文了。在我之前，波德莱尔的诗及散文诗已经有中译本出现，但是我的译本自有特色，例如韵和音节都尽量与原诗一致，细心的读者会有体会。我认为，法语古典诗歌的翻译，韵律和音节十分重要，而据我所知，所有的翻译对此都弃之不顾。这不能不说是一种遗憾，能不能做到铢两悉称是个能力问题，而想不想做到就是个愿望问题了，我认为必须有这个愿望。

20世纪的80年代初，我写过关于斯丹达尔的《巴玛修道院》和《意大利遗事》的两篇文章，当出版社让我推荐《红与黑》的译者时，我略微考虑了一下，就毛遂自荐了，因为我在大学时就读过《红与黑》原文，中译本我是在中学读的。此后的30年间，我曾经数次想到什么时候能够贡献一本现代中国人的译本呢？我大约用了五个月的时间译完了《红与黑》，可是这五个月并非简单地从日历上撕去了150张纸，我已经在心里为翻译这本书准备了30年。除了提供一个总体上简洁、枯涩、瘦硬而个别字句轻盈、雍容甚至华丽的《红与黑》之外，我写了一篇译者序，提出了《红与黑》的主题是探讨什么才是人生真正的幸福：飞黄腾达的于连是不幸的，醒悟了的、走向断头台的于连才是幸福的。这是我研究斯丹达尔的心得，与流行的观点有所不同。据我所知，许多读过我的译本的读者都对这篇序文有良好的印象。

夏多布里昂是我关注的另一位作家，1997年，我出版了《墓中回忆录》的选本，从150万字中选译了20万字，重在文笔的华美和感情的细腻，时间的跨度囊括了作者从生到死的全过程，剔除了外交信件及议论的部分，意图在于表现夏多布里昂于文体之美中潜藏的感情之矛盾和冲突。夏多布里昂向以文笔的浓艳华丽著称，其散文有一种大开大阖的气度，其细腻处又展现了一种细针密缝的姿态。夏多布里昂"用最反常的方式把18世纪贵族阶级的怀疑主义和伏尔泰主义同19世纪贵族阶级的感伤主义和浪漫主义结合在一起"，马克思指出，"从文风上看，这种结合在法国应当是件大事，……"所谓"大事"，恐怕是指文学上的大转折吧，读者在欣赏夏多布里昂的文体之美的同时，是可以感觉到法国文学确实有大事发生了，即以浪漫主义为代表的感情的解放。当然，要体现夏多布里昂的文笔之美，首当其冲的是译文的语言。我虽然不能自比夏多布里昂，但读者应当对我的用意体会一二。

2002年，我有两本法国文学作品选的翻译出版，一本是短篇小说和戏剧作品的结集，一本是随笔的结集，不过是我随手翻译的短篇作品的集合，例如一本叫作《猛兽的习性》，一本叫作《海之美》，都是取集中一个篇名作为题目。短篇小说集表现了人与人相互注视之下的丑陋、虚伪、可笑甚至愚蠢的习性，其中的两个剧本《安提戈涅》和《克诺克或医学的胜利》，前者浓厚的诗意，后者辛辣的讽刺，代表了法国戏剧的特点。而随笔集则显示了法国随笔除了细腻温情、雍容徐缓、流畅明快之外，其共有的特点则是从来也不缺乏思想。例如《海之美》，文长不足 2000 字，却堪称一段人类审美经验小史。随笔重在表达思想，这也许是我们的随笔所缺乏的东西吧。

2003 年，我翻译了米兰·昆德拉的剧本《雅克和他的主人》，米兰·昆德拉是唯一一位我翻译其作品而没有对其作者进行或深或浅的研究的作家，不过我对昆德拉还有一些了解，也读过他的一些作品，如《生命中不能承受之轻》等，对剧本的原始文本小说《雅克和他的主人》的作者狄德罗，我也有相当的了解，他的小说我也读过。昆德拉以"忧郁的幽默"来对待一个"极端政治化的世界"，揭示出"人类事务的游戏性和相对性"。我对他的态度心有戚戚，希望读者也能对此有所体会。

2006 年，我翻译了《小王子》，这本是一本小书，似乎不值得为它花费笔墨，但是从我读过的几本《小王子》的译本看，译文还有改善的余地，再说我早有翻译圣-埃克絮佩里的愿望，例如他的《人与大地》。《小王子》是一本大人讲给孩子听的童话，暗中的听众也包括大人，所以讲述的口吻既要口语化，又不可呢呢作小儿语，尽量回避成语的使用，免生歧义。《小王子》的风格从语言层面上讲，就是要纯净、素朴，娓娓道来的过程中夹杂着淡淡的忧郁，切不可使用成语或者套话。

以上就是我的文学翻译，大致包括了所有的译作，未列入其中的有乔治·布莱的《批评意识》和与人合译的《博纳福瓦诗选》，还有一本安托瓦纳·贡巴尼翁的《反现代派》，这几部都是当代的作品，由于版权的问题，不在这本选集的范围之内。

假使文学翻译有方法的话，我主张直译；我坚持"信、达、雅"为文学翻译的准则，不过我以文学性解"雅"，即该雅则雅，该俗则俗，或雅或俗，皆具文学性，一切以贴近原文的风格为要。纵使不能惟妙惟肖，也要做到庶几不差。我反对"翻译是一种美化的艺术"的说法。

总之，文学研究结合文学翻译，我认为是兼顾同行和读者的一条可行的道路。

二

就法国文学来说，可以有专门从事研究的人，有专门从事翻译的人，可是，对于一个注重文体和风格的研究者来说，如果他兼顾同行和读者，当他不满意原有的译本的时候，就必须自己动手翻译了，这并不意味着他的水平比已有的译本高，而是由于各种原因旧的译本已经不符合时代的要求了，何况还有一些作品根本就没有中译。对于一个专门从事翻译的人来说，多了解一下作者，也并非多余。出于商业利益和为稻粱谋的动机，可以不论，这里有不言自明的道理在。

我认为，读者（这里指英国吴尔夫在《普通读者》一书中引述的约翰逊博士所称之普通读者："能与普通读者的意见不谋而合，在我是高兴的事；因为，在决定诗歌荣誉的权利时，尽管高雅的敏感和学术的教条也起着作用，但一般来说应该根据那未受文学偏见污损的普通读者的常识。"普通读者，就是"不同于批评家和学者"的读者）对翻译作品的全面接受必然经过三个阶段，一是理解，二是欣赏，三是借鉴。这三个阶段不是相互隔绝的，而是相互浸润、相互影响的，最后达到一种相互包容、共同深入的境界。

理解是人与人之间的交流和对话，人在理解别人的时候，也在理解自己。在汉语中，"理解"的意思是：在道理上了解，或顺着事物的条理进行分析。这个词在法文中很有意思，法文说到"理解"时用的词是 la compréhension，com 这个前缀表示"合，共，同"，而词根 préhension 则表示"攫，握，攫握的能力"，前缀和词根加起来，表示"共同把握"，也就是理解，表示主客双方共同把握一个从一方释放出来的意义。我觉得法文说出了"理解"这个词的本质的含义。一个人进入翻译作品的门径，就从理解开始。没有理解，就谈不上欣赏和借鉴。

中法文化的交流，少说也有 400 年了，20 世纪初年，可以说是法国文学作品翻译的第一个高潮，距今也 100 年了。100 年以来，中国对法国文学的接受，随着国力的增强、往来的频繁、眼界的扩大和胸怀的开放，经历了一个从拒绝、尝试、渴望、崇拜到以平等、平和、平静的心态对待的过程。今天的中国读者已不同于 100 年前的中国读者，他们渐渐地摆脱了"古为今用、洋为中用"的实用主义态度，意识到我们和外国处于同一个世界之中，对外国的人和事要通过交流和对话克服自己的不足和学习对方的长处，达到彼此了解共同进步的状态。一部作品，在 100 年以前被翻译，和今天被翻译，其间有很大的不同。

理解的必要条件是，主客双方共处于一个意识之中，和作者一起沉浸于作品所创造的世界之中，或与作品的文字拥抱，或与作品的文字搏斗，总之是与作品打成一片，不分彼此，就像瑞士批评家让·鲁塞所说的，阅读要像男人和女人之间的"恋爱"，才能达到真正的理解："深刻的读者待在作品中，随着想象力的运动和结构的布局而上下；他聚精会神地参与，无法恢复镇定，他专心致志地经历一场人生奇遇，无法摆出旁观者的姿态。"阅读要像观画一样，其词语、想象、思想以及人物、情节、场面等等都同时呈现，使读者一眼便可看到图画的全部，但是书并不是画，要想取得观画的效果，唯一可能的途径是中止判断，全身心地投入到作品之中，与作品中的人物同呼吸，共命运。这就是鲁塞所说的"全面的阅读"，与我们曾经说的"带着批判的眼光阅读"迥异其趣。

对于翻译的读者来说，理解是两个层面上发生的事情，一是扮演外国人的角色，感同身受地对待作品，一是作为中国人，设身处地地对待作品，我相信，从总体上说，没有我们理解不了的作品，但从细节上说，我们或有接受不了的东西，所以说，外国人的角色是需要扮演的。这就是说，一部翻译作品，首先要从原来的状态给予理解，例如一件法国作品，要从法国的历史条件、社会背景、风俗习惯、人文环境、文化修养等方面加以体会和评价。批评家的作用之一，就是教你如何扮演法国人。然后再以中国人的身份进入作品，调动你的全部知识背景和文化修养，同情地理解作品和作品中的人物。在此之后，才可以谈到创造性。创造性的理解或创造性的误读，只有在正确地理解作品的前提下才有意义。这两个层面的理解不是相互隔绝的，它们往往是彼此混合的，甚至彼此融汇的。它们可以是不能分辨的，但它们必然是存在的。

三

欣赏的基础是理解，没有正确的理解，难有正确的欣赏。正确而深刻的理解培养一种良好的趣味，这种趣味引导读者进入欣赏的境界。欣赏是一种沉浸其中、忘乎所以、如醉如痴、浮想联翩的状态，难道也有正确与不正确之分吗？我认为，有。

法国批评家蒂博代在《批评生理学》中说，趣味"是一种从艺术品获得快乐的方式"，"是一种享乐的艺术，没有任何实用的目的"。这种纯粹的趣味只存在于那种懂得欣赏的读者当中，正如蒂博代所说："纯粹状态或近于纯粹状态的趣味，我们或许可以在某些爱好者那里看到，他们被伏尔泰称之为不动笔的文学家，在趣味的运用过程中保存着这种精华：无私。无论是艺术家还是批评家均不可能处于更不要说达到这种趣味的无私状态，这种高超的美食领域，在这个领域中，只有快乐是重要的，任何其他东西都可以忽略不计，只有快乐的感觉、快乐的区别、快乐的变化及其消失是重要的。"对于这样的读者，吴尔夫写道："他读书，是为了自己高兴，而不是为了向别人传授知识，也不是为了纠正别人的看法。"趣味有高雅与低俗之分，如今在后现代主义的渗透和弥漫之下，其间的分野越来越模糊了。

就欣赏而言，批评家甚至艺术家（作家和诗人）往往比普通读者更多地受到职业的束缚和利益的诱惑，蒂博代指出："批评可以掩盖趣味，例如碎石掩盖泉水，这不仅表现在对既定的判断表示欢迎的读者身上，也表现在批评家身上，他舍弃欣赏的快乐而去追求判断和分类的快乐，也就是说，舍弃爱的快乐而去追求抱有意图的快乐。"趣味并不创造任何东西，它只作用于已经完成的作品。想在批评家那里发现纯粹状态下的趣味，是不可能的，因为批评不仅要有趣味，还要理解和创造，"无论他多么远离教条，他也必须做些证明、整理和建设工作"。在有些批评家那里，阅读就是为了写作，阅读变成了一种必须完成的工作，而不是从作品中获得快乐，总之，阅读变成了一种义务，或任务，甚至苦役，甚至牟利的手段，那就谈不上欣赏了。须知批评家并不是非写不读的，他必须为非功利的阅读保留一块净土，细心培养纯粹的趣味，千万不能被"高雅的敏感和学术的教条"蒙住了眼睛。

欣赏的具体表现是"体验"，就是直接进入作品，不经任何中介，他直接面对的是诗人，而不是批评家；他要认识的是诗人，而不是社会中的人；他要体验的是诗，而不是诗人。瑞士批评家马塞尔·莱蒙对体验有精妙的描写："眼睛盯着！余皆不存。试图忘掉自己，平心静气，让诗自在地呼吸，自主地生活。善于从近处看，也善于从远处看。……不可或缺的是高声朗读，使耳朵驯服、用舌和腭接触字词的肉体。"这是一种与作品融为一体的感觉，是一种纵浪大化、物我两忘的境界。卢梭在《漫步遐想录》中，面对大自然，有过这种幸福的状态："假如有这样一种境界，心灵无须瞻前顾后，就能找到可以寄托、可以凝固它全部力量的牢固的基础；时间对它来说已不起作用，现在这一时刻可以永远持续下去，既不显示出它的绵延，又不留下任何更替的痕迹；心中既无匮乏之感也无享受之感，既不觉苦也不觉乐，既无所求也无所惧，而只感到自己的存在，同时单凭这种感觉就足以充实我们的心灵；只要这种境界存在下去，处于这种境界的人就可以自称为幸福，而不是人们从生活乐趣中取得的不完全的、可怜的、相对的幸福，而是一种在心灵中不会留下空虚之感的充分的、完全的、圆满的幸福。"这种境界，就是欣赏所要达到的境界。

"普通读者"是唯一可以在阅读中达到这种境界的人。但愿翻译作品的读者是一些普通读者，他们只求在作品中开阔眼界，扩大心胸，启迪智慧，获得美的享受。

四

我在前面说过："读者对翻译作品的全面接受必然经过三个阶段，一是理解，二是欣赏，三是借鉴。"其实，所谓"借鉴"，主要说的是艺术家（作家和诗人）和批评家。他们可以是普通读者，但是甘愿做普通读者的太少了，他们不愿把时间和精力放在理解和欣赏上面，而纷纷致力于借鉴。所谓借鉴，在他们看来，就是模仿。

周作人在《日本近三十年小说之发达》（1918 年 4 月 19 日）中说："中国讲新小说也二十多年了，算起来却毫无成绩，这是什么道理呢？据我说来，就只在中国人不肯模仿不会模仿。……我们要想救这弊病，须得摆脱历史的因袭思想，真心地先去模仿别人，随后自能从模仿中，蜕化出独创的文学来，日本就是个榜样。"在周作人的年代，日本的小说究竟怎样，我不清楚，然而把中国的新小说的"无成绩"，说成是中国人"不肯模仿不会模仿"外国人的"自然的结果"，我认为，是没有搔到问题的痒处。小说不是一个物件，而是精神产品，如果精神不变，是模仿不来的。如果把小说当作一种物件来模仿，就是盲目的模仿，也许正是由于中国人盲目地模仿别人，写出来的新小说才"毫无成绩"。说中国人"不会模仿"，可，说中国人"不肯模仿"，则不可。

模仿，是借鉴的一个重要的部分，但是以理解和欣赏为基础的借鉴更为重要，我称之为"同化"。由理解而欣赏，达到与传统沆瀣一气的境地，方可谈到模仿，这时的模仿就是一种同化。否则，模仿只能是表面的形式的挪用，产生的是一种没有深度的小说。夏志清在《中国现代小说史》中译本序中说："20世纪西洋小说大师——普鲁斯特、托马斯·曼、乔伊斯、福克纳等——我都读过一些，再读五四时期的小说，实在觉得它们大半写得太浅露了。那些小说家技巧幼稚且不说，看人看事也不够深入，没有对人心做深一层的发掘。这不仅是心理描写细致不细致的问题，更重要的问题是小说家在描写一个人间现象时，没有提供比较深刻的、具有道德意味的了解。"小说的形式新奇是最容易吸引人的注意的，因此也最容易模仿，但是，"有意味的形式"非经过理解和欣赏的阶段不能同化，所以，肤浅的形式模仿乃是造成我们的新小说"没有深度"的重要原因。

影响，是文学借鉴中不能不谈到的问题。我不取比较文学的角度，但是我要引述一位比较学者的话："从原则上说，比较学者绝不应对影响中主动（给予）和被动（接受）因素做质量上的区分，因为接受影响既不是耻辱，给予影响也没有荣耀。"（乌·韦斯坦因：《比较文学与文学理论》）毋庸讳言，中国的现当代文学是在欧风美雨的吹打下曲折地萌发、生长、壮大的，它今天的面貌与外国的影响有绝大的关系。但是，有些作家对这种影响却仿佛有别样的看法：有的视之为耻辱，谈起来讳莫如深；有的认为不光彩，说起来底气不足；有的则拉大旗作虎皮，专拣大作家撑门面；鲜有态度平和、光明正大者。写小说是要学习的，虽然不是上课，但是读书是必需的，读书就是学习。读书就难免影响，正如肖所说："与'模仿'相反，'影响'表明，受影响的作者所创作的作品完全是他自己的。影响并不限定在个别的细节、意象、借用甚或出源等问题上——虽然它可以包括它们——而是通过艺术创作呈现出某种渗透，某种有机的融汇。"（转引自《比较文学与文学理论》）曾经有过老太太写出自己的经历而成为畅销书，但那不是作家所为，与作家有意识的创作不同。所以，各国文学之间相互的影响既是一个事实，又是我们应该正视、坦然面对的事实，没有必要藏着掖着，更不必说否定或者缩小其范围了。健康的借鉴必出于理解和欣赏之后，浅尝辄止式的或迷惑于新奇的表面的借鉴只能称为肤浅的模仿，为我们所不取。

总之，作为一个外国文学的研究者和翻译者，我希望我们的学者和批评家放下身段，从普通读者做起，融入作品，欣赏作品，然后借鉴，真正使翻译文学成为我们的文学的一部分。

2012 年 5 月，北京

历史小说是一个悖论

　　一种现象在多少年之内反复出现，并且人们看不到结束这种现象的希望，于是人们就会想：是不是我们的头脑出了毛病？是不是我们的看法没有触及问题的根本？这种现象就是关于历史小说（包括一切以历史为题材的文艺作品，如历史剧、电视剧等等）的争论。我们注意到，每当有略具规模的历史小说出版的时候，总有关于这本小说的言论在媒体上出现，出版者说小说如何在历史的真实和艺术的想象的结合方面进了一步，作者说他如何阅读了大量的史籍，批评家则说作家如何进行了合理的虚构，但是同时，又总有历史学家出来指出小说如何有违史实，结果是一场争论热热闹闹地起来，又无声无息地消失，等待着一部新的历史小说出版，再来一次同样的争论……

　　翻一翻《辞海》，居然有"历史小说"的条目，且看它怎么说："小说的一类，有长篇和短篇。它通过描写历史人物和事件再现一定历史时期的生活面貌和历史发展的趋势，可以容许适当的虚构；但所描写的主要人物和主要事件必须有历史根据。"这条被广为接受的释义说的是，历史小说为小说的一类，而非历史的一类，在其结构中，小说为正，历史为偏，小说为主，历史为副，所以，历史小说就是以历史为题材的小说。可是我们知道，小说的灵魂是虚构，历史的追求是真实，以真实来支撑虚构，或者说虚构的基础是真实，这样的小说还叫小说。倘若以真实来控制虚构，或者虚构的标准是真实，这样的小说还叫小说吗？还有，"容许适当的虚构"，多大的比例是"适当"？难怪人们为"适当"二字争论不休。重历史者，人们会说它为史料所束缚，把小说写成了"教科书"；重小说者，人们会说它"借古人说话"，有指桑骂槐或者借古讽今的嫌疑；用其极者，人们自然会说它是"戏说"。于是，严肃的历史小说势必成为"教科书"，而趣味性的历史小说则无一例外地成了"戏说"。所以，在我看来，历史小说就是真实的虚构，或者虚构的真实，本身成了一个集矛和盾为一体的东西，类似方的圆或者圆的方。历史小说是一个悖论。人们争论的焦点在于，历史小说是否承担传播历史知识的使命，历史小说家是否应该自认为历史学家。

19 世纪上半叶，英国出了个瓦尔特·司各特，法国出了个大仲马，都被认为是杰出的历史小说家，除了给读者提供了趣味盎然的小说之外，还传播了历史知识。对于 19 世纪的普通读者来说，由于文化修养的差别使他们的小说成了了解历史的主要渠道，以至于雨果说："司各特把历史所具有的伟大灿烂，小说所具有的趣味和编年史所具有的那种严格的精确性结合了起来。"可是，从阿波里特·泰纳开始，人们对司各特和大仲马的小说有了不同的认识，对他们的小说中所谓的历史产生了怀疑，渐渐明白，这两位小说家不过是把历史当作故事的背景而已，不必给予太多的重视，小说又恢复了本来的面目。泰纳说："我们从瓦尔特·司各特那儿学到了历史。然而这是历史吗？所有这些遥远时代的图画都是不真实的。只有服装、景色、外表是真实的；行为、言谈、情感、一切别的东西都是文明化了的、被润色了的，用现代的装束安排的。"就小说而论，他们的作品还是很优秀的，至今也不失其魅力；可是要论历史，就不敢恭维了，恰如格奥尔格·勃兰兑斯就司各特所说："在岁月的悄然流逝之中，通过发人深省的时间的考验，他现在已经成为一个只能受到十三四岁的孩子们欢迎的、每一个成年人都读过但是没有一个成年人再会去阅读的作家了。"进入 20 世纪，人们已经不把历史小说当作历史知识的载体了，历史小说的名目还在，但更多的是它作为小说而存在了。

不过，就算是在司各特和大仲马的小说在欧洲大行其道的时代，它们的作者也并没有历史学家的野心，试图"解读历史真相"，虽然他们的作品也是以大量的史料（包括野史、传说等）为基础的。司各特知道，"刻画古代或者时下风俗的画家，比起描绘上一代人风俗的画家具有多么大的优越性"，所以他的叙述的力量"全部集中于人物和人物的热情"，而风俗则成为这一切的背景和"必要的色彩"。大仲马十分清楚，有史学家的历史，也有小说家的历史，关键是把两者很好地结合起来。他的目的并不在于复活真正的历史，只不过是给他的故事提供一个合适的环境罢了。所谓"结合"，就是正确地处理想象与真实的关系，把历史小说当作小说来做。历史小说家是小说家，不是历史学家，更不是集历史学家与小说家于一身。他们且不可以自认为是一个历史学家，批评家也不可以把他们当作历史学家看，无论他们自诩读过多少史籍。至于有些人以这样或那样的观点解读历史，读者大可一笑置之，不必认真。"以史育人"的口号，历史小说承担不起。即便是历史学家动手创作一部历史小说，也不能取历史学家的身份，否则，他创作的历史小说真的会成为一部"教科书"。一个严肃而成熟的读者不会从小说中获取历史知识，他若真的想了解历史的话，就不会对一部历史著作感到枯燥乏味，例如法国史学家雅克·勒高夫写的《圣路易》就是一部引人入胜的著作。更为惊人的是，法国史学家埃马纽埃尔·勒华拉杜里的描述 14 世纪比利牛斯山中的小村庄的《蒙塔尤》居然成为法国、美国、荷兰、英国、瑞典等国的畅销书！可惜的是，我国号称有悠久的史学传统，历来看重史学，可她的读者们今天却喜欢从历史小说中获取历史知识，其可怪也欤。

把传播历史知识的重担从历史小说的肩上卸下来，历史小说家不再自称或自认是一个历史学家，那么，历史学家、批评家和读者将不再指责历史小说违背历史，不再讽刺历史小说家的僭越，他们的争论将集中在小说写得好不好。

2004 年 4 月，北京

一个中学生的读书生活

　　写下这个题目，不禁哑然失笑：20世纪50年代的一个穷苦的中学生，除了语文课本，家中没有任何藏书，除了语文老师，周围没有任何读书人，除了纸笔墨水，没有任何零花钱买书，还谈什么"读书生活"？可是他喜欢书，深信"买书不如借书，借书不如抄书"。当然，他没有抄过书，除了一些诗词和短小的古文。然而，他毕竟读了一些书，有过一些心得，也算是一种"读书生活"吧。这种生活是杂乱的，快活的，丰盈但到处是漏洞的。

　　先说"杂乱"。没有人知道该读什么书，也没有人可供咨询，于是我什么落在手上就读什么。我读过的第一本书是周而复的《山谷里的春天》，那是一本短篇小说集，写了些什么，今天已毫无印象。我所以记得这本书，是因为它使我知道了，陕北人管饺子叫"扁食"。相比之下，北京北部的人，例如怀柔人，管饺子叫"馒头"，就不大好理解了。《古丽亚的道路》《卓娅与舒拉的故事》和《钢铁是怎样炼成的》，大概是当时的中学生人人都读的东西，我自然不例外，前两本书的故事已经在记忆中淡漠了，唯有保尔的形象多少年之后还栩栩如生。虽然我已经多少年不读《钢铁是怎样炼成的》了，但是保尔的名言："人最宝贵的东西是生命，生命属于人只有一次。人的一生应该这样度过：当他回首往事的时候，他不会因虚度年华而悔恨，也不会因碌碌无为而羞耻；这样，在他临死的时候，他能够说：'我的整个生命和全部精力，都已经献给世界上最壮丽的事业——为人类的解放而斗争。'"我至今不忘。无论保尔为之服务和斗争的事业是什么，他的这句话说出了一个有理想的人的生命真谛。我还读过《形形色色的案件》等许多侦探小说，严密的逻辑推理、曲折的情节和紧张的氛围，大概是吸引我的地方。我也听说过英国威尔斯的科幻小说，例如《火星人》什么的，可是没有机会阅读，今天想起来还觉得遗憾。中国古代的四大名著《红楼梦》《三国演义》《水浒传》和《西游记》，都一一读过，但是《红楼梦》没有读完，我觉得它扭扭捏捏的，有脂粉气。四本书中我最喜欢的是《水浒传》，一百单八将，各个不同，各个传神，各个有故事。我记得各国的民间故事读得不少，现在想起来，所谓"各国"，例如立陶宛、阿塞拜疆等，多数是苏联的加盟共和国。我读过的书中，除了小说，还有历史方面的，如范文澜的《中国通史简编》，从俄文翻译过来的希腊、罗马和中世纪的历史，书名都忘了，只记得是精装的普及著作，读得很有兴味。哲学方面，有一本江西党校编写的哲学问答，给了我一些哲学的基本知识。我甚至还读过《趣味数学》一类的书。总之，我读书很杂，很乱。

再说"快活"。我作为一个中学生，其读书生活是杂乱的，然而又是快活的，就是说，精神上是愉快的，想象力是活跃的。穷人的孩子也有乐趣，生活中的乐趣是平凡的，书中的乐趣却是无限的。1957 年，我因言获罪，进不了重点高中，算是一种惩罚吧。是读书给了我精神上的满足，驱赶了日常生活的平淡，小小年纪我就明白了：政治并非唯一，甚至不是第一的价值。然而这道理的实现，却要在 30 年之后。柯南·道尔讲述的福尔摩斯的故事给了我无穷的乐趣，《四签名》《血字的研究》《巴斯克维尔的猎犬》《恐怖谷》（这本书我只闻其名，并未找到）等书极大地刺激了我的想象力：福尔摩斯虽然具有科学理性的逻辑推理能力，然而他的思维的运转却全然是以想象力为基础的。《巴斯克维尔的猎犬》给我的印象最为深刻，飘浮着迷雾的沼泽地，坚硬的岩石，茂密的植物，令人毛骨悚然的半夜尖叫，高大凶猛的满身放光的猎犬，一切都笼罩在一片神秘恐怖的气氛中。猎犬的身上涂了磷，这种科学的事实打破了迷信的禁锢，使精神获得了净化。长春地处平原，本无山、海，不知我为什么脑子里总是堆满了山和海的形象，看到天上的白云，我一会儿想到巍峨的高山，一会儿想到浩瀚的大海，原来这是阅读的结果啊：李白的"蜀道之难，难于上青天，使人听此凋朱颜"，杜甫的"会当凌绝顶，一览众山小"，苏轼的"山高月小，水落石出"，袁枚的"台下峰如笔，如矢，如笋，如竹林，如刀戟，如船上桅，又如天帝戏将武库兵仗布散地上"，等等，诗句文句，纷至沓来。然而我国自古以来颇少描写大海的诗与文章，想想我读过的，只有曹操的《观沧海》："东临碣石，以观沧海。水何澹澹，山岛竦峙。树木丛生，白草丰茂。秋风萧瑟，洪波涌起。日月之行，若出其中；星汉灿烂，若出其里。"曹操大概是我国最早的以大海为审美对象的人吧。我对于海的想象从何而来？大概是梅尔维尔的《白鲸》、凡尔纳的《格兰特船长的儿女》和《神秘岛》吧，还有陆柱国的《九极浪》，它的第一句话："在高纬度的波兰……"，至今还记得。我虽然身居一隅，但我想象的空间和时间却从严寒的极地到酷热的赤道、从亘古的洪荒时代到飞机汽车的今天，真可谓"观古今于须臾，抚四海于一瞬"。我做到了"笼天地于形内"，就差"挫万物于笔端"了。一个中学生的读书生活，可以说是快活的。

第三，说"丰盈但到处是漏洞"。到了高中二年级，我终于有了一点零花钱，所谓"零花钱"，就是我的午饭钱。我因此而体会到了英国作家吉辛的选择的痛苦：每当午饭的时候，他的肚子就嚷着要吃饭，可偏偏这个时候又有一套极易脱手的书摆在他面前，他的午饭钱就是书的价格，买了书就不能吃午饭，吃了午饭就不能买书，于是，求知的欲望和活着就得吃饭的念头在他的头脑里斗了起来。他在街上踱来踱去，一会儿用手在口袋里搓捏着那几枚硬币，一会儿用眼睛瞟一瞟那书摊，终于还是把吃午饭的钱拿去买书了。我买的第一本书是古巴诗人马蒂的《马蒂诗选》，马蒂是古巴的民族英雄，这本书的出版是应时之举，但他的诗确实写得很好。当然，我还是遵照"买书不如借书"的古谚，楚辞、汉赋、唐诗、宋词、元曲、明清小说，都有所涉猎，尤其是《唐诗三百首》《唐五代词》和《古文观止》，我读得比较仔细。外国的，如莎士比亚的《哈姆雷特》、拜伦的《唐璜》、雪莱、海涅、普希金、莱蒙托夫的诗、斯丹达尔、巴尔扎克、托尔斯泰、屠格涅夫、狄更斯的小说、希腊罗马神话，等等，都给了我精神上的抚慰和滋养，极大地开拓了我的视野。我一个小小的中学生，居然能够借助书本，在世界各地无分古今地游逛。这里我要特别地说说《红与黑》《欧也妮·葛朗台》和《高老头》。《红与黑》是我在高中一年级的时候读的，可能是由于年龄的关系，于连的爱情不怎么打动我，倒是他的性格和才智给我留下了非常深刻的印象。他孱弱，腼腆，但是他的才智给了他胆量，居然敢以此为武器反抗社会的不公。我不知道如何以阶级和阶级斗争的观点来分析他的遭遇，我只是认为社会应该承认他的才智，"王侯将相宁有种乎"，出身的贫寒不应该成为雄心的实现的障碍。于连被绞死了，我确实叹息了好几回。转过年来，我读了《欧也妮·葛朗台》和《高老头》。欧也妮的老实安静和对爱情的执着、葛朗台的灭绝人性的吝啬、高里奥的溺爱、拉斯蒂涅的野心——"他气概非凡地说了句：'现在咱们俩来拼一拼吧！'然后拉斯蒂涅为了向社会挑战，到纽沁根太太家里吃饭去了。"对"向上爬"的讽刺真是一针见血,入木三分,使我对法国社会的无情和人性的深渊产生了探索的兴趣。这三本书,如果说它们没有对我的人生观有着决定性的影响,却直接导致了我对职业的选择:我义无反顾地走上了法国文学的研究、评论与翻译的道路。当时我还不知道或没有意识到文学的领域之大小与深浅,因此我的读书生活的漏洞是显而易见的。

1961年夏的一天,我正在家里下象棋,忽听院子里有人叫我的名字,原来是邮差给我送来了北京大学的录取通知书。我成了西方语言文学系的一名学生,分专业的时候,我毫不犹豫地选择了法国语言文学专业。我没有想到的是,30年之后,我也向国人贡献了《红与黑》的一个译本。

2009年8月,北京

《法国当代桂冠小说丛书》总序

　　法国的文学仿佛一棵树，传统是树干，创新是枝枝杈杈。没有树干，枝枝杈杈无所依附；没有枝枝杈杈，独木一枝，也不成其为树。有树干提供养分，枝枝杈杈才能茂盛；枝枝杈杈茂盛，树干才能越长越高。一棵树伟岸挺拔，指的是树干高大，枝叶繁茂，一派生机。20世纪法国的小说，当作如是观。

　　法国文学史家雅克·白萨尼在《法国文学，1945-1968》一书中写道："近15年来，先锋派文学和传统派文学不仅是存在着，而且是并行的……他们分别拥有自己的刊物、批评家和奖金：前一种文学，读的人很少，但谈的人很多；后一种文学，读的人很多，但谈的人很少。"

　　美国的法国文学史家杰尔曼娜·布雷在《20世纪法国文学，1920-1970》一书中写道："……（在法国）两种文学并存：一种是人们都在读但谈论不多的文学，另一种是人们不大读但解说很多的文学。"

　　法国文学批评家克洛德·莫里亚克在《当代的非文学》一书中有过这样的论断："文学的历史与非文学的历史，两者是平行的。"这里的"非文学"，指的是"那种不易读的、因而摆脱了贬义的文学"，简言之，是先锋派文学，即现代派文学。

　　上述三位论者不约而同地说到了同一种文学现象：有些作品只因为打出了现代主义的旗号，就可以被批评家以及自许为文化精英者的人连篇累牍地谈论，尽管很少有人阅读，甚至许多人是在热烈地谈论着他们根本没有读或根本读不懂的东西；而有些作品只因为被归在传统派的麾下，立刻就在一些批评家的眼中跌了价，哪怕这些作品在社会的各阶层中被广泛地阅读着。这一多一少和一少一多，实际上构成了当代法国文学的基本图景。只是"并行""并存""平行"等词语，含义有些模糊，孰轻孰重，孰隐孰显，不清楚，容易使人产生错觉，很可能从中得出两幅截然不同的图景。读者翻开一本欧美学人的著作，多半会看到作者对现代主义的作品津津乐道，不厌其详，而对传统派的作品则轻描淡写，惜墨如金，于是便以为津津乐道者即为现当代法国文学图景的主体。其实这可能正是一种错觉。站在世纪末的立场上回眸一望，便可清楚地看到，所谓"并行""并存""平行"者，掩盖着的是一种相互渗透、相互激荡、相互融合的现象。唯如此，传统这棵大树才能够根深叶茂，越长越大。

这里有必要对"传统派文学"和"现代派（先锋派）文学"的界定做一番解释。首先要说明的是，这两种文学的分野往往是十分模糊的，例如，有人将文学作品中表明了新观念、新精神、新感情而形式上仍是古典的、传统的文学称作现代派文学，而有人只以形式做标准；有的指的是创作方法，有的指的是创作原则等等；有的则干脆说，看不懂的就是现代派，看得懂的就是传统派。我这里所取的标准是看文学与社会、与生活、与人的关系。

法国的20世纪文学不是一股无源之水，不是一段无本之木，也不是一种突如其来的崛起，它是在19世纪文学的基础上发展起来的。纵观19世纪，法国文坛上先后出现了三大潮流：浪漫主义、现实主义和象征主义。这三大潮流只是产生的时间有先后，其发展却并不是一个取代一个，也没有哪一个曾经真正地销声匿迹，它们是时而对立，时而并行，时而彼此重叠，时而互有弃取。

就小说等叙事文学而论，创造的现实主义生机最为旺盛，内涵最为丰富，门户最为开放，成为法国19世纪文学中持续时间最长的主流。它的三位杰出的代表各具特色：巴尔扎克雄伟，富有想象力，被称为伟大的洞观者；斯丹达尔深刻，个人色彩浓厚，他的主张与实践被归纳为主观现实主义；福楼拜冷静，注重形式的完美，最得现代小说家的青睐。他们为法国文学开辟了一条面向现实、深入社会、关心人生、追求人的价值的广阔道路。当然，走在这条道路上的，不止现实主义一家，它汇集了一切为人生而艺术的流派或倾向。所谓创造的现实主义，指的是容纳了浪漫主义和象征主义而以现实主义为主体的一种创作原则和创作方法，有别于机械的现实主义，也有别于自然主义，它是法国20世纪文学继承并发扬的传统。

世纪伊始，法国小说就表现出强烈的创新意识，但又深深地植根于传统之中。法国批评家克洛德—埃德蒙特·玛尼曾经指出，在第一次世界大战前的20年中欧洲产生了一种新型的小说，其中"艺术家要比现实更重要，甚至可以说，这种现实只是一种托词，作家借此来表现自己内心的现实"。这类小说在法国的代表是普鲁斯特和纪德。她明确指出，这种小说"源出于自然主义"。她的这一论断可以从普鲁斯特的长篇小说《追忆逝水年华》和以纪德为首的《新法兰西评论》的活动中得到证明。普鲁斯特虽然被看作是意识流小说的代表作家之一，但他同时也是一位社会和人的深刻敏锐的观察者和研究者，正如一位批评家指出的那样："《追忆逝水年华》既是一个时代的历史，又是意识的历史……"在他的小说中，意识的流动从来都不是无端的，任意的，无迹可寻的，换言之，普鲁斯特的小说的意识流是清醒的，理性的。普鲁斯特被誉为"巴尔扎克的继承者"，或者"20世纪的巴尔扎克"，他的

《追忆逝水年华》被看作是"生活的大辞典"、"新的人间喜剧"，而普鲁斯特本人成为巴尔扎克的崇拜者，他的小说技巧很快就成为传统的一部分，这都是很自然的事情。普鲁斯特是 20 世纪第一个也是最大的小说革新者，但他的革新是与传统紧密相连的。《新法兰西评论》月刊于 1909 年正式出版第一期，它的周围聚集了一批有才华的中青年作家，他们的共同意愿和志趣是反对 19 世纪遗留下来的象征主义文学的矫揉造作、华而不实的风格，提倡陀思妥耶夫斯基式的含混和狄更斯式的质朴。该刊的宗旨是"博采众家之长"。普鲁斯特和《新法兰西评论》的一批作家使 20 世纪初的一些小说呈现出不同于 19 世纪批判现实主义小说的面貌，创作出一批使人耳目一新并经得起时间考验的现代主义小说，但是他们显然没有采取与传统一刀两断的态度，这就使他们的创作在很大程度上丰富了传统。他们的小说从关注客观现实转向追求主观现实，由此带来了技巧上的革新，从而使小说具备了创造的现实主义的特点。

小说是两次世界大战之间最为活跃的一种文类，传统与创新相互促进，呈现出一种多变中有统一、纷乱中有齐整的壮丽景观。这个时期，老一代作家如纪德、罗曼·罗兰等精力犹盛，中年作家如杜伽尔、杜亚美、贝尔纳诺斯等日臻成熟，年轻作家如马尔罗、圣-埃克絮佩里、季奥诺等崭露头角。人们身经战乱之苦，惊魂甫定，又眼见战云重聚，惶惶不安，以往的价值观念和精神支柱已经摇摇欲坠，再经不起一点风吹雨打，作家们都力图成为这个动乱的时代的见证。迷惘、惶惑、悲愤，或者是希望、斗争、奋进，都贯穿着一种紧迫的现实感和深刻的历史感。总之，两次世界大战之间的小说继承了 19 世纪的现实主义传统，成为广泛的、变动不居的社会生活的一面镜子。法国著名作家克洛德·波纳伏瓦写道:"战前的小说像 19 世纪的小说一样,使人看得见。后世的历史学家比居维叶优越的地方,就是他们小说在手就可以了解 20 或 30 年代了。全部的社会生活一目了然:从莫里亚克看资产者,从马尔罗看革命,从贝尔纳诺斯看宗教信仰,从莫朗和拉尔波看世界性,从罗曼看激进政治,从高克多看理智的、引人注目的放纵。他可以知道一个小学教师挣多少钱,邮局的雇员或公证人是如何生活的,小伙子怎样发现爱情,有夫之妇如何与人通奸并找到过夜的旅店。"信哉斯言!生活画面的广阔,人物性格的鲜明,心理活动的细腻,使这一时期的小说在现实主义的道路上达到了新的高度,进而为创造的现实主义。普鲁斯特的意识流手法已被广泛地吸收和运用,成为传统的一部分,滋养着新的小说家。即使一些刻意创新的作品也决不沉溺于纯技巧的追求,例如纪德的《伪币制造者》(1926 年)。这部小说写法别致,没有中心人物,几条线索齐头并进,往返穿插,夹叙夹议,互不相干,又嵌入一个人物的一段日记,记叙他如何构思一部叫作《伪币制造者》的小说。全书时而叙述,时而议论,各人的故事又都无头无尾,又在日记中大谈对小说创作的看法,造成扑朔迷离、万象纷呈的感觉。但是,综观全书,情节的进展仍可把握,人物的形象相当鲜明,与时代的联系亦可称紧密,反映了一代青年精神上的迷惘和苦闷。可以说,这部被称为"纯小说"或"法国第一部反小说"的《伪币制造者》散发着强烈的时代气息。

1940 年以来的小说受到各方面的冲击和挑战,其影响之深且巨,是有史以来所不曾有的。以第二次世界大战为开端的各种重大的历史事件接踵而至,各种新哲学体系竞相出现,马克思主义、弗洛伊德主义和尼采的哲学思想继续发生作用,自然科学和工业文明的迅猛发展带来了意料不到的结果,人类的前途和命运遭到前所未有的灾难和考验，在技巧方面则受到电影、电视和电脑等新式传播手段的影响。"反小说"、"反戏剧"、"非文学"、"非诗"等词语对普通人来说也不是陌生的了。自50年代以来，"新小说"等无疑是报刊书籍中最热门的话题。所谓"传统小说"受到了从未有过的猛烈的攻击甚至奚落。早在40年代，萨特就提出了"反小说"，而到了50年代，阿兰·罗伯-葛利耶不仅从巴尔扎克反到纪德，就连萨特也不能幸免。新小说有两个反对，一反对小说中有人物、情节和性格塑造，而反对"介入文学"和"现实主义"。新小说的作家们追求所谓"纯小说"，认为小说除自身外别无其他目的，因此最标准的新小说往往成为一种"语言练习"。新小说以反对"易读易懂"自命，要求读者合作，重新学习阅读，并指责因其晦涩难懂或不可理喻而废书不观的读者为"懒惰"，尽管如此，肯与这种"语言练习"合作的读者仍属寥寥。罗伯-葛利耶自己说："五六十年代，我成了新闻人物，评论我的人很多，真正阅读我的作品的人却很少，而现在，青年人中读我的书的人就很多。"他说的是真话，但只有一半是真的，另一半却是很值得怀疑的。新小说大概走红了十年，到了70年代就露出了下世的光景。真正对新小说感兴趣的是一些大学教授，如罗朗·巴特、吕西安·戈德曼等人，他们以一种异乎寻常的热情鼓吹新小说，怪不得著名作家于连·格拉克说："这种先锋派是一些教书匠强加于人的。"于是，有人惊呼："小说陷入危机了！"

其实，"小说危机"的警报并非自是日始，早在19世纪末就已经发出了，此后断断续续，不绝于耳，迄于今日。1891年，有一位批评家说："我难以相信叙述性小说作为一种形式会不使今日的艺术家感到厌烦。"著名记者儒勒·雨莱调查文学界名流，得出结论：小说已经衰退，不久即将死亡。连写了那么多小说的左拉也预言小说将不复存在。有人预言，从自然主义之后到20年代，小说将被危机吞没。第一次世界大战期间，人们对小说的前景更为悲观，请听这一问一答："小说在危险中吗？""小说命在旦夕！"战后的1926年，瓦莱里更是根本取消了小说存在的理由，声称"写出'侯爵夫人下午五点钟出门'这样的句子是不可想象的"。萨特也说："自从精神分析学和马克思主义出现以后，小说失去了天然的环境。"总之，自19世纪以降，在西方，小说乃至整个文学都处于一种为自身存在进行辩护的地位，不断有各种警报从各种地方发出来。这种危机感是作家们不能理解和把握巨大多变的历史事件而感到惶惑、迷惘甚至悲观绝望的结果，这种在文学表现上穷乎其技的现象主要的不是出自技巧的贫乏陈旧，而是出自观察的迟钝和思考的贫弱。然而，那些严肃真诚的作家毕竟在探索中有所前进，小说以及整个文学毕竟一天也没有停止其或快或慢的发展，中间也没有出现有些人以为看见的那种"断裂"或不可逾越的鸿沟。文学的真正危机始终是脱离现实生活的结果，而一旦出现了"危机"，单纯的技巧或形式上的补救是绝难奏效的。

新小说反对的那种传统小说尽管受到如此猛烈的攻击，却仍然有大量的追随者，不断地产生出优秀的作品，虽不能入某些批评家的青眼，却受到广大读者的欢迎。曾经在两次世界大战期间十分兴旺的多卷本长河小说，在战后，仍保持着旺盛的生命力。这一时期，小说创作在批判资产阶级家庭、青年人在与社会环境的冲突斗争中所经历的精神和道德上的变化、贫苦农民被工业化驱赶进城的悲惨命运、1968年前后大中学生的精神面貌等方面，均有所突破。在这里，我们必须谈谈萨特和加缪。萨特写的是存在主义小说，后者则自称表现的是"荒诞哲学"。萨特最好的文学作品是戏剧，不是小说。在法国文学史上，他的小说的价值在于提出问题，不在于提供了什么堪称典范的方法和技巧。发表于1938年的《恶心》试图揭示的是主人公如何通过"恶心"这种感觉意识到周围世界的虚假性和人对存在的陌生性，从而要超越存在，实现人的自由。这是一部哲理思辨的小说，与传统小说有很大的不同。而他战后写的《自由之路》却加强了写实的成分，于是，新小说的主将葛利耶不无讽刺地说："新的人道主义的真理占据了他的意识：阶级斗争，法西斯的危险，第三世界的饥荒，文学为无产阶级服务。他到了懂事的年龄！"罗伯-葛利耶自称是《恶心》的继承者，理所当然地对《自由之路》表示了不满："从最初几页开始，我们就从高处跌落下来；现实主义的恶癖一样也不少：象征性的人物，典型环境，含义深远的对话，直到使用叙事的过去时……"当然，《自由之路》并未因此而成为一部现实主义小说，但是，罗伯-葛利耶的反感至少说明，萨特的小说在手法上仍不离传统的轨道。看来，萨特知道，非理性主义是不能用非理性的方法来表达的。唯其如此，存在主义哲学才能通过萨特的笔发生深而且广的影响。加缪更是一位世所公认的艺术上的古典派。他的风格是简约的，语言是明晰的，内容总是植根于社会生活的。《局外人》的环境是他曾经很熟悉的，主人公傲视习俗的态度在他也是不陌生的；《鼠疫》所弥漫着的那种焦急等待的心情是他在抵抗运动中亲身体验过的；《流放与王国》中有多处是与他本人的经历体验有密切关系的；而《堕落》则更是一种由己推人的深刻的精神反省和解剖。加缪的小说虽然表现的是所谓"荒诞哲学"，其本身也力求成为"形象化的哲学"，但绝少图解的痕迹。加缪不是哲学家，却有哲学的追求，因此他在揭示资本主义世界的荒诞性时不免趋向于抽象化和普遍化。他本质上是一个资产阶级人道主义者。萨特和加缪是两个有很多相似之处的不同的作家。

在与传统的关系上，萨特更多的是一个叛逆者，而加缪更多的是一个继承者。萨特更为激进，而加缪更为冷静。萨特只有西蒙娜·德·波伏娃作为毕生的追随者，而加缪则始终是个没有桑柯·潘扎的唐·吉诃德。存在主义作为一种哲学思潮，对战后法国文学具有一种弥漫性的影响，它提出的焦灼、厌恶、荒诞等概念几乎在各种文学流派中都有反映，因此，在战后的法国文学中，我们只看到表现了存在主义思想和情绪的作品，而并未看到以存在主义方法写成的作品。"存在主义作家"也是一个极不明确的概念，有时似乎只有萨特和德·波伏娃，至多再加上加缪，有时则网罗了一批在创作方法上极不相同的作家。所以，在文学上很难说有什么存在主义流派的，更难说有什么"荒诞派小说"，也许只有在戏剧上才有真正的荒诞派。

存在主义也好，荒诞哲学也好，萨特和加缪的文学总是一种强调社会意义的文学，试图为社会提供一种行为的准则。进入50年代，这种以积极态度为主的战后文学受到一批年轻人的挑战。他们的口吻是冷嘲，态度是玩世，精神是反潮流。他们拒绝"介入文学"，否定一切现存的教条和传统的观念。他们的信念是"世界既不严肃，也不久常"。他们的作品中的人物喜欢无拘无束的生活，却又感到无所适从的烦闷，他们既感到这个世界远非完善，又对变化表示绝望，仅止于冷嘲热讽，当然批判起来也毫不迟疑。这是50年代文坛上的一股小小的新潮流。他们被称为"轻骑兵派"，或称"玩世不恭派"，或称"新古典主义派"。这支队伍不大，寿命也不长，只能看作是文坛上的一伙过客，留下了一点可以作为标记的东西，就匆匆离去了。战后真正对传统小说构成威胁的，实际上只有"新小说"。事实已经证明，罗伯-葛利耶并未能用他的作品"打通通向未来"的道路，正如荒诞派戏剧的创始人之一的尤奈斯库所说："通过新小说或者叫作客体小说，（现代派）文学已经走到了他的反面。这是一条死胡同，现在看来，人们正在回到更为传统的、尽管有些过时的（写作）形式中去，以便从这条死胡同中走出来。"

综上所述，如果说"在 20 世纪的法国，同时并存着两种文学"，那么，现在"并存"一词的含义大概已经清楚了，那就是：在 20 世纪的法国，以现实主义为主体、不断吸收新观念、新技巧的传统派文学，也就是创造的现实主义文学，一直是文学的主流，各种先锋派（现代派）文学在总的文学图景中一直是支流，其真正有价值的成分或是随时被容纳进主流之中，或是保持着自己的生命力而在不同的轨道上继续生存和发展。推崇"非文学"（现代主义文学）的克洛德·莫里亚克说："非文学做不到纯粹，它在成功的顶点是和接近于纯粹的文学混为一体的。"这一见解也许是道出了现代主义文学和传统派文学之间"灵犀一点"之所在。

传统并不是僵死的、静止的、不变的。它本身是民族文化在时间和空间中的积累和综合。它每时每刻都在补充着新的东西，也在抛弃着旧的东西，因此，传统并不是陈旧的同义词。传统与创新的存在并不是以彼此否定为前提的。今天的作家无论多么忠于传统，也不会再以巴尔扎克、斯丹达尔、福楼拜和左拉的方式写作了，因为他们的方法已经作为既得的东西储存在读者的欣赏习惯中了，后来者不需要重复他们的工作了。但是，他们的创新必须以这些大师为起点，因为任何进步的后面都不会是空白。只有在传统的基础上进行的创新才是有生命力的创新，才能成为新的传统，并成为后人继续创新的起点。否则就只会走向虚无。亨利·特洛亚说："所谓'传统小说'，其实是对前人作品的发展。它的新奇之处不大显眼，但总是存在的。"法国当代著名文学史家彼埃尔·布瓦戴弗尔尔说："与某些热衷于党同伐异的'宗派'批评家的反复说教相反，那些保持传统写法、书籍大量再版的小说家（如特洛亚、巴赞、圣-彼埃尔等），他们的存在不但没有影响对小说艺术的探讨，相反却起到了促进的作用。"因此，所谓"保持传统写法"，绝不是抱残守缺，胶固不变，而是"相续相禅""踵事增华"，为传统增加新的血液。那种以为现代派文学渐渐取代了现实主义文学，几乎占领了西方文学艺术的整个领域的说法，是慑于现代派文学的声势，从"读者少而论者多"这种现象中得到的错觉。

现代派文学虽然有过几次高潮而终于未能南面称王，是与它固有的一些弱点分不开的。首先在于它的脱离群众。这种文学不是为广大人民群众写的，因而也不为广大人民群众所接受。现代派作家大多脱离人民群众的生活和斗争，沉溺于个人心灵的探索，往往用最玄奥难解的语言讲述最简单的思想或事实，正如一位法国作家指出的那样，他们用非欧数学的语言说二加二等于四。现代派文学与资产阶级文化的贵族化倾向是一致的。这就难怪越来越多的现代派作品离开评论就根本无法阅读，它们需要某种阅读指南，就如同药品需要一种服用说明书一样。其次在于某些现代派作品的虚伪性，这里并不是说这些作家是虚伪的，他们可能是真诚的，而是说他们的作品往往做出很激烈的革命姿态，却几乎从来也威胁不到统治阶级及其制度本身。因此，说现代派文学是西方社会"敏感的水银柱"，是不大符合事实的。现代派文学反映了西方社会的某些侧面，表现了一部分人、主要是中小知识分子的情绪，有其客观的、不容忽视的认识价值，在某些方面也的确具有特殊的敏锐和深刻。它可以成为我们认识西方的物质世界和精神世界的一种有益的补充，但它显然不能成为唯一的窗口，其至也不能成为主要的窗口。

真正优秀的现代派作品实际上并没有脱离社会生活，也没有真正地割断与传统的联系，因此，派别林立的现代主义文学绝非铁板一块，就连现代主义或现代派这种称谓也不是很严密的，往往不能说明问题。现代主义文学作为一部分人的精神世界和某些生活侧面的曲折反映对传统派文学或称创造的现实主义文学是一种有益的刺激和必要的补充。但是，一旦它试图一空依傍取代整个文学而成为主流的时候，就难免走向反面。因此，在法国，传统派文学想要压制现代派文学，取消现代派文学，现代派文学企图取代传统派文学，成为文学的独裁者，都是不能实现的幻想。

在新的世纪中，将有新的传统派和现代派的斗争，两者仍将是"并存"的，当然，所谓"并存"并不是平分秋色。

2000年1月，北京

权威时代之后

—— 叶隽《六十年来的中国德文学科》序

　　叶隽先生是我的年轻同事，他最近写了一本《六十年来的中国德文学科》，问序于我，我说："我是做法国文学的，你可是找错了人？"他笑道："找的正是你。"我猜想，他主张"跨越学科"或"学科互涉"，找一个外行写序，怕就是这个意思吧。当然，我也不是完全属于外行，法国文学和德国文学究竟还同处一个大的学科之中，这个大的学科即所谓"外国文学学科群"，他要"将目光聚焦在更为具体的外国文学学科群"，找到我也是情理之中的事。但是，法国文学和德国文学毕竟是两个学科，各有不同甚至相悖的特色，它们之间如果说有共同的，或者说共通的地方，那就只能是从更高的地方望下去，例如学术史。

　　梁启超先生写过一本《中国近三百年学术史》，开宗明义，说："这部讲义，是要说明清朝一代学术变迁之大势及其在文化上所贡献的分量和价值。"关于学术史，我相信晚近肯定有更周密圆融的解说，但是我觉得，这个90年前的界定言简而意赅：辨章学术，考镜源流，褒贬著述，月旦人物，依次叙来，不就是一部学术史吗？不过，就中国学术史来说，所谓外国文学学科群是一个穷亲戚，鲜有一本学术史的著作谈而论之。《六十年来的中国德文学科》中说："文学学科的定位究竟在哪里？所谓文学研究很难立得住，因为你没有自己独立的方法论基础，更不用说什么理论，基本上都是从别的学科那里来的，尤其是那些强势学科如历史学、哲学、社会学、人类学等。"话是不错，但说得过于崭截了，应该留有余地。就欧洲论，若说19世纪文学和历史还纠缠不清的话，那么到了20世纪，历史学往实证的方向发展，文学则偏重于形式，于是就有了20世纪初的俄国形式主义，二三十年代的英美新批评，五六十年代法国的新批评，德国的接受美学，以后又有了符号学、叙事学等的蓬勃发展，等等，其中有不少都具有创新性的方法论意义。再说，一个学科从别的学科借用某些方法，并不构成这一学科的缺欠，例如精神分析、结构主义、马克思主义等。德文学科，还有其他文种的文学学科，也就是所谓外国文学学科群，所以在我们的学术共同体中未能占有应有的位置，权力、资本、市场以及与之相关的种种问题当然是原因，但是本学科学者的学术实绩不够丰厚仍然是造成这种局面的根本因素。"如果以一个较高的标准来衡量的话，中国德文学科一方面潜力巨大，另一方面自身的学术自立和独立性都相对较弱，整体性建设有待加强。"应该说，在我一个外行人看来，叶隽先生的这一观察还是"实事求是"的，所谓"较高的标准"，无疑是学术史的标准，在学术史研究的烛照下，各种具体的研究，例如德国文学研究，才能显现出"大势"及其"在文化上所贡献的分量和价值"。

一门学问能否成为并被人承认的学科，其实是一个很大的问题，叶隽先生明确地强调了"学科思想"这个概念，他问道："我们这个学科因何而设？又怎样在学术层面上光荣地立住？加入到中国现代学术的共同体中去？"他从"学科的独立方法论""学科的大学制度化""学科的民间组织性"等三个方面界定了"学科思想"。学科思想实际上是一个至关重要而往往被人忽视的问题，或者被当作一种天然的存在而不能引起人们的思考。习焉不察，没有思考，或者没有思考的意识，自然不会考虑到"如何加入到中国现代学术的共同体中"。建立外国文学学科表明，中国学者有能力、有愿望研究外国文学，一是为中国文学提供借鉴，二是对学问的兴趣，三是出于对全人类的精神创造的关心，看看域外的文学是如何产生与发展的，除了洋为中用、古为今用的现实目的之外，还有比较的胸怀与视野以及对美的事物的欣赏。研究外国文学的人除了具有本土意识与中国立场之外，还应该对对象国文学有同情之理解，如果他能从其研究中提出文学理论的新命题和新方法，对中国文学或者对世界文学的学术水平未始不是一种贡献，这样，所谓外国文学学科置身于中国现代学术共同体中也就毫无愧色了。越是具有牢固明确的学科思想，才能做出超越学科的理论概括，例如德国的汉斯·罗伯特·姚斯是治法国文学的，可是他从法国文学的研究中写出了《文学史作为文学科学的挑战》一文，成为接受美学的重要文献之一，使文学理论向前迈进了一大步，或者极大地拓展了自己的领域。建立接受美学的康士坦茨学派本身就是文学理论、罗曼语文学、英语文学和斯拉夫语文学的专家的一个集合体，其中有关注读者文学的接受的，有关注读者对文学的反应的，所取的方法也各自不同，一个是社会学方法，一个是现象学方法，但两种倾向的结合使接受美学成为一种完整的学科。其实，民族文学，外国文学，都是文学，研究起来不该分主宾，别轻重，所得成果应该共享才对。德国文学学科的情况值得我国外国文学学科的学者思考。

一个学科是否繁荣，或者是否正常地发展，端赖学科领袖是否有明确的学科意识，其本人的学术实绩往往不是决定的因素，例如冯至。梳理冯至先生的学科思想应从西南联大时期开始，西南联大的学术熏陶令他下了"以德文学科为志业的决心"，并开始为建立德文学科而进行筹备工作。北京大学时期，由于众所周知的原因，冯至先生担任西语系系主任，统领英、德、法诸学科，基本上是"习惯性起舞"，远不是他的创造性的学术发展的时期，1964年调任中国科学院外国文学研究所所长，本来是他大展宏图的机会，无奈碰上了无产阶级"文化大革命"，一晃十几年过去。1977年中国社会科学院成立，作为外国文学研究所所长的冯至先生已近暮年了，他的主要责任其实是统筹所有的外国文学学科的发展，兼顾德文学科，个人的学术成绩已不是他的精力所在。这是"冯至的悲哀，一个无法展现学术理想和使命的学科领袖的悲哀"，然而这并不影响他成为外国文学学科群包括德文学科的领袖人物。但是，"冯至的学术素养，是否能够包含整个学科发展所需的必要元素，则另当别论"。"另当别论"一语，表明叶隽先生似乎对他的判断有所保留。愚以为，冯至先生的学术素养对德文学科的发展是足够的，但由于种种因素的束缚未能充分展示，以至于他"虽然多少意识到学术史的意义，但基本上浅尝辄止，并未能在学术伦理层面多所发明"，因此，"冯至及其门下弟子确实是中国德文学科的一个极为重要的存在和力量，但其在中国整体学界的影响，作为学派似尚远不够"。学派的形成有利，也有弊，此处不赘。冯至先生于1992年驾鹤西去，"象征着一个时代的终结，那就是学术领袖的权威时代再也一去不复返"，也就是说，"像冯至那样在德语界'一言定乾坤'的时代已一去不返"。权威时代的结束，是一个历史的现象，终究要留下或深或浅的印记，德国文学研究则首当其冲。

大师已去，众声喧哗，"主流难寻"。随着冯至先生的"大家气象"远去的，是"术业有专攻"的研究遍地开花。德语学界的学者们的兴趣已从歌德、席勒等古典作家的身上，逐渐向茨威格、卡夫卡、布莱希特等现代作家转移，并做出了相当可观的成绩，形成了"各自抱残守缺的基本治学方式"。"抱残守缺"固然是一个贬义词，但毕竟开辟了研究多元化的局面。他们并非没有成为"通史大家"的努力，但是面对庞大的研究对象有心无力，退而求其次，也是可以搬上台面的借口。这是一种国际现象，说是弊端也并非过甚其词。就更为年轻的学者们来看，百花齐放的局面则更为明显，例如翻译史研究、中德文化交流研究、德国浪漫派研究、德国文学理论研究、里尔克研究、黑塞研究、叙事学研究等等，都有值得称道的成果。然而，就与中国现代学术的整体状况相较而言，这些成绩仍然是比较薄弱的，其原因，叶隽先生认为，是由于"德文学科的学术研究并没有形成一套传承清楚的'学术家法'"。家法者，学统也，即"我们的学术史传承是什么？我们的理论立足点是什么？我们的学科精神是什么？"目前活跃在文学界的不是这一代的学者，而是更为年轻的所谓第五代学者。"他们一般都比较注重个案研究，强调问题意识，认识到整体语境的重要，相较前辈或有更为一致的学术眼光"，"未来若能持之以恒，其发展则值得期待"。但是，在叶隽先生看来，"中国现代学术的希望降落在第六代人的身上，也就是 1990 年前后出生的这代人身上，他们才是中国学术未来的真正主人"。条件是，愚以为，中国的德文学科以及整个外国文学学科群能在中国学术共同体中占有一个不容小觑的地位。所以，德文学科的前途尚在未定之天，因为"总体说来，着眼学科大局者凤毛麟角，有公心公益者不成气候，这不仅是本学科（德文学科——笔者按）的基本状况，也在某种程度上反映出中国学界的原生态"。权威时代过后，"主流难寻"的状态是一般的、也是正常的状态。

翻译史、接受史、影响史、传播史、交流史，乃至于学术史、思想史、文化史，等等，在德文学科的展示中都有所体现，也显示出当前研究的现状，在守成的基础上有所推进，但是，从总体上看，"出彩者似乎不多"。所以如此，叶隽先生明确地指出："我们的文学史学养还嫌不足，还有太大的拓展空间。"所谓文学史的"学养"，并不单单是我们的学者读文学史著作不够多，不够全，不够深，而是他们往往把阅读作品和阅读文学史著作割裂开来，犯了法国 19 世纪最聪明的学者恩斯特·勒南的错误，他以为文学史的功能就是代替阅读作品。的确，熟悉文学史的人可以如数家珍地罗列一大批作者和作品的名字，但他们的知识只是没有血肉、死气沉沉的躯壳和骨架，一个民族的"内里深刻的精神脉络"不见了。一位前辈说，"欲救此弊，宜速编著欧洲文学史"，我以为恐怕不行，因为没有扎实的专题研究，速编的文学史著作只能作为通俗读物流行于市场，还不能作为一个民族的"心理史""精神史"而发挥作用。"一个真正有价值和见识的研究，往往必须具备深厚的文学史修养。所见这虽是一个具体的个案，但所体现着却是把握整体、胸有全局的通史气象。"因此，相反的情况，即只读作品而没有史的联系，也不行，这样不能对这个问题给予回答："一部文本、一个作家、一种流脉，他是在怎样一种大的谱系中来把握自身和定位自身的，他又是如何在跨文化、跨学科、跨时段的立体空间场域里呈现意义的？"历史和作品始终是两张皮，两者都不是一个完整的生命。坊间固然有不少的文学史著作，除个别的以外，大多是剪刀加糨糊的产物，一方面当然是史的意识缺失，另一方面，也是更为重要的方面，是对作品本身的研读不够，或是借助第二手的资料应付文学史的编撰。文学史的研究洵为一切研究的基础，因为它是基础，反而容易遭到忽视，一本真正的、在阅读作品之后产生的文学史著作，"能够清楚地向我们解释某一特定国家在某一特定时期人们内心的真实情况"的文学史著作，仍然是我们的期待。文学史家应该是一个文学批评家。

对象国的文学史是我们的学者一门基本的功课，学术史则未必，但是，有没有学术史的意识，关涉能否成为"一个严格意义上的学者"。有，则根深叶茂，无，则形单影只。两耳不闻窗外事，一心只读圣贤书，固然可以成为一个学者，但那是一个小格局的学者，一个穷于一隅的专家，对于一个学科来说，这不是我们的追求。学术史的含义无非是检点、反思与展望，即检点过往，反思成败，展望未来，这样就"易于站在巨人的肩膀上"，"始终在一个学统意识的前提下定位自己的研究"。"学统"一词，词典未见收录，意义则很明晰，谓学问的渊源及流向。学统意识，即谓做学问的方法、模式和思想有一个来龙去脉。记得我跟叶隽先生私下里谈起过，我国外国文学研究者的学统不甚清晰。就德文学科来说，自冯至先生西去以后，似乎显出群雄并起、各霸一方的样子。学统不清，有其好处，免得开宗立派，相攻相伐，闹出"背师""累师"的笑话；但是无师可宗，一盘散沙，彼此之间不相交接，也是学科不够成熟的表现。叶隽先生在谈到学术史时说："这一领域大致可分为三块：一是学人与著作研究；二是学域与学科综述；三是综合性学科史与学术史著作。""三块"的现状如何？他的估计不甚乐观："在这方面，本学科的学统建构并不算佳，后来者总结前人学行者甚少，更不用说自觉意识的学科史撰作。"德文学科如此，其他语种的文学学科也不见得更好。学术史的研究要以学科史的研究为基础，而学科史的研究能否取得令人满意的成绩，其关键在于专题研究能否做到丰盈而全面，进而产生深刻而细腻的文学史的研究，而思想史的研究是德文学科拓展的方向。

叶隽先生说："德语文学最大的特点就是其'诗思互渗'性质，所以强调其思想史维度，可以说抓住了其中的灵魂。"相信这一观察可以得到大多数德国文学爱好者的认同。冯至先生晚年表达了学科互涉的愿望，提出"横向联系，互相请教"，他要联系和请教的是"哲学、历史、宗教等知识"。其实，"哲学、历史、宗教"不过是一种说法而已，"学科互涉"的意思是文学与文学之外的一切学科，例如音乐、绘画等，均有关涉，都应该"互相请教"。在德文学科草创时期，其先行者就已经认识到文学与哲学之间的密切关系，谓"不解外国哲学之大义而欲全解其文学"为"不可得"。文学表达哲学思想，或者文学的背后有哲学支撑，或者文学与哲学彼此交融，德文学科的学者在这种思想的照耀下进行研究，竭力显露德国文学的"灵魂"，可以说是这一学科的传统，只是这一传统微隐而未大显，需要重新挖掘，发扬光大，唯有思想史研究方能担此大任。然而，德文学科的思想史研究与一般的思想史研究又有不同，它以文学作品为运思的对象，其目的在于揭示出思想在文学作品中的表现，然后赋以史的形式，成就一种文学的思想史。否则，写一本《德国哲学史》《德国艺术史》或《德国宗教史》可矣，何必在德国文学学科中立足呢？这也许就是叶隽先生所说的"把握核心"的含义吧。有学者对思想史的畛域提出疑问，论及"领土争端"一类的问题，不可谓不深刻，但是对于德国文学来说，思想是方向，或"思想史研究的文学路径"，则是相对单纯的事，我们不妨在"把握核心"的条件下论述文学与哲学等其他学科之间的关系，写出文学的思想史一类的著作，赋予思想史一种别样的面貌。不要以为这是一件容易的事，它需要学者付出特别的努力。文学的思想史要有思想，此即真，要有文采，此即美，当然还要有感情，此即善。真、善、美，应该是这样的思想史的追求。

词典上说，"序"是文体名称，也称"序言""序文"，是作者

自述其作文的主旨、经过等，他人做的对著作的评述也可称
"序"，如晋皇甫谧的《〈三都赋〉序》，《三都赋》的作者是西晋左
思。这篇文章不敢说是对于《六十年来的中国德文学科》的评述，
只是选取其两三个主题，例如学科史、学术史与思想史，约略谈
一点粗浅的看法，故不敢径直称"序"，着一"代"字，以表惴惴
之意。

2014 年 8 月，北京

《人如其读》序

  1985 年 1 月，我拜访了法国作家于连·格拉克，他当时已经 75 岁了，健康又健谈，他说的一句话给我很深的印象，至今仍然记得。他说："如今的法国作家见面不再谈作品了，而是问：昨晚的电视看了吗?"中国的作家如何？我不知道。我认识的作家很少，但是我知道有不少操觚者见了面，口不离票子车子房子。十年前，赵武平先生还在北京的一家报社当编辑，他好几次对我说，现在的人很少谈文章了，尤其是何为好文章，如何才能写得好。我深以为然。如今他拿出了一本小书，名曰《书边杂写》，问序于我。我是一个喜欢读序跋的人，但是为他人作序，却还是头一遭。书边杂写，我喜欢，尤其是杂写，没有目的，没有功利，没有稻粱之谋，随心所欲而又不失据，因为是书边，空间有限，容不得信马由缰。

  什么是文章？什么是好文章？如何写好文章？这在中国叫作文章学，文章学是一门大学问，可是如今从事其研究的人似乎不多。难道是今日文章的衰蔽导致了人才的凋零吗？古人云：文章乃"经国之大业，不朽之盛事"。这当然不是说写文章的人如何如何，而是说文章是一个民族的心理、精神及情感生活之最根本、最深切、最隐秘，也是最公开的表现。文章的盛衰，关乎民气的清浊，不可看轻了。如何作文，民国初年的王心葆在《古文辞通义》中博采众说，融贯己意，说得最为明白："有物有脊有故，深言之，即合义，即资於故实；浅言之，即有主意也。有序有伦成理，深言之，即有法，即成条理；浅言之，即有层次也。必知言，则主意不乖而雅词远鄙；必养气，则层次能适而醇气远倍。定此主意以作文，则内律外象，关乎质干与枝叶者均有安宅而终身可循持。"脊者，所谓主意也。作文有此六端，曰物，曰脊，曰故，曰序，曰伦，曰理，则必是好文章。换句话说，言之有物，述之有序，质之有故，论之有理，传之有神，荡之有气，按之有律，嚼之有味，望之有格，观之有色，好文章如有此十大要素，可谓达到了文章的极致。然而，无可挑剔的文章和无可挑剔的人一样，是十分罕见的，或者说是不存在的，所谓好文章，不过是某个或某些方面突出而已。如此则我们每个人都可以有这样的雄心壮志：此生写出几篇好文章！元人李淦说："韩如潮，柳如泉，欧如澜，苏如海。"只不过说的是：韩愈之文如狂潮怒卷，以气势胜；柳宗元之文如清泉凛冽，以情韵胜；欧阳修之文如长河大波，以节奏胜；苏轼之文如汪洋大海，以规模胜。尺有所短，寸有所长，如是而已。

有一种文章，文字干净，凡赘字、芜词、冗句，皆淘而汰之，扫而除之，有瘦硬之风，庶几入清人方望溪所言"澄清无滓"之境。这样的文章，我喜欢。

中国人，外国人，其所好所恶一也。瑞士人让·斯塔罗宾斯基年已92岁，仍孜孜于著述，诚可佩也。他1984年获欧洲随笔奖，写有《可以定义随笔吗？》，撮其要者，曰：一、随笔既有主观的一面，又有客观的一面，其工作就是"建立这两方面不可分割的关系"。随笔既是内向的，注重内心活动的真实的体验；又是外向的，强调对外在世界的具体感知；更是综合的，始终保持内外之间的联系。二、随笔"具有试验、证明的力量，判断和观察的功能"。随笔的自省的面貌就是随笔的主观的层面，"其中自我意识作为个人的新情况而觉醒，这种情况判断判断的行为，观察观察者的能力"。因此，随笔具有强烈的主观色彩和个性张扬。三、随笔既有趋向自我的内在空间，更有对外在世界的无限兴趣，例如现实世界的纷乱以及解释这种杂乱无章的话语。随笔作者之所以感到常常回到自身，是因为精神、感觉和身体紧密地结合在一起。四、"话有一半是说者的，有一半是听者的"，因此，蒙田的随笔展示了人和世界的三种关系："被动的依附，独立和再度掌握的意志，相互依存及相互帮助之认可"。所以，斯塔罗宾斯基说："写作，对于蒙田来说，就是带着永远年轻的力量、在永远新鲜直接的冲动中，击中读者的痛处，促使他思考和更加激烈的感受。有时也是突然抓住他，让他愤怒，激励他进行反驳。"因此，"随笔是最自由的文学体裁"。我认为，让·斯塔罗宾斯基成功地定义了随笔。

法国的随笔相当于我国的文章，细细思考，两者之间有不少可以互通款曲之处。中国也有随笔的说法，但是与法国的随笔相比，还是多少有些不同。说到两者之间的区别，我以为恐怕在第四条，即我国随笔缺乏一种自我质疑的气度，往往多在"诲人不倦"上下功夫。他山之石，可以攻玉，我们何不借鉴他人的经验，使自家的文章写得有声有色呢？

赵武平先生在《纪念的异味》一文中说："在唯美的目光的审视下，文字有用与否并不重要，重要的是文章写得是否精妙。在我看来，黄永玉的杂记《火里凤凰》，拿完美的衡尺做整体丈量，若不讳言就须承认尚有距离。"话说得委婉，有节制，也有诚意。拿这段话对照他的杂集，竟可以说是他的"夫子自道"了。

书的题目中的一个"杂"字，点明了书的性质，然而这杂不是杂乱无章，而是杂而有度，被"书"紧紧地聚拢在一起。"读"

"看""译"三字统领全书，举凡见闻、读书、翻译、掌故、访问、感想等等，皆由书而起，因书而生，为书而写，真真是读人情、看世界、译文化，般般不离书。杂中有物、有理、有序、有故、有神，诚书边杂写也。

《书边杂写》的文章，入题皆随意，然后娓娓道来，不枝不蔓，但其结尾则往往出人意料，有"篇终接混茫"之慨。如《"是想看看陈寅恪的藏书"》，篇中由周扬想看陈寅恪的藏书说起，随手刺了康生一下，然后略说想象中陈的藏书及藏书的经历，结尾却忽然来了个陈的名字的读法，què 还是 kè？学界通行的是读作què，他本人的签名却写作 kè，名从主人还是约定俗成？读者堕入五里雾中还是打开了想象的空间？至少是引人深思吧。

再有，《左岸隐士昆德拉》，这是集中仅有的一篇长文，其"妙在言虽止而意无尽"："昆德拉向我挥挥手，转身朝雷卡米花园旁的公寓大门走去。夕阳透过镶着金边的云朵洒下来。昆德拉灰白的发丝染成金黄，高大的身躯也落满灿烂的金光。"想想看，一个是年过七旬的著名作家，一个是30多岁的年轻编辑，两个人在夕阳的余晖中告别，不舍吗？惆怅吗？伤感吗？无尽的思绪啊！

警句，隽语，也是集中引人瞩目的成分。先说警句，如《古墓莲子》："千年莲子出土，或可再发新芽；旧时代诗人的发掘，却未必能觅回久违的诗意。"千年对旧时代，莲子对诗人，出土对发掘，再发对觅回，新芽对诗意，词与词对，句与句对，意思与意思对，给读者的警示是：对立之中有深意。我以为，若把"诗意"改作"诗情"，是否更好？

再说隽语，如《"假如我活过了心满意足的一生……"》："那会儿正是北京磨磨蹭蹭由炎夏向凉秋移入的季节。"如《春天鸟再鸣》："黎明来临前，寂寞摸到近前，幻觉跟着在耳边生出，仿佛响起了久违的既脆且杂的鸟鸣；……"其中"磨磨蹭蹭"、"移入"、"摸"等词，皆用得既传神又贴切，不是苦思所能得，说"若有神助"似不为过。

赵武平先生说到唐弢先生："书话中所透出的淹博知识和嗜书情调，加上那玲珑剔透的谋篇布局结果，谁看了而不心爱当会是一件很怪的事情。"我想这是不是他的追求呢？

是为序。

2012 年 3 月，北京

《胡玉龙诗文集》序

  《胡玉龙诗文集》的作者是一位大学教授、翻译家和外交家，诗文的写作只是他的余事，然而，虽为"余事"，不认真，不坚持，还是不能成"事"。如今诗文集就要出版了，其作者命我作序，我很乐于接受。原因有二：一是我们是老同学，老朋友，他的诗文勾起了我美好的回忆；二是诗文的内容说明我的这位老同学的生活和工作一贯地紧张而充实，并且不乏愉快，我读后深受感动。

  我们是1961年考入北京大学西语系的，迄今已经半个多世纪了。我们的大学生活始于困难时期，终于"文化大革命"，可以说是在灾难中度过的，但是国家或时代的灾难并不能完全左右个人的回忆，也就是说，无论是"涟漪"，还是"旋涡"，我们的大学生活依然是值得回忆的，这回忆依然是美好的。

  胡玉龙身材修长，温文尔雅。他宅心仁厚，略显单薄的身躯透着一种向上的力量。他是北京人，一年级的时候，我们同学数人到过他的家里，吃的炸酱面，那可能是我第一次见识北京人的饮食。我记得，他擅长拳术和舞蹈，我曾想从他学习太极拳，但因我定力不够，入静很难，终于半途而废，至今还不会打。

  二年级的时候，我们到北京二七车辆厂去劳动，星期天去长城玩，遇到一帮外国人，我们刚学了一些外语，能有机会同外国人对话是一种难得的机会，所以我们都跃跃欲试，同那些外国人说了一会儿法语，原来他们是瑞典使馆的。可以想象，初学外语的人是不会向外国人说什么机密的，再说一个二年级的大学生也不会掌握什么机密，可是回到学校以后，这件事竟成了一件与泄密有关的事了，调查了一番，自然不会查出什么，也就不了了之了。不知是谁汇报了，还是当时有便衣，反正这件事像一阵小涟漪，无声无息地消失了，去长城的同学之中有我，也有胡玉龙。

三年级的时候，有一位法国留学生给我们上作文课，她叫玛丽·巴斯蒂德，是北京大学历史系的法国留学生，到西语系来兼课，如今她已是法国著名的中国史专家了。在她的课上，我们曾经有过激烈的争论，即关于台湾的叫法问题。有一次，她把台湾叫作福摩萨，我们纠正她，说应该叫台湾。她说是由于习惯，与殖民主义无关。我们不同意，于是起了争论。还有，她说北京像个大农村，我们也不能同意，等等，现在回想起来，不禁觉得可笑，那时我们的政治警惕性或国家荣誉感未免太高太强了。参加争论的同学中有我，也有胡玉龙。

"文化大革命"中，我是井冈山兵团的，胡玉龙是新北大公社的，两个组织虽然是对立的，我们的关系却不是对立的，仍然是好朋友。北京大学的"武斗"开始的第二天，我就前往部队报到了，直到70年代初我回到北京，才又重新联系。1974年，他去法国留学，1975年，我去瑞士留学，那是"文化大革命"以后首批向国外派遣留学生，我们都很激动，记得我们通过信，相互鼓励。

课余时间我们主要是谈论文学，例如《红与黑》，谈是否应该同情于连，谈论法语学习，谈论电影，例如《我们村里的年轻人》《早春二月》等，也免不了谈论某某女同学，偶尔开些不伤大雅的玩笑。胡玉龙是北京四中的高才生，和我一样，喜欢中国古典文学，尤其喜欢古典诗词。记得我们在"大串联"的途中，经常写些诗词之类的东西，彼此唱和，不过我不知道他竟能坚持，从上大学开始直到今天，陆续有作品出来。

胡玉龙说得对："古体诗，对于我最难的是平仄的运用。我没有知难而上，而是知难而退了。"我也是一样，我也没有知难而上，而是知难而退，不但退，竟退到一无所剩了。他则不同，一直坚持到写出一大批诗词来。还是他说得对，"凡写古体诗，只是努力去注意押韵，注意适当地对仗而已。填词，也是照猫画虎，只填个大概"，诚哉斯言。他不以诗人、词人或文人自居，凡事以"写作欲望的冲动"为准，只求"记录下自己真挚的情感，留住不同时期的思想、精神状态"，可也。

宋刘克庄曰："以性情礼仪为本，以鸟兽草木为料，风人之诗也。以书为本，以事为料，文人之诗也。"胡玉龙游踪所至，或因公，或由私，皆触物生情，由情生辞，化为笔墨，形成文字，可说是"风人之诗"。古人有"风人体"之说，郭绍虞校释说："'风人'云者，谓其体从民歌中来。"胡玉龙的诗词感情真挚，语言朴素，洗尽铅华，素面示人，可称之为"风人体"。

我们都已过了"从心所欲不逾矩"的年纪，动念力争不离乎道。道者，真理也，法则也，规律也，方向也。道落实在人的生活层面则为德，道与德实为一而二、二而一的东西，称为道德。胡玉龙乃是向着道、向着德步步攀升之人。他幼失怙恃，与姐姐相依为命，家境可以说是贫寒，可是他相信人的命运握在自己手里，终于在学业上、工作上都做出了令人瞩目的成绩。今天的人喜欢说背景、人脉、资源、关系等等，就是不说个人的努力和奋斗，不说亲人友人的关怀和帮助。胡玉龙是一个普通的人，又是一个不那么普通的人，他所亲历的人生证明了，一个人的成功不在一些人津津乐道的东西。我认识的人中，没有一个是靠背景、人脉、资源、关系而登上各自行业的顶峰的。这是他对"儿孙、后来者"的"启迪"吗?

是为序。

2013 年 7 月,北京

《自然之美》序

　　翻开 IBE 生物多样性调查所编著的《自然之美》，不由得让我想起了 18 世纪的法国人布封，他是卷帙浩繁（36 卷）的《自然史》的作者。这部著作的某些观察和结论已经过时，但它在今天仍有可以阅读的部分，因为它是科学精神和艺术美感的融洽无间的结合。《自然史》的作者是法国启蒙运动的四伟人之一，法兰西学士院院士，被称为博物学家。博物学，一门古老、曾经辉煌过的学科，如今已风光不再，在人类的知识过分细化、技术统治一切的现代社会中，它已经从我们的学科目录上消失了，如今几乎没有什么人被称为博物学家，前几年，北京大学开设了博物学导论的课程，居然还成了新闻。然而，看看这本《自然之美》，看看它的鸟兽、鱼虫、草木、山川的图片，看看它的解说，看看它的作者们，我们不是又看到了博物学生动的呈现吗？不是又看到了博物学家们忙碌的身影吗？是的，《自然之美》的作者们是一群以相机为工具，以触觉和心灵为媒介，以在深山大泽中的艰苦劳作向大众传播真实、美和感情的年轻的生态摄影师，是把生物多样性调查作为一项事业并在其中投入巨大热情的博物学家。

　　博物学最本质的特征是亲力亲为，即认识一件事物一定要通过自己的眼睛去观察，通过自己的耳朵去聆听，通过自己的手去抚摸，通过自己的脚去丈量，所以，博物学是一门需要博物学家亲自动手、动脑、动心的学问。这些年轻的博物学家们走出城市，深入荒野，到人迹罕至的地方去捕捉人们难得一见的影像，在完成调查项目的同时把一帧帧真实而精美的图片呈现在世人的面前。他们背负沉重的器材，无惧蚊虫的叮咬，涉激流，攀悬崖，睡帐篷，饥一顿，饱一顿，或者一动不动地等待数小时，或者是等待几天几星期，为的是亲手拍一张照片，拍一张角度和构图都具有创意的照片。然而，这一张张照片表现的不仅仅是"多识于草木鸟兽之名"，还有它们的栖息地，它们的繁殖迁徙的地方。动植物与其环境之间的互动，才是生物多样性的真髓。"穿过山口"的雪豹，"重返荒野"的普氏野马，"绿浪来袭"的大紫胸鹦鹉，"笑傲群山"的黑鹳，"飞跃峰巅"的黑颈鹤，"巨人"塔黄，"风中之火"红花绿绒蒿，变色蜥蜴的"瑜伽术"，绿瘦蛇的"曲线之美"，君主绢蝶的"驭风而行"，狭瓣高冠角蝉的"对称美学"，等等，或雄居于高山，或藏身于荒原，或嬉戏于悬崖，或隐匿于水下，或翱翔于蓝天，或潜伏于黑夜，或摇摆于微风，或躲避于巨石之间，无一不是生物与环境之间的适应与和谐。这些年轻的博物学家是一群有信仰的理想主义者，相信梭罗的话："荒野蕴含着人类的希望。"

这些年轻的博物学家向我们展示的是大自然的真实。常言道：眼见为实。但是，眼见而没有准确的细节和氛围，无非是一个孤零零、干巴巴的没有生命的动植物，还算不得完全的真实，必须有细节的烘托和环境的映衬才能显现出物体的形态样貌。《自然之美》中的鸟兽鱼虫草木山川是真实的自然，有呼吸、有动作的自然，总之，是有生命的自然。它的每一张照片都是充满了细节的表现：披着白雪的大熊猫，挖鼠兔的棕熊，玩杂耍的赤狐，风雪中的孤狼，花丛中的藏原羚，飞越大河的高山兀鹫，梅里雪山的血雉，绝境逢生的西藏杓兰，追随阳光的龙胆，石缝中的点地梅，清理眼睛的弯趾虎，夜栖的红蜻蜓，雅鲁藏布江北岸的墨脱缺翅虫，等等，或警觉，或矫健，或轻灵，或狂野，或凶残，或妩媚，或优雅，或妖娆，都在各自的环境中自由自在地活动。或大或小，或广阔或狭窄，它们是一方水土的主人。在这些年轻的博物学家的眼中，鸟兽鱼虫，草木山川，都拥有一个与人类平等的生命，他们不屑于让这些活泼泼的生命体摆出各种姿势，或者人为地创造某种情势，他们要的是原生态，真实是他们的追求。

大自然是真实的，也是美的。这些年轻的博物学家用他们的相机告诉我们：睡眼惺忪的小熊猫是美的，跳着草原伦巴的艾鼬是美的，最后的白鳍豚是美的，朦胧的豹子花是美的，晶莹与剔透的白带燕凤蝶是美的，具有王者风范的眼镜王蛇也是美的。无论是狂野，还是矫健，还是剽悍，还是狡黠，还是温柔，还是阴险，还是凶残，只要是在相应的环境中自由自在地嬉戏、打斗和繁衍，在我们人类的想象中都是美的，都能刺激我们的想象力朝着空阔和辽远的方向驰骋。《自然之美》中的每一张照片都把我们带入一个美轮美奂的欣赏、想象与无功利的境界：比如，"傍晚的西藏羌塘自然保护区的一处山谷，一队藏野驴跑向北方的山岭，刚好有一束阳光透过云幕间隙照亮它们的队形，令狂野的羌塘大地染上诗意的光影"。摄影师将其景其境名为《追影羌塘》，再比如，"冬季的西藏，在巴松措的山谷里，上万只的蓝大翅鸲集结成群，在山谷里飞行，数量庞大的蓝色雄鸟如同蓝色的烟云从山谷飘过。"摄影师将其景其境命名为《蓝色烟云当空过》，再比如……博物学不仅提供真实，还提供美感，不仅提供知识，还提供欣赏的对象，即提供具体的花鸟鱼虫及其由此产生的具体或朦胧的美感。化瞬间为永恒，是美的真谛。

有了真实的自然，有了自然的美感，也许还不够，还需要有参与的热情，即拍照的时候有感情的投入、发自内心的快乐和对每一种生物的爱。博物学既是科学，又是艺术，还是感情，博物学的对象集中了知识、美感和激情，是一种人人可以参与的学问。当两只雪豹在山口相遇的时候，摄影师说："当我看见两只雪豹亲昵地头碰着头时，我忍不住流下了激动的眼泪。"在青海，在一对藏狐面前，摄影师说："它们接受了我，在我面前，它们追逐、嬉戏，甚至睡觉。我不愿再拨动快门，只想和它们目光相对，共享午后的暖暖阳光。"对当摄影师偶遇一群血雉的时候，他说："它们开始四处逃窜，有的还警戒地打开尾羽伪装，这只跑远了之后，才回头看了我一眼。"当摄影师看见一只高山秃鹫飞越大河的时候，说："在这里，你会明白大自然的神奇和壮阔，以及人类的渺小，也就不难理解为什么这里的原住民都崇拜壮丽的大自然，珍爱自然界里每一个生命。"这样的邂逅，这样的场景，是经常发生的。摄影师和每一只动物、每一株植物接触的时候，都怀有一种爱护、保护，甚至守护的感情，他们之间用眼神、手势和面部的表情进行着不同层面的沟通和交流。面对这一张张图片，我可以感到摄影师们的快乐、喜悦，甚至骄傲。他们感动了我。

　　IBE生物多样性调查所所长徐健先生说："除了敬业的科研精神之外，每一种自然物都有其独特的美和存在价值，我们希望人们都能认识到这种美。"调查所旗下的摄影家们无愧于博物学家的身份，他们满怀着感情，用他们的成绩向我们表明大自然的每一种生物都是真实的，都是美的，都有其存在的价值。他们的行为证明了：苦中有乐，乐中有知，知中有物，物中有情，情中有像，像中有真，真中有美，美中有爱。真，美，爱，这是博物学的三元素，是IBE生物调查所的博物学家们恪守不渝的信念。

　　是为序。

2014 年 6 月，北京

《中国自然影像志》序

　　志者，记录也；影像志者，以照片的方式记录事物也；自然影像志者，以实地拍摄的照片记录自然界中动植物之状态也；中国自然影像志者，以实地拍摄的照片记录中国自然界之动植物也。中国的动植物种类繁多，品相复杂，不可能置于一本书之中，故眼前的这本《中国自然影像志》只能包括有选择的中国之珍稀动植物及其生存的环境。

　　这本影像志是一个年轻的团队的作品，他们是一群摄影师，又是一群博物学家，即背着照相机奔波于高山大泽中的博物学家。他们有 20 多人，其中最年长者 50 岁，最年轻者 20 岁，从事着编辑、记者、教师、作家、学者、医生、公务员、环保工作者等不同的职业，为了一个共同的目标组成了一个专业的、成熟的、充满激情的团体。他们以相机为工具，以感官和心灵为媒介，以保护生态为宗旨，以在远离城市的地方的艰苦劳作向大众传播真、美和感情，是把生物多样性调查作为一项事业并在其中投入巨大热情的带照相机的博物学家。自 2010 年 9 月影像生物多样性调查所（IBE）正式成立以来，他们的足迹遍及半个中国，行程 30 多万公里，开展了 70 多次影像调查，拍摄了 6000 多个品种、30 多万张图片。可以说，这本《中国自然影像志》的图片是优中之优、选中之选。

　　博物学是一门古老的、曾经辉煌过的学科，它的最本质的特征在于亲力亲为，即认识一件事物一定要通过自己的眼睛去观察，通过自己的耳朵去聆听，通过自己的舌尖去品尝，通过自己的手去触摸，通过自己的脚去丈量，所以博物学是一门需要它的从事者亲自动手、动脑、动心的学问。这些年轻的博物学家打起行囊，背着相机，走出城市，深入荒野，到人迹罕至的地方去捕捉人们难得一见的影像，在完成调查项目的同时把一帧帧真实而精美的图片呈现在世人的面前。他们背着沉重的器材，无惧蚊虫的叮咬，经风雨，涉急流，攀悬崖，睡帐篷，饥一顿饱一顿，或者一动不动地等待数小时，甚至等待几天、几星期，为的是就一个动物或一株植物亲手拍一张角度和构图都具有创意的照片。然而，这一张张照片表现的不仅仅是"多识于草木鸟兽之名"，还有它们的栖息地，它们的繁殖、迁徙的地方，总之是不加任何伪装或修饰的大自然。动植物与其环境之间的适应与互动，才是生物多样性的真谛——"蹚过西水河"的大熊猫，"穿过山口"的雪豹，"重返荒野"的普氏野马，"绿浪来袭"的大紫胸鹦鹉，"笑傲群山"的黑鹳，"飞越山巅"的黑颈鹤，"晨昏之光"中的藏羚羊，"森林里徘徊"的亚洲象母子，"巨人"塔黄，"风中之火"的红花绿绒蒿，变色蜥蜴的"瑜伽术"，绿瘦蛇的"曲线之美"，等等，或雄踞于高山，或藏身于荒原，或嬉戏于悬崖，或隐匿于水下，或翱翔于蓝天，或潜伏于黑夜，或摇摆于微风，或躲避于巨石之间，无一不是生物与环境之间的适应与和谐。这些年轻的博物学家是一些有信仰的理想主义者，相信梭罗的话："荒野蕴含着人类的希望。"也相信庄子的话："天地与我并生，而万物与我为一。"

　　"天人合一"，或者"物我为一"，是中国人的自然观的基础与核心，在其漫长的历史发展过程中，虽然有不同的重点，也出现过不同的观念，但是万变不离其宗，始终守住一个"一"字。例如，老子认为，万物源于自然且平等相处，"道生一，一生二，二生三，三生万物，万物负阴而抱阳，冲气以为和。""道大，天大，地大，人亦大。域中有四大，而人居其一焉。"孔子说："天何言哉？四时行焉，万物生焉，天何言哉。""仁者乐山，智者乐水。"秦汉时期，董仲舒明确指出："天人之际，合而为一，分为阴阳，判为四时，列为五行。""天人感应"之说出焉。魏晋时期，"庄老告退，而山水方滋"，以自然山水评价人物，自然与人之间相融相洽的关系更加彰显。当然，其中也有荀子一派，提出"制天命而用之"的观点，唐代柳宗元、刘禹锡以"各行不相预""天人交相胜"相继，形成了与主流意识不同的派别，这样的观点今天看来似有不足。自唐以降，直至民国，"天人合一"或"物我为一"的观念似乎占了统治的地位。说到当下，《易传》的天人协调说更合乎今人的口味。《周易大传》主张"裁成天地之道，辅相天地之宜"、"范围天地之化而不过，曲成万物而不遗"，这样的观念潜在于人们的意识之中，或隐或显地支配着人们改善环境、保护生态的活动。

"天人合一"，或者"物我为一"，顾名思义，是说人和天是一个整体，声息相通，同心同体，形成了一个不可分割的共同体。人是小宇宙，天是大宇宙，人心即是宇宙。天即是自然，自然即是万物，人是其中之一，并无特殊的地位。人与万物的关系是一与多的关系，只有和谐相处才是唯一的出路。天人为一，天人相连，天人感应，天人合德。就拿动物与人的关系来说，人的同情与爱护及于动物，反过来，动物也在人的想象中将其同情与爱护及于人类。他们之间的互动和交流，才能形成一个和谐的世界。在这方面，唐代的大诗人白居易可以说是一个代表。他写有以《鸟》为题的诗："谁道群生性命微，一样骨肉一样皮；劝君莫打枝头鸟，子在巢中盼母归。"拳拳爱惜之情溢于言表。他又写有

《赎鸡》："……常慕古人道，仁信及鱼豚。见兹生恻隐，赎放双林园。开笼解索时，鸡鸡听我言：与尔锱三百，小惠何足论。莫学衔环雀，崎岖谩报恩。"付出而不求回报的态度跃然纸上。他还写有《放旅雁》："九江十年冬大雪，江水生病树折枝。百鸟无食东西飞，中有旅雁声最饥。雪中啄草冰上宿。翅冷腾空飞动迟。江童持网捕将去，手携入市生卖之。我本北人今谴谪，人鸟虽殊同是客。见此客鸟伤客人，赎汝放汝飞入云。雁雁汝飞向何处？第一莫飞西北去。淮西有贼讨未平，百万甲兵九屯聚。官军贼军相守老，食尽兵穷将及汝。健儿饥饿射汝吃，拔汝翅翎为箭羽。"一种悲天悯人（鸟）的仁爱之言声声在耳。在诗人的千叮万嘱中，人们似乎听见了鸡鸡与雁雁的鸣叫，它们感谢诗人的关切与担心。交流与互动，是和谐世界的必要条件。

　　这些背着相机的博物学家向我们展示的是大自然的真，大自然的实，大自然的美。常言道：眼见为实。但是，眼见而没有准确的细节和氛围，无非是一个个孤零零、干巴巴的没有生命的动物或植物，还算不得完全的真、实和美，必须有细节的烘托和环境的映衬才能显示物体的形态、样貌和精神。这里的每一张照片都有呼吸，有动作，有生命。在这些年轻的博物学家的眼中，鸟兽鱼虫，草木山川，都有一个与人类平等的生命，他们不需要让这些活泼的生命体摆出各种姿态，或者人为地造出某种情势。他们要的是原生态。博物学不仅提供真实，还提供美感；不仅提供知识，还提供欣赏的对象。化瞬间为永恒，是美的真谛。有了真与实的自然，有了自然的美感，也许还不够，还要有参与的热情，即拍照的时候有感情的投入、发自内心的快乐和对每一种生物的由衷的爱。博物学既是科学，又是艺术，还是感情。它的对象集中了知识、美感和激情，是一种人人可以参与、可以分享的学问。

摄影师和每一种动物、每一株植物接触的时候，都怀有一种爱护、保护，甚至守护的感情，他们之间用眼神、手势和面部的表情进行着不同层面的沟通与交流。面对一张张照片，人们可以感觉到摄影师们的快乐、喜悦，甚至骄傲。

影像生物多样性调查所（IBE）的摄影家们无愧于博物学家的身份，他们满怀着激情，用他们的成绩向我们表明大自然的每一种生物都是真实的，都是美的，都有其存在的价值。他们的行为证明了：苦中有乐，乐中有知，知中有物，物中有情，情中有像，像中有真，真中有美，美中有爱。真、美、爱，这是博物学的三元素，也是 IBE 的博物学家们矢志不渝的信念。

是为序。

2016 年 3 月，北京

民族电影是一种可比较的艺术

——《中国少数民族电影文化》序

因为颇看了几篇揶揄求序的人或写序的人的文章，我曾经暗下决心：自己的书决不求人写序，我也决不为别人的书写序。然而，这决心竟不能完全地实现，自己的书可以由我做主，别人的书则身不由己，尤其是你碰到了一本好的书稿，且出自一个年轻人之手，你禁不住要鼓之吹之，何况又有作者请之再三呢。

所以要由作者请，是因为我自认没有写序的资格。既然认为没有资格，却还要写，岂非矫情？不然。序，一为题书，一为赠人。赠人者，如韩愈《送孟东野序》，现代已不行，所行者为题书之序。序有几种写法，大率如清人姚鼐所言："推论本源，广大其义"，但其态度，则可一取俯视，意在鼓励；一取平视，重在交流；一取仰视，有学习的意思。我取仰视的态度，学习汲取，则人人可行矣。

我偶尔读过孙立峰先生写的影评，很佩服，自以为不能，不是我不喜欢看电影，而是我没有那样的专注，看过了也就忘了，怎么能提笔写呢？不想他十余年内，除了写影评之外，竟写出了这么一部30余万字的专著！以我看，这部书有以下三大特点：

其一，孙立峰先生剪榛除莽，筚路蓝缕，通过文本分析和观看实感，按照自然环境、风土人情、民族性格、心路历程甚至独特的命运，在253部少数民族影片中勾勒出一条亦史亦论的线索，在我国大陆、港、台出产的两万部影片中突显出既融于民族大家庭又别具风采的少数民族电影。关于少数民族电影，过去我们只偶尔见到介绍评论的文章，往往是就事说事，格局甚小，袭其名而已，像孙立峰先生这样全面系统地以少数民族电影为研究对象者，还从未见过。电影，外国电影，中国电影，中国少数民族电影，这是一个相互联系但范围递减的研究对象，中国少数民族电影完全有可能作为一个独立的范畴产生出独立的、本位的研究成果，如今孙立峰先生殚精竭虑，披荆斩棘，勇敢地踏出了一条道路，堪称首创，当得起"填补空白"的赞语。

其二，孙立峰先生视野宏阔，纵横捭阖，站在文化人类学的高度上，冶文艺学、民俗学、心理学、地理学、文化学、比较文学于一炉，试图综合地论述中国少数民族电影，在华夏文化的范围内界定其文化空间，而非就电影说电影，不仅堂庑太小，视野也逼窄了些。中国少数民族电影不仅以其人民的"现实生活、工作斗争、生存状态及神话传奇"为我们展示了"一道格外醒目与光艳照人的亮丽景观"，而且还以自己"独特的人文色彩、民族特征和艺术创新，占据在中国银幕之上，成为中国电影艺术创作队伍中不可或缺的重要组成部分"，而这一切皆有赖于文化底蕴的深厚与凝重。中国少数民族电影的"南骚北风""冷暖格调""平仄对仗""隐喻艺术"等等，都是很有想象力而少有匠气的提法，不管同意与否，读了之后能给人深刻的印象，明白"文化"绝不是一个被人用滥了的词。

其三，孙立峰先生大胆地借鉴了比较文学的概念，将中国少数民族电影与苏联、印度、波兰、亚洲、中东、拉美和非洲等国家和地区的电影进行了横向的比较，使我们清晰地看到了异中之同和同中之异，也更确切地感觉到它们彼此的长处和短处。他提出："电影是一种可比较的艺术"，是可信的，他的尝试也是有意义的。似乎在比较中，孙立峰先生能够更深入地体会中国少数民族电影的主题和意境，例如对《黑骏马》《雾界》《诺玛的十七岁》和《青春祭》等影片的感悟。是比较激发了他的理解力和想象力吗？我孤陋寡闻，这样的比较我还没有见过，可是在我们的研究领域内，电影的比较研究不是大有可为的吗？孙立峰先生的电影比较可能是初步的、肤浅的，可是有哪件事情的开头不是初步的、肤浅的吗？

法国电视中有一个讨论的节目，主题是哲学、文学、历史、政治、经济以及自然科学不等，由一位专家主讲，通常有一个"傻瓜"的角色，由一位著名作家扮演，其主要的作用是提出一些没有任何文化修养的人所能提出的问题，而他所提出的问题往往有奇效，能够使专家的讲解深入下去。我虽不是著名作家，却也想在这里扮演这个"傻瓜"的角色，提出一个外行人的问题：既然是少数民族电影，那么在主题的阐发和意境的创造方面，是否与制作影片的电影人（导演、演员和编剧）本人的文化身份有关系？我国的少数民族电影的制作人大部分是汉族人，他们对少数民族的历史、文化、心理、风俗习惯等的了解和认识是否都达到了制作一部真正的少数民族电影的程度？须知风俗顾问并不能解决深层次的心理、习惯等问题。在我们的民族大家庭中，56 个民族是平等的，但是其差异也是明显的，那么，如何做到和而不同？这可能会成为孙立峰先生的下一部著作的主题吧。

孙立峰先生的这本《中国少数民族电影文化》显然不是完美无缺的，但是我不想在这里指出其缺点和不足，我想引用波德莱尔在《1846 年的沙龙》中评价德拉克洛瓦的一段话来结束这篇不像序言的序言，他说："在一篇与其说是批评却更像预言的文章中，指出细节的错误和微小的疵点有什么用呢？整体是这样美，我简直没有这个勇气了。再说，这又是那么容易，谁都干得来!"
当然，说"谁都干得来"，嫌太轻松了些。

2015 年 9 月，北京

附录：

三驾马车永远在路上

—— 学术自传

　　1943 年 2 月，我，郭宏安，出生在吉林省长春市的一个工人家庭里，下面有弟弟妹妹四人。新中国成立后，父亲在空军某航校当炊事员，母亲是家庭妇女。我们的生活相当清苦，母亲是一个能干的女人，在她的操持下，日子居然能一天天过下去，倒也不觉得缺什么，只是每到开学的时候，要东挪西借地筹措学费。长春没有历史，没有古迹，只有绿树覆盖着长街，其中有名斯大林大街者，人称"绿洞长街"。这个城市不失为美丽，但是就培养一个人的乡土观念或对于故乡的依恋来说，就不能不说有所欠缺了。幸亏我在八九岁的时候，跟着母亲回到了祖籍山东省莱芜县鲁西镇。说是镇，实际是一个大村子，只有一条街，赶集的时候很是热闹，尤其是自然的风景，给我留下很深的印象，至今 60 年过去了，仍是历历在目，不能忘怀。鲁西镇四面环山，东 30 里有东山，南 10 里有龟山，西 80 里有泰山，北 60 里有北山，东、北之山是否有名字，至今不知道。那时候不知道有"登泰山而小天下"的典故，否则不会有至今未登泰山的遗憾了。村南有废弃的城门，门外有汶水流过，河水既清且浅，两岸有很宽的沙滩。夏季人们在上面挖坑沤麻，然后晒麻，小孩子则在汶水中洗澡，从水里出来，虽无浴巾之属，却也不傻坐在太阳底下晒，而是边跑边唱："晾晾干干，老婆孩子给我扇扇。"令人想起孔夫子的"吾与点也"："暮春者，春服既成，冠者五六人，童子六七人，浴乎沂，风乎舞雩，咏而归。"此浴乎汶也。我对于大自然风物的敏感，大概从鲁西镇开始养成，所以我自称是山东人，是鲁西镇人，生我养我的长春竟忘了。我在老家生活了一年，在汶水中洗澡，拾柴烧豆子，上山捉蝎子，种朝阳花，挖豆虫，看沟子，摊煎饼，夏日晚上看流萤飞舞，日子过得悠然惬意，居然不想回长春了。父亲来信说，在老家可能读不成书了，一定要我回长春。试想，如果我当年果真留在了老家，如今会是怎样一副光景呢？

一

1949 年 5 月 23 日，长春被中国人民解放军第四野战军围困；1949 年 10 月 21 日，国民党新七军投降，六十军起义，长春解放。围困中有 12 万人丧失了生命，这是正式公布的数字。12 万人，零头呢？我那时已经 6 岁，还记得每日跟着邻居的大姐姐到街上卖自己卷的香烟，一根烟可以换国民党士兵一顶棉帽子，有时也和小朋友一起从国民党士兵的刺刀下偷抢一碗空投下来的大米。我们一家困守在城里，以豆饼充饥，听人讲一些出卡子的故事和人肉丸子的惨剧，颇有些惊心动魄。长春果然没有历史吗？它没有历史的辉煌，它有的是历史的悲哀。转过年来，我就上了小学。从此，小学而中学，中学而大学，大学而研究生院，研究生院而外国文学研究所，直到从研究所退休，这中间虽然说不上风风雨雨，却不能说一帆风顺，总有些小小的坎坷散布在我的人生道路上。

我从小就喜欢读书，对印有字的纸有一种近乎崇拜的敬意，这大概是受了父亲潜在的影响吧。所以说"潜在"，因为我很少看见父亲读书，当然，这也和他一个礼拜才能回家一次有关。他上过几年私塾，在工人中算是有点文化的，非常重视读书，直到后来我看见他拿着我的《巴黎公社诗选》认真地读，我才恍然大悟：如果不是生活所迫，他可能是一个文化人呢。我拥有和阅读的第一本书是周而复的《山谷里的春天》，那是写陕北农村里阶级斗争的一本短篇小说集。我大舅从山东来，父亲帮他找到了工作，他领了第一份工资后，要给我买一件东西以表谢意。我说："那就给我买一本书吧。"于是我们到了书店，我挑了这本书。如今我已忘了书里到底写了些什么，但是我知道了陕北人管饺子叫"扁食"，后来我才知道全国还有别的地方有这种叫法。相比之下，北京北部的人，例如怀柔人，管饺子叫"馒头"，就有些匪夷所思了。按理说，第一本书后面应该是第二本、第三本……可是事情并没有这样继续下去，因为我们太穷了，没有闲钱买课本以外的东西。我曾经写过一篇文章，叫作《一个中学生的读书生活》，题目很大，20世纪50年代的一个穷苦中学生，除了语文课本，家中并无任何藏书；除了语文老师，周围并没有任何读书人；除了纸笔墨水，手中并没有任何零花钱买书买报；谈得上什么读书生活？写下这样的题目，我不禁哑然失笑了。但是，我喜欢读书，深信"买书不如借书，借书不如抄书"的古训。当然，我没有抄过书，除了一些短小的诗词和古文。然而，我毕竟读了一些书，看了一些报，有过一些心得，甚至当我还是一个小学生的时候，就已经知道找些参考资料来写一篇关于祖国的宝岛台湾的作文了。这也算是一种"读书生活"吧。这种读书生活是杂乱的，快活的，丰盈但到处是漏洞的。

韩愈说："古之学者必有师。"可我只在学校里有老师，回到家里再也无人能够"传道授业解惑"了，何况老师们大多只是教你识字罢了，远远不能指导你如何读书、如何思考、如何看待生活中和社会上的问题。那个时候，我周围真的是没有人知道该读什么书，也没有人可以提供咨询，于是，我是什么落在手上就读什么，例如，我读过一本关于中药"中将汤"的书，还读过一本古今名家书法的书。我们家住在一栋楼里，那是一栋四合院式的二层圈楼，全楼有二十几户，竟然没有一户家里有文化人，全楼仅房东一家订了一份报纸。房东是一位颇威严的白胡子老者，小孩子见了有些害怕。我去借了几次报纸，心里总有些惴惴的。《古丽雅的道路》《卓娅与舒拉的故事》《钢铁是怎样炼成的》以及高玉宝、吴运铎的故事，差不多是当时的中学生人人都要读的东西，我自然不例外，前两本书的故事已经在记忆中淡漠了，唯有保尔的形象多少年之后还栩栩如生。虽然我已经多少年不读《钢铁是怎样炼成的》了，但是保尔的名言："人最宝贵的东西是生命，生命属于人只有一次。人的一生应该这样度过：当他回首往事的时候，他不会因虚度年华而悔恨，也不因碌碌无为而羞耻；这样，在他临死的时候，他能够说：'我的整个生命和全部精力，都已经献给世界上最壮丽的事业——为人类的解放而斗争'。"我至今不忘。无论保尔为之服务和斗争的事业是什么，他的这句话说出了一个有理想的人的生命真谛。记得我曾读过一篇中篇小说，叫作《九级浪》，作者是谁我都忘了，可能是陆柱国吧，但我记住了它的第一句话："在高纬度的波兰。"我还读过《形形色色的案件》《隐身人》等一系列侦探和科幻小说，严密的逻辑、曲折的情节和紧张的氛围，大概是吸引我的地方。当然，《希腊罗马神话》《立陶宛的民间故事》《皇帝的新衣》等许多神话、童话故事，我也读了不少，那个时候这类的书似乎很多。我甚至还读过《趣味数学》一类的书。还有，就是看小人书。那时还有私下里租书的地方，小伙伴里谁有几分钱，就一起到一个人的家里去租书看，几个人簇拥在一处，看《七侠五义》《荒江女侠》《火烧红莲寺》之类的小人书，往往看到深夜，侠客们除暴安良的生活令人激动。总之，我读书很杂，很乱，博学和无知纠缠在一起。阅读给我打开了一个新世界，开拓了一个新视野，看到了枯燥干瘪的现实生活后面隐藏着一个多么丰富、复杂、曲折多变的世界。我觉得，书籍的世界比现实的人生要活跃得多，广阔得多，复杂得多，也深刻得多。

平地一声雷。这样杂而乱的读书生活突然被一件事打断了。我在小学和初中的学习成绩一向很好，可是初中毕业却上不了好的高中，其中的缘故现在说起来很多人不能理解。我的小学和初中都是在长春上的，长春的初中参加了1957年的反右斗争，大鸣大放大辩论，这在其他地方大概是很少见的。学校鼓励和要求学生鸣放贴大字报，初三的孩子自然是什么都不懂，就到别的学校去看。我们学校的旁边就是一座高中，我们就去看，看了回来写，写的内容是"工农生活差别大"、"苏联援助中国不是无私的"、"海参崴是中国的领土"、"中长铁路理应归还中国"等等。到了大辩论的时候，我因坚持所谓的"反动观点"，毕业时操行评定得了"丙"，"丙"意味着，如果不是年纪小，就被打成右派了。看上去明明白白的现象，偏偏要说成相反的东西，叫我怎能不"坚持"？可这就是政治问题呀，就是立场问题呀，就是观点和感情问题呀，由此一个15岁的孩子懂得了什么是"政治"，什么是"立场"，什么是"观点"，什么是"感情"。最后的结果是，我连一般的高中都上不了，只能去一所新建的戴帽学校。记得发录取通知书的时候，老师怕我嫌学校不好，没有发给我，让我去他那里取，我当时很不客气，说"谁耽误了我上学，谁负责"，结果老师乖乖地把通知书给我送了来。塞翁失马，焉知非福？新学校里有一批因1957年的事情上不了好学校的学生，他们学习好，有思想，对事情有独立的见解。我有了几个新朋友，大家不谈过去在学校里的遭遇，也不怨天尤人，而是在一起谈读书的体会，讨论文学，写诗，偶尔也谈谈政治。我先后有过简姓老师、黄姓老师和姜姓老师，他们给了我许多的鼓励，令我至今不能忘怀。如果在现在，或者20世纪的八九十年代，我的那些同学怕多数都成了校园诗人了。我因此成了一个冷静清醒的人，没有了盲目的乐观主义，对人生、对社会有了自己的看法，而不是随人俯仰，老师、领导说什么就相信什么。

到了高中二年级，我们学校的高中撤销，全部学生到另外一所中学去，当然不是什么名校。这时，我终于有了一点零花钱，所谓"零花钱"，就是吃午饭的几毛钱。就这几毛钱，让我体会到了英国作家吉辛的"选择之痛"：每当午饭的时候，他的肚子就嚷着要吃饭，可偏偏这个时候又有一套极易被别人买走的书摆在面前，他的午饭钱就是书的价格，买了书就不能吃午饭，吃午饭就不能买书，于是，求知的欲望和活着就得吃饭的念头在他的头脑里斗了起来。他在街上踱来踱去，一会儿在口袋里捏着那几枚硬币，一会儿用眼睛瞟一瞟那书摊，生怕有人捷足先登把书买了去，终于还是把吃午饭的钱拿去买书了。不过，我现在想，吉辛的斗争不算什么，不就是不吃中饭吗？我买的第一本书是古巴诗人马蒂的《马蒂诗选》，马蒂是古巴的民族英雄，这本书的出版乃是应时之举，不过他的诗确实写得很好。我一个小小的中学生，居然能够借助书本在世界各地无分古今地游逛，实在是我没有想到的事情。中国的古典文学一直是我的最爱，《唐诗三百首》《古文观止》《古文辞类纂》《唐五代词》《绝妙好辞》《元曲》《明清民歌》

等，成了我的案头书。《三国演义》《水浒传》《西游记》和《红楼梦》自不待言，只是《红楼梦》，我读了几次，总是读不进，我觉得，公子小姐丫鬟的事翻来覆去地讲，不大和我的胃口。现当代文学中，鲁迅、茅盾、老舍、闻捷、郭小川等，都是我喜欢的作家。记得那天下大雨，一个同学跑到我家来，他拿着一本《诗刊》，说有一首诗写得特别好，叫作《望星空》，作者是郭小川。后来这首诗受到了批判，说是资产阶级唯心主义、唯我主义云云。我还读过江西党校编的《哲学百问》（可能是这一类的名字），我的哲学方面的粗浅了解就是从这本书中得来的。这个时候，我已经知道古希腊有两大史诗：《伊利亚特》和《奥德赛》（那时并不像今日翻作《奥德修纪》），虽然我并没有读过；我也知道英国有《坎特伯雷故事集》，德国有《尼伯龙根之歌》，法国有《拉封丹寓言》，俄国（那时叫苏联）有《伊戈尔远征记》，等等，至于外国的作家，但丁、莎士比亚、拜伦、普希金、托尔斯泰、歌德、巴尔扎克、安徒生、高尔基等，其人其作品，可以说已经有了普遍的涉猎了。有的书看过，有的只知道个名字，但是我脑袋里已经有了外国文学的概念了。这里我要特别说说《红与黑》《高老头》和《欧也妮·葛朗台》。那时我的一个弟弟在一所中等专业学校里上学，他们那里有一个图书馆，可以借书到家里看，于是我看了莎士比亚的《哈姆雷特》和《罗密欧与朱丽叶》、拜伦的《唐璜》、歌德的《浮士德》、海涅的《哈尔茨山游记》、普希金的《欧根·奥涅金》、托尔斯泰的《战争与和平》，等等，当然有的书我是从别的地方借的。特别是法国的文学作品，例如《红与黑》《高老头》和《欧也妮·葛朗台》给我留下了特别深的印象。《红与黑》我是在高中一年级的时候读的，罗玉君的译本，可能是由于年龄的关系，于连的爱情经历不怎么打动我，倒是他的性格和才智令我激动不已。他孱弱，腼腆，但是他的聪明和机智给了他胆量，居然敢依此为武器反抗社会的不公。我不知道如何以阶级和阶级斗争的观点来分析他的遭遇，我只是认为社会应该承认他的才智，"王侯将相，宁有种乎"，出身的贫寒不应该成为雄心的实现之障碍。于连被绞死了，我的确叹息了好几回。不久，我又读了巴尔扎克的《高老头》和《欧也妮·葛朗台》，都是傅雷译的，欧也妮的老实安静和对爱情的执着、葛朗台的灭绝人性的吝啬、高里奥的溺爱、拉斯蒂涅的野心，对"向上爬"的讽刺和鞭挞真是入木三分，一针见血，使我对法国社会的无情和人性的深渊产生了探索的兴趣。这三本书，如果说它们没有对我的人生观和世界观有这决定性的影响，却直接导致了我对职业的选择：我义无反顾地走上了法国文学的研究、评论和翻译的道路，并无意识地为此做了一些准备。我还订过一年的《光明日报》，一周一次的《文学遗产》使我对中国文学界的争论有了一些了解，也增加了一些中国古典文学的知识。当时我还不知道或没有意识到文学之领域的大小和深浅，因此我的读书生活的漏洞是显而易见的。

1961 年 6 月，我一个人早早地起了床，吃了饭，步行 20 多分钟，来到考场，我要参加高考了。我报考的是北京大学西方语言文学系，虽然我喜欢中国古典文学，我却幼稚地认为，汉语是我的母语，用不着到中文系去学习，而外国语则非专门地学习不可。考试的作文题目是二选一，其中之一的主题是读一篇革命回忆录的感想。我的作文一向很好，从小学起就经常作为范文在班上朗读和张贴。高考复习时，有人警告我说，不要让人张贴我的作文了，如果阅卷时发现两篇文章一样，就都判为零分。我看到题目，不禁心中暗自笑了：虽然复习时没有做过这类的文章，但是我刚刚读过《王若飞在狱中》，印象颇为新鲜。我觉得我下笔很快，文思流畅，毫无滞涩之感。我提前半小时交了卷，心中有一种满足感。当年夏末的一天，我正在家里下象棋，忽听院子里有人叫我的名字，原来是邮差给我送来了北京大学的录取通知书。记得我曾口出狂言：如果北大西语系收两名学生，我必然身居其一，我还没有狂到舍我其谁的地步，谁料北京大学竟然把吉林省唯一的一个名额给了我。1961 年 9 月，我成了北京大学西方语言文学系的一名学生。分专业的时候，我毫不犹豫地选择了法国语言文学专业。我的愿望是成为一个翻译家和法国文学的批评家，让中国人也能欣赏和享用法兰西文明的成果。

有人说："一个人的汉语写作水平在高中阶段就已经定型了。"果然如此吗？

二

进入北京大学之后，我打算重新根据文学史的线索阅读中外古今的经典名著。我想，就从鲁迅的著作开始吧，从第一卷到第十卷，细细地阅读。虽然有些文章易懂非懂，但是我毕竟读完了。我又一次打开了《红楼梦》，读了一半，居然放下了，也许是我这个人不适合读《红楼梦》吧，多年之后我才体会到《红楼梦》的好处，然而这好处却是其语言的运用，不大能评价贾宝玉的所谓"叛逆性格"。大学一年级开了汉语写作课，执教的是北京大学中文系的一位潘姓老师。记得第一次作文是写进入北京大学的感想，我的作文被老师扣下了，让我去见他，我的心里有些打鼓。一见面，他就说："你的作文写得很好。"我的心放下了，不免有些得意，接着他说："观察仔细，感觉敏锐，文字精准，这说明你的汉语很有功底，不过，过分的讲究修辞并非一定是好事，你的形容词用多了。"老师的一番话犹如醍醐灌顶，使我茅塞顿开，我犯了一般爱好文学的青年极易犯的毛病：过分地追求辞藻的华丽。老师的提醒足够我记一辈子，此后我渐渐地归于平淡，并且形成了我对于文采的看法。这第一堂作文课使我有了信心，一个边远地区（当时我认为长春是一个边远地区的城市）的孩子到了北京这样的大城市，又到了赫赫有名的北京大学，能不需要一两件事提升他的信心吗？另一件事发生在我上大学二年级的时候，当时好像全校正在讨论红与专的问题，系里让我去参加一个座谈会，谈谈对《红与黑》的看法和感想。我不知道为什么让我去，可能是系里认为我读书比较多吧，也可能是因为我对红与专的看法有些模糊吧，反正我去了。《红与黑》与《约翰·克利斯朵夫》是当时对大学生影响最大的两本书，已经在反右期间受到严厉的批判。果然，座谈会上，大家集中火力猛批于连的个人奋斗思想，我却反其道而行，说"于连是值得同情的"，座谈会的主持人——好像是《中国青年报》的主编——一下子来了精神，说："这个同学的观点很有意思，请继续说说。"猛然间，我想到了1957年的遭遇，话到嘴边又咽了回去，没有"继续"。我暗自庆幸，没有落入主编大人的圈套。我说"圈套"，也许过分了，他主观上不一定是在设陷阱，也许是看到有对立面出现的一种自然反应吧。这件事不了了之，我也没有在意，可是，十年之后，在北京图书馆我遇见了一个英语专业的同学，他说："你不是当年说于连是值得同情的郭某某吗？"我这才意识到，当年的事情还是有些影响的。这件事提升了我的信心吗？还是我学得圆滑了或者机智了呢？至今我不清楚，总之是有惊无险。那时候，许多老先生还健在，例如闻家驷、吴达元、陈占元、郭麟阁、盛澄华、陈定民、齐香、徐继曾、杨维仪等，他们都给我们上过课。

在当时的大学里，并不是只有学习，一些有关无关的事情都会找到你的头上，你想躲都躲不掉。例如，文艺作品要为政治服务，文艺作品的标准是政治第一、艺术第二，等等，这些问题与学生的关系不大，可是当时作为学生的你都需要表态，我因这些问题往往受到批评。一个作家的政治观点和他的作品是两码事，除非他写的不是文学作品，而是宣传品。文学作品只有一个标准，那就是艺术标准，也就是文学本身的标准，如果其中掺杂了政治，而且还是第一，那就不是文学了。文学固然离不开政治，但是文学以它独有的方式反映政治，否则文学的独立性何在？当然，号称文学的作品在文学作品中占了大部分，所以文学精品是极少的。古今中外，大率如此。在我和同学的通信里，我把那些奉政治为圭臬、专门打棍子的批评家称为"小红帽"，就是这个意思。北京大学的社团活动很盛，我参加了话剧队，搞编剧。我不记得编了什么，好像参加过《放下你的鞭子》的演出，尽管我不擅表演。说来可笑，我居然还在社教时演了话剧《夺印》，出演地主佟善才。在平时的谈话中，我对当时的一部电影（大概叫作《我们村里的年轻人》）评价不高，被人汇报上去，居然受到了支部书记的指责。批判《北国江南》和《早春二月》的时候，我还因说了不同的意见，而受到了批评。三年级的时候，我和几个同学办了个壁报，名字叫《小红花》，我们毕竟不能免俗呀，刊登我们的译作和对法国文学的评论，张贴在食堂里，在同学中引起很大的反响。记得我在壁报上发表了论巴尔扎克的《高老头》的文章，说的是拉斯蒂涅的形象问题。壁报引起了系里的注意，认为学生中出现了"不良倾向"，幸亏我们很快就去"四清"了，壁报也就办了三四期，这件事情也就未见下文了。"文化大革命"开始的时候，系里的一位副主任还把这件事情搬出来，说是系里本来打算处理的

"学生中的思想问题"。

我的法文还是学得很好的。系里有一位教口语的吴太太,法国人,是中国科学院数学研究所的吴先生的妻子,我课余经常到她家里去,在那里我看到了法国的《竞赛》画报,听她讲法国的事情,对我学习法文有很大的好处。大学二年级的时候,我打开了《红与黑》原著,书是苏联出版的,精装,封面印着一把红色的剑和一件黑色的道袍。我借助词典,居然跟头把式地读了下来,从此,我很少看中文的书了,心里埋下的搞法国文学的种子似乎开始萌发了。我用一本莫泊桑的《漂亮朋友》换了一本同宿舍的高年级同学的《斯丹达尔的作品》。那是一本砖头一样的大书,我竟也读完了。后来我才知道,那本书的作者亨利·马蒂诺在法国是赫赫有名的斯丹达尔专家。将近50年了,这本书还在我的书架上,对我研读《红与黑》出力不小。西语系有一个供教师用的图书馆,不知为什么,我可以在那里读书、借书,巴尔扎克、莫泊桑、都德的小说,荷马的《伊利亚特》和《奥德修纪》,我都是从那里借的。现在想想,可能有些书都是简写本,但是我毕竟读过了。可惜,"文化大革命"打破了我的幻想:考法国文学的研究生,这个幻想如一只受伤的鸟儿垂下了翅膀,重重地落在地上。1966年6月初,我们从"四清"第一线回到了北大,开始投身于"文化大革命",开始时写大字报,后来又办报纸,为自己办的报纸写社论,北京大学井冈山兵团成立的宣言还是由我执笔的呢。革命的热情持续了一年,作为毕业班的我逍遥了,又开始读书,但是目标没有了。终于,第二炮兵把我招了去,"投笔从戎"这四个字落在了我的身上。在北京大学"武斗"开始的时候,在四十楼"大武斗"的第二天,我跨过围墙的缺口,离开了,到东北某基地报到去了。

三

　　说是"投笔从戎"，其实我在二炮司令部里主要还是从事文字工作，法语自然是用不上了，但还有英文可用。由于当时运动频仍，如农村社会主义教育运动、"评法批儒"、"批林批孔"等等，我的文字水平得到了公认，但是，我要在流行的大批判语言中加入些许的变化，力求有一点个人的特点。那时候部队经常开批判会，开会就要发言，发言就要写批判稿。我的发言往往令人耳目一新，因为有独特的风格，这引起了二炮政治部宣传部的注意。因为我追求独特，也往往招致一些议论。1974年，国家各项活动渐趋正常，潜藏在心底的幻想又开始蠢蠢欲动了。我开始琢磨着转业，当时人民日报、新华社都要我，同时政治部宣传部也表示：既然他不愿意在司令部工作，那就来宣传部吧。可是我最不愿意的，就是宣传。部队的领导曾经许诺派我到武官处工作，但我不为所动，执意要走。司令部党委开了三次会，终于同意放人。后来有人对我说，司令部放你走，令人不可思议，因为科技部同时还在找法文翻译。

　　我到了新华社不久，就被派往瑞士日内瓦大学进修，准备将来做驻外记者。当记者，本来也是我的愿望。记得我在初中时有一篇作文，叫作《我的理想》，说的就是当记者的事。当时还与老师有过一番争论，老师说你在文章中并没有说出你当记者有什么优势，比如你的文章写得好，我则反驳道，如果我这篇作文老师觉得写得好，就说明我有当记者的条件，这叫作"不言而喻"。我当时不谦虚不礼貌的态度，至今想起来令我汗颜。在日内瓦的两年中，在汝拉山脉的秀丽和阿尔卑斯山脉的雄奇之对照辉映下，一方面我一心一意地在语言上下功夫，一方面没有忘记对文学的爱好，读了大量的文学作品，其中包括瑞士的作家，如罗道尔夫·托卜费尔、费尔南多·拉缪、爱德华·鲁德等，但是对日内瓦学派我却失之交臂，虽然当时马塞尔·莱蒙还健在，让·鲁塞和让·斯塔罗宾斯基正如日中天。夏尔·波德莱尔的诗和阿尔贝·加缪的小说打开了我的眼界，伏尔泰与卢梭的争论挑动了我的好奇。瑞士是一个小国，有四种官方语言：德语、法语，意大利语和列托-罗曼语，地处拉丁文化和日耳曼文化对接的要冲，两种文化的对立和融合在这里找到了最好的表现，表现的形式之一就是文学。自19世纪末以降，学者们就不断地争论一个问题：瑞士文学是否存在？就是说，瑞士是否有一个统一的、民族的文学？肯定者认为，瑞士文学是瑞士人民的理想的反映，其特点是粗犷的民主，说教倾向，深厚的乡土观念，平静的现实主义，注重实用，不喜幻想和抽象却爱好自我分析，等等。否定者认为，政治和经济的利益的一致，历史和国家的融合，都不足以造成一种民族的文学，因此，所谓"瑞士精神"是不存在的，因此也谈不上什么瑞士文学。第二次世界大战以来，学者们更多地不是去论证"瑞士文学"是否存在，而是试图从差异中寻求积极的因素，而这种因素是富有成果的：它既同它所属的语言的文学有"差异"，也同它的操不同语言的同胞有"差异"，这就决定了瑞士文学的丰富多彩，更确切地说，瑞士文学是一种不统一的、多民族的文学。瑞士法语区曾经贡献过卢梭、斯达尔夫人和贡斯当这样的小说家，不过除了卢梭之外，他们的作品与瑞士并没有很深刻的联系，真正具有瑞士地方特色的作家还得从这几位作家的后继者中间寻找，例如罗道尔夫·托卜费尔、欧仁·朗贝尔、马克·莫尼埃、维克多·谢布里埃、爱德华·洛德等，其他如瓦莱州的莫里斯·沙巴、弗里堡州的贡扎格·德·莱诺、沃州的卡特琳娜·科隆、阿丽丝·里瓦兹、纳沙特尔州的纪·德·布尔塔莱和日内瓦州的乔治·哈尔达斯等，都是有代表性的作家。不过，瑞士现代叙事文学的真正奠基者是夏尔·费尔迪南·拉缪。真正使瑞士法语文学具有自觉意识的是 20 世纪初出现的"地方化"倾向，其标志是两本文学杂志：《拉丁之帆》和《沃州纪事》，前者倡导拉丁文明和瑞士法语文学复兴，反对"法国语言的泛日耳曼化"，后者鼓吹沃州地方爱国主义，前者的创办者之一和后者的主要代表人物就是拉缪。他穷毕生心力，试图创造一种"辉煌的农民风格"，以表达他对故乡的深情和眷恋。他的小说富有现实主义的细节和印象主义的描绘，其语言是一种经过高度锤炼的农民的语言，焕发出一种生自泥土、岩石和葡萄汁的独特的诗意，极具表现力和感染力。他是第一位全面地、自觉地意识到瑞士法语文学的尊严的作家，他的"地方主义"摆脱了狭隘性，成为一种"世界的地方主义"，对瑞士法语文学的发展产生了极为深远的影响。我曾经对我的瑞士同学说起过我对拉缪的兴趣，他表示很惊讶，说现在的瑞士人已经不再读拉缪了。我想，人们可以不读拉缪，但是这并不意味着拉缪的影响不再。我觉得，在世界一体化的进程中保持瑞士的独特性，才能成就世界的丰富性。而世界的丰富与多样，乃是世界存在的根据，单一的世界失去了存在的必要性。开放和包容，以及寓于其中的民族独特性，是瑞士给予我的最珍贵的东西。我一直有一个心愿，就是翻译一两本拉缪的小说，不枉我在瑞士待了两年。但是，新华社的任务压在身上，从事法国文学的研究和批评的理想只好退避三舍了。

1977 年回国后不久，谁料想研究生教育恢复了，开始招生了，蛰伏在我心中的幻想萌发了。我提出了报考研究生的要求，经一位副社长的批准，我参加了研究生的考试，成为中国社会科学院研究生院外国文学系的第一批学生，后来被人戏称为"黄埔一期"。后来我碰到新华社的一位朋友，她对我说："新华社做了一单赔本的买卖。"意思是：新华社把我送到日内瓦去深造，回来后我立刻转投社科院，岂非赔本而何？我们没有校舍，借住北京师范大学，条件是艰苦的，但是没有人在意。那一年我已经 35 岁了，时不我待，必须与时间赛跑，争取尽早出成果。在改革开放大潮的涌动下，几乎我的每个同学都在学习期间有译作或著作问世，那真是一个新思想频出、新观点激烈交锋的时代。我的毕业论文的题目是《论波德莱尔的〈恶之花〉》，被导师李健吾先生评为"论述深刻，文采斐然，振聋发聩，为在中国恢复波德莱尔的本来面目开了先河"。李健吾先生是学者、批评家、剧作家、小说家和散文家，学兼中外，笔涉古今，其所作《咀华集》与《咀华二集》在中国文学批评中独树一帜，直到今天还在发出异样的光彩。所以说"异样"，是说李先生的批评文字集思想、文采、想象力于一体，独秀于林，傲然挺立于众多的批评文字之上，让人感到"一种舒适的呼吸"，这种舒适的呼吸乃是自由。李先生从未与我谈到他的这两本书，但是我却得到了这两本书的复印件，展读之下，深获我心。李先生虽然是我的法国文学导师，我却在学习之外私淑他的批评文字，期望从他那里获得灵感和激情。后来我研究日内瓦学派的时候，深感李先生的批评与日内瓦学派的批评有着内在的联系，惺惺相惜之感跃然纸上，因此我把李健吾先生的批评看作是让·斯塔罗宾斯基所提倡的"自由的批评"。

研究生院毕业之后，我到了外国文学研究所，由助理研究员而副研究员，而研究员，而博士生导师，而荣誉学部委员，一路走来，一部部著作和译作成为路边的风景。

四

我从事外国文学研究伊始，就为自己定下如此的理念：让中国人欣赏和享用法兰西文明的优秀成果，如果可能的话，让读者在我的文章中体会到一种"批评之美"，在我的翻译中体会到一种"翻译之美"。让世界听到中国人的声音吗？我不能代表中国人，我没有如此大的野心。为此，我必须选择为法国人所公认的优秀作品来进行研究、评论和翻译，首先要反复地阅读，以求我的意识与原作或原作者的意识相遇和融合，达到不分彼此、浑然一体的境地，然后分三步加以研究或评论：一、法国人（包括古代的法国人）如何看；二、我（包括我之前的中国人）如何看；三、两者进行比较，比较在于碰撞出新的火花，而不在于较短论长。研究和评论的文字力求清晰、简洁，于清晰、简洁中见文采。尚无中译的，或我对中译不甚满意的，就尽可能地翻译，翻译则取传统的方法，以"信、达、雅"为旨归，有节制地吸纳西化的句法，唯以文学性解"雅"：有人问："原文如不雅，译文何雅之有？"提出这样的疑问，是因为他只在"文野""雅俗"的对立中对"雅"字做孤立的语言层次上的理解，如果把事情放在文学层次上看，情况就会不同。倘若原文果然是一部文学作品，则其字词语汇的运用必然是雅亦有文学性，俗亦有文学性，雅俗之对立消失在文学性之中。离开了文学性，雅自雅，俗自俗，始终停留在语言层次的分别上，其实只是一堆未经运用的语言材料。我们翻译的是文学作品，不能用孤立的语言材料去对付。如此则译文自可以雅对雅，以俗应俗，或雅或俗，皆具文学性。如同在原作中一样，译文语言层次上的对立亦消失于语境层次上的统一之中。

如此解"雅"，则"雅"字在文学翻译中断不可少。这是我作为从事法国文学的研究之个人所遵循的理念，并不排斥别人有别的理念，相反，一个人的能力、精力和时间毕竟是有限的，倘若每个人都有自己的理念，那么集合起来，就会是一个对民族的文化事业有用的理念。其次，我必须对研究和批评有自己的看法，研究是在对对象进行的探讨中寻求普遍的规律，而批评则是在对对象的体会中寻求美的享受，我认为这种探讨和体会原则上是一致的，而在实践上是有主次的。可以以研究为主，而批评为辅助；也可以以批评为主，而以研究为基础；我以批评为主，以研究提供理论的支持。西方当代的有些理论研究脱离作品的阅读和批评，为我所不取。我并不排斥理论，只是不喜欢纯理论的演绎、探究与归纳。那么，什么是批评？什么是批评家？

法国著名批评家阿尔贝·蒂博代把批评分为三种：一、自发的批评，在现代社会中即为报刊的批评；二、职业的批评，即教授的批评，习惯上称为学院派批评；三、大师的批评，即公认的作家的批评。这三种批评经常发生矛盾，但还能共处于文学共和国的版图之内。我心目中的批评应该是这三种批评的综合，即一种具有自发的批评之敏锐与新鲜、职业的批评之扎实与厚重、大师的批评之想象力与创造力的完整的批评。"完整的批评"作为观念，是在我的研究工作的进程中逐渐形成的。李健吾先生认为，批评"是一种独立的，自为完成的，犹如其他的文学部门，尊严的存在"。批评不是武器，更不是工具，批评家更不是站岗的哨兵，当然，这并不排斥批评家做出政治的阐释。批评的是非不由作者裁定，批评者有阐释的自由。批评和创作在地位上是平等的，但更是谦逊的，取对话的态度。批评者的谦逊并非意味着批评主体性的丧失，恰恰相反，批评主体性的确立不表现为教训、指导、裁断甚至判决的冰冷的铁面，而是以"泯灭自我"为前提，在与创作主体的交流融汇中得到丰富和加强。因此，对于批评者来说，作品并非认识的对象，而是经验的对象；批评主体在经验中建立和强化，并由此确立批评的独立性。批评是一种对话，是批评家和作家通过作品进行的往复不已的对话。所谓"对话"，就是讨论。批评家不把作品当作一个纯粹的客体，他与作者的关系是两个思考着的主体的关系，也就是两个主体的相遇。正如让·斯塔罗宾斯基所说，"完整的批评"是"俯瞰"的批评和"认同"的批评"两者之间不疲倦的运动"。这里，"俯瞰"代表了批评最远的距离，"认同"代表了批评最近的距离，两种距离上的批评各有其价值，但是"完整的批评"却在两种批评之间的"不疲倦的运动之中"，而所谓"运动"，只有对话能够承担得起。我同意这种观点，并且在日内瓦学派的批评中找到了它的对应物，即"自由的批评"。

让·斯塔罗宾斯基提倡一种"自由的批评"，而最自由的文学体裁乃是"随笔"，其宪章是蒙田的一句话："我探询，我无知。"让·斯塔罗宾斯基指出："唯有自由的人或者摆脱了束缚的人，才能够探询和无知。……强制的状态企图到处都建立起一种无懈可击、确信无疑的话语的统治，这与随笔无缘。""随笔的条件和赌注是精神的自由"。现代人文科学广泛而巨大的存在"不应该减弱它的活力，束缚它对精神秩序和协调的兴趣"，而应该使它呈现出"更自由、更综合的努力"。总而言之，"从一种选择其对象、创造其语言和方法的自由出发，随笔最好是善于把科学和诗结合起来。它应该同时是对它的语言的理解和它自己的语言的创造，是对传达的意义的倾听和存在于现实深处的意外联系的建立，随笔阅读世界，也让世界阅读，要求同时进行阐释和大胆的冒险。它越是认识到话语的影响力，就越有影响……随笔应该不断地注意作品或事件对我们的问题所给予的准确回答。它无论何时都不应该放弃对语言的明晰和美的忠诚。最后，此其时矣，随笔应该解开缆绳，试着让自己成为一件作品，获得自己的、谦逊的权威"。这实际上是对批评的一种全面而生动地描述，与李先生的观点有异曲同工之妙。让·斯塔罗宾斯基的夫子自道则更说明问题："我喜欢清澈的东西，我追求简单。批评应该能够做到既严谨又不枯燥，既能满足科学的苛求又无害于清晰。因此我冒昧地确定我的任务：给予文学随笔、批评，甚至历史一种独立的创造所具有的音乐性和圆满性。"这也是我的任务，我将勉力确定并完成。批评家就是完成这种任务的人，他是"学者和艺术家的化合，有颗创造的心灵运用死的知识"，他有自己的个性，自己的风格，自己的文采。然而何为"文采"？答案可能有许多种，但肯定不是堆砌辞藻，不是硬造四六骈句，不是任意使用修饰词，不是滥用成语，也不是文白相杂或其他什么古怪文体。华丽很容易被认为有文采，然而只有适度的华丽才是一种文采。素朴很容易被认为没有文采，然而适度的素朴未尝不是一种文采。一句话，所谓"文采"绝不是外加的甚至外人的"润色"，而是"内心压力之下的一种必然的结果"。如同雷米·德·古尔蒙所说，批评家乃是"一个忠实的人，用全副力量，把他独有的印象形成条例"。

　　这里我要说一说对中国当下的随笔观的一些近乎肤浅的思考。在中国的 20 世纪，小品文与随笔往往并称，或者一物而两名，但是，一旦某种文体被称为小品文，而随笔之名仿佛流星一样倏忽即逝，那就说明有两种情况：一是小品文与随笔本来是两种东西，小品文占了优势，随笔得不到发展，处于萎缩的状态；一是他们本来就是一种东西，随笔不过是小品文的别名而已。我想恐怕是第一种情况吧，新文化运动的参加者们看错了西方的"essai"或"essay"，他们将小品文与随笔混为一谈，剔除了随笔的"讲理"的成分，只记得"幽默"和"闲适"。日人厨川白村的随笔观对中国人影响很大，尤其是随笔"也说些不至于头痛的道理"之类，在中国流传甚为深广。这里有郁达夫的话为证："我总觉得西洋的Essay里，往往还脱不了讲理的 Philosophizing 的倾向，不失之太腻，就失之太幽默，没有了东方人的小品那么清丽。"所以，如郁达夫所说，中国的小品文还是逃不脱"细、清、真"三个字。小品文当然有它的价值，但是它与随笔（法国的 essai，英国的 essay）的区别也是不容不辨的。中国 2003 年出版的一本著作里这样说："随笔这种形式灵活随意、自由放达，篇幅也一般比较短小，适合现代人生活节奏紧、空闲少的特点。"总之，还是"以不至于头痛为度"。但是，西方的随笔不以长短为标准，短可不足千言，长可数万言，甚至数十万言，尤其是不以"头痛"与否为度。试想读蒙田的随笔，不聚精会神马上就会失去线索，显然不是"披浴衣，啜苦茗"能够应付的，这样怎会不"头痛"？头痛，然后才会有思想的快乐和享受。可见，随笔作为一种文体，内容多偏重说理，因此它的思想要深，角度要新，感情要真，文笔要纯。所谓思想要深，就是讲出前人未讲出的道理；所谓角度要新，就是从众人未曾想到的角度进入；所谓感情要真，就是要浓厚地表现出个人人格的色彩；所谓文笔要纯，说的是文采，或雅驯，或简洁，或浓丽，或朴素，要的是前后一致，避免雅俗相杂。随笔要有文采，它与一般的论文之区别，泰半在此。四者皆备，几乎是一件不可能的事，所以只要具备一条，就可以说是一篇好的或比较好的随笔了。

1999 年岁末，新世纪的脚步声已经听得见了，但是我对新旧世纪的交替不那么敏感，对其到来既不感到恐惧，也不感到兴奋，不相信 1999 年 12 月 31 日和 2000 年 1 月 1 日会是两个不同的天地。对往日，没有什么不能释怀的遗憾；对来日，也没有怀着令人激动的希望，只是有许多待做的事情等在那儿，日子仍会像平静的流水，在忙碌中度过。但是，1999 年似乎是一个整理自己的思想的机会。30 岁的那一年，在忙碌中过去了，我问自己："我立了吗？"40 岁那一年，在忙碌中过去了，我问自己："我不惑了吗？"50 岁的那一年，也在忙碌中过去了，我问自己："我知天命了吗？"对于这些问题，我不能给予肯定的回答，但是，我确实在 1999 年对我的思想做了一次总结。如果从我读研究生开始，算算我从事法国文学的研究、批评和翻译也有 20 年了，发表的文字也有 300 万字了，成功的喜悦不曾品尝，写作的欲望和乐趣却常常在心底涌起。想想这期间，我唯一的愿望，就是做一个自觉的文学批评家。"自觉"两个字，写起来容易，说起来可就难了，做起来则更难。"自觉"的基本含义，是知道批评和批评家的局限。翻开批评史，我们有过教训指导的批评，有过阐释讲解的批评，有过意识形态的批评，有过评价的批评，有过鉴赏的批评，有过印象的批评，有过意识的批评，有过对话的批评，等等；与之相应的，有过各式各样的批评家。从批评的理论来源看，我们有过实证主义的批评，有过马克思主义的批评，有过精神分析的批评，有过现象学的批评，有过社会学的批评，有过形式主义的批评，有过结构主义的批评，有过解构主义的批评，等等。这种种的批评背后都隐藏着一个问题，即对文学的基本看法。把文学作品看作经验的事实，还是看作认知的对象，还只看作斗争的工具，所产生的批评是不一样的。当然，每一种批评都有存在的理由，但是也都有各自的局限。每一种方法都可能产生好的批评，也可能产生坏的批评，方法的确立并不能保证批评的质量。我们也许不能说出批评能做什么，但我们也许能够说出批评不能做什么。例如，我不大相信教训指导的批评，批评家不能充当教师爷，它既不能以自己的批评指导作家，也不能以自己的批评指导读者。如果把批评当作哨兵和耳目的话，那么批评家就整天处在一种风声鹤唳或疑神疑鬼的状态中，是做不好批评的。文学是独立的存在，有它的尊严，不必依附于政治或经济之类，更不必成为政治或经济之类的说明和注解。当然，所有的作家都有政治观点和经济之类的行为，但那和文学活动无关。作家有充分的理由反对耳提面命式的批评，但是他没有理由反对批评，因为批评是使他的作品传播广远的不可缺少的手段，尽管批评也许并未使他的作品为更多的人所理解。每当我听见一个作家对批评说出不敬的话时，我总怀疑那不是他的由衷之言，或者那是他的忘恩负义之辞。再说，批评并不以传播作家的声名为其唯一的使命，它有更高的追求，那就是和作品一样，展示批评家个人的人格和思想。当然，任何方法都有遗漏的地方，再加上批评家本人的性情、学养、政治和社会的关系等因素，全面的、理想的、人人满意的批评是不存在的。批评必然是片面的，如果它是美的、深刻的、精到的，它就是一篇好的批评。众多的片面集中起来，就会渐渐逼近全面，但是我很怀疑这种全面会出自一人之力。真诚的人并不能都做批评，但好的批评必出自真诚的人之手。唯有真诚才不至于误解或曲解作品，才能坦然地、不怀成见的面对作品。全面的批评家是不存在的，只要每一个批评家贡献出他最好的东西，我们就会接近全面地批评。我不追求全面，我追求独特，独特就是局限。批评必自印象始，这印象不是任何人的印象，而是一个具体的人的具体的印象，是独有的印象。印象必继之以体验，普通的读者始于印象，终于印象。批评家则不同，对于所获之蜂拥而至的印象，他要调动自己的回忆和经验反复印证，甚至达到融洽无间的程度，是为体验。体验须上升为思想，思想者，理性之认识也。批评家要把他的纷纭复杂的感性认识通过理性的思考，即一系列综合概括的过程，上升为理性的认识，这其中的关键乃是自由。思想并不是僵死的东西，只有自由，才能赋予它鲜活的生命。所谓"自由"，就是不以政治为其唯一的归宿。批评是对作品的诘问：谁在说话？对谁说话？话是对什么样的受话人说的？真实的？想象的？集体的？个人的？还是不在场的？距离如何？克服了怎样的障碍？通过什么样的手段？批评的过程就是阐释的过程，在这里，日内瓦学派的让·斯塔罗宾斯基提出了"批评轨迹"的概念，指出批评的轨迹乃是"自发的同情、客观的研究和自由的思考三个阶段的协调运动"。批评的轨迹是一种从没有预防的阅读，中经客观的研究、到自主（自由）的思考之间的不间断的往复和循环。批评永远是未完成的，理解和阐释都应该承认有"残留部分"，"有余数"。批评需要反复进行，使"余数"逐渐缩小，但是，这"余数"不可能缩小至无。为此批评的精神才能够得到"最纯粹的展现"。我以为，"批评轨迹"论是迄今为止对批评最好的概括。到此，批评才可以说摆脱了印象主义的束缚，走向了自由的批评。批评的最高境界是美的展现。批评要真诚，还要有美的表达。美的表达不在于华丽的词句而在于词的准确和明晰。批评可以是美的，我以为这是批评的极致。这也是我的追求。在世纪之交，我曾经写过一篇文章，叫作《文学批评断想》，比较详细全面地总结了我对批评的想法，这里不过是择其要者而言罢了。

五

　　《重建阅读空间》是我的第一本书，中国社会科学出版社于1989年出版，是一本关于法国文学的批评文集，后来在2007年，我把此后写的法国文学的批评文章加上《重建阅读空间》的部分文章集成一部《从蒙田到加缪》，副题为《重建法国文学的阅读空间》，交由三联书店出版，至此我关于法国文学的批评文章就汇集一处了。《重建阅读空间》和《从蒙田到加缪》两本书论述了20余位法国作家的约30部作品，基本上覆盖了法国文学史的重要作家作品。《重建阅读空间》是第一本书的"代序言"，我在序言中说："中国当代的文学批评仿佛一只刚刚'蜕于浊秽'的新蝉，那一对柔嫩的翼还是湿的，紧紧地贴在身上，只待一阵清风的吹拂，就可以挺起，透亮，'浮游于尘埃之外'了。然而，它的以外国文学为对象的那一部分，似乎还有大半个身子裹在壳内，正艰难地挣扎着。"20年之后，我编《从蒙田到加缪》的时候，发现这篇序言依然适用，我不禁慨然叹曰："重建阅读空间何其难也，非一人一时所能。"旧的狭小而残破的阅读空间，自然难以容纳往往溢出常规的现代作品，就是已经传世的古典作品，倘不将其置于新的阅读空间之中，其阅读也将等于"无用的重复"。因此。重建阅读空间，不单是为了那些不驯服的现代作品，也是为了对所有作品进行主动的、参与的、创造的阅读，从而产生出一种开放的、建设的、创造的批评。要重建阅读空间，必须打破单向的线性阅读方式，开辟多向多元多层次的思维格局，培育建设性的文化性格，然而这一切非有一种新的阅读心态不办。批评家是否高级读者可以不论，但他首先是一个读者，他的批评始于阅读，甚至与阅读同步。因此，有什么样的阅读心态，就会有什么样的阅读空间。在一个开放的、多层次的阅读空间中，有多种并行的或者相悖的阅读方式和批评方法，批评家可以择一而从，也可以兼收并蓄，甚至可以因时因地而分别取用。但无论如何，阅读心态都不是可以不闻不问的，任何封闭的、教条的、被动的，甚至破坏性的心态都可能导致阅读的失败。自波德莱尔以降，不少批评家力倡"有所偏袒"的批评，不再以全面、公正、成熟为标榜。这种"偏袒"自然不是盲目的吹捧或粗暴的践踏，而只是情有所钟意有所会所产生的一种心态。文学作品作为人的创造物，是一种特殊的对象，若要接近并掌握它，"也许局部的、片面的、不成熟的、未完成的阅读行为要比任何深入或穷尽的企图更为忠实"。这是批评家的谦虚，也是批评家的明智，因为他始终处于让·斯塔罗宾斯基所说的那种"不疲倦的运动"之中。读一篇批评，我们可以有理智上的满足，也可以有情感上的升华。理智上的满足可以来自对原作的进一步认识，理解了原作深一层的蕴涵，接受了原作的新的启迪；情感上的升华则可来自批评的自身，或态度，或条理，或语言，都使人有一种明晰简洁的感觉。如果两者结合起来，我们可以说，这篇批评是美的。批评家要怀着"严肃和谦逊"的态度从事研究工作，"严肃"意味着平等，谦逊标志着钦佩，倘若批评家率尔操觚，不能以平等钦佩的态度对待研究对象，他的研究成果必然是一纸纵情之作，就是说，有往无回，他不能把批评对象当作交流对象。没有交流，则成死水，文章为死水者，必少回流九转之形，亦乏鼓荡澎湃之象。有交流，则成活水，文章而成活水者，则澹澹乎，渺渺乎，浩浩乎，无不成佳构。当然，这种"诗的效果"或"文学效果"不可故意或刻意追求，否则会适得其反。批评家要顾及问题的重要性及论据的丰富、新颖与可靠。

问题本身可以不重要，但是它可以引发重要的问题，仿佛星星之火，可以燎原。批评家还要注意探索精神和想象力。批评家也不可以忘记某种"个人的口吻"。有人以为，个人的口吻之独特得力于刻意的追求，这时舍本逐末之辞。口吻的独特并非故意与人不同，而是不同角度的观察决定了表达的选择，有所选择则必然不同。当然，批评之美也不拒绝"手法的轻灵"、"猜测的大胆"、"阅读空间的宽广"、"所印证材料的内在之美"……总之，批评之美不是批评的外在的装饰，单纯的辞藻不能造就批评之美。批评之美是批评的内在表现，是批评家的素质的外化，是阅读空间的凝聚，使其运用语言的能力的考验，是其洞察世界的眼光的展现。一句话，批评之美是批评家的心灵的再现。总之，这是我在撰写这些文章时的考虑，初衷与结果之间距离几何，最终还是读者说了算。

我的第二本书是《论〈恶之花〉》，作为《恶之花》（100 首）的序言由漓江出版社于 1992 年出版。这篇序长达 15 万字，由我的硕士论文增补修改而成。2006 年，同济大学出版社出版了《波德莱尔诗论及其他》，这是我从比较文学的角度论述波德莱尔的诗学观点的一些文章，连同其他关于文学理论的论述，集中在一本书里。与第一本书相对照，一是实践，一是理论，取一体两面的意思。目前，《波德莱尔论》一书业已编成，集中了关于波德莱尔的文章，将由上海译文出版社出版。理论文章是否可以同评论文章一样，也能体现出批评之美？让·斯塔罗宾斯基论乔治·布莱的《圆的变形》，有一段话："使得帕诺夫斯基的某些研究或者乔治·布莱的《圆的变形》——还有其他例子可以指出——如此之美的，是研究工作都是通过严肃和谦逊来完成的。'批评之美'来源于布置、勾画清楚的道路、次第展开的远景、论据的丰富与可靠，有时也来源于猜测的大胆，这一切都不排除手法的轻盈，也不排除某种个人的口吻，这种个人的口吻越是不需求独特就越是动人。不应该事先想到这种'文学效果'：应该仿佛产生于偶然，而人们所追求的仅仅是具有说服力的明晰……"这是他在 1984 年的一次采访中说的话，他在 1979 年为《圆的变形》写的序言中提到了与诗的成功相若的"精神之美"，他说："在这种情况下，诗的效果越是不刻意追求，就越是动人。它来自所处理的问题的重要性、探索精神的活跃和经由世纪之底通向我们时代的道路的宽度。它来自写作中某种震颤的和快速的东西、连贯的完全的明晰和一种使抽象思想活跃起来的想象力。它从所引用材料的丰富和新颖上、从其内在的美上、从其所来自的阅读空间的宽广上所获亦多……"这足以说明，文章之美不在于所论的对象，而在于论述的方式、所用的语言、所持的态度以及所引用的材料的安排与布置。波德莱尔被世人称作"《恶之花》的作者"，意味着《恶之花》是他最重要的作品。一以概之，这里我只想说出我对《恶之花》的基本看法：《恶之花》是开一代诗风的作品。它的题材比较单纯，但因所蓄甚厚，开掘很深，终能别开生面，显出一种独特的风格，恰似一面魔镜，摄入浅近而映出深远，令人有执阿莉阿德尼线而入迷宫之感。《恶之花》感情真挚，意向充实，言近旨远，感人至深，能通过有限来表现无限，从"过渡中抽出永恒"，因此境界幽邃，风格浑成。《恶之花》不是一本简单的诗歌合集，它是一本书，结构严谨。一部《恶之花》，就是一座精心设计的殿堂，而那一首首诗，就如栋梁门窗，都是完整的部件，结体明晰稳健，规矩皆中绳墨。《恶之花》的诗句抑扬顿挫，极富音乐感，根据情绪的需要，时而清澈嘹亮，时而低回婉转，时而柔媚圆润，有力地渲染了气氛，细腻地传达了情绪。波德莱尔是法国诗人中最富有音乐感者之一，因为他对诗与音乐之间的关系有着深刻的理解。波德莱尔十分推重想象力的作用，其结果之一，是使《恶之花》充满了丰富的形象、新奇的比喻和深刻的寓意。波德莱尔广泛地运用了对比的手法，使之成为《恶之花》的一大特色。在创作方法上，《恶之花》继承、发展、深化了浪漫主义，为象征主义奠定了基础、开辟了道路，同时，由于波德莱尔对浪漫主义深刻而透彻的理解，在其中灌注了古典主义的批评精神，又使得《恶之花》闪烁着现实主义的光彩。《恶之花》在创作方法上的三种成分：浪漫主义、象征主义和现实主义，并不是彼此分离的，也不是彼此平行的，而经常是互相渗透甚至是互相融合的。他们仿佛红黄蓝三原色，其配合因比例的不同而生出千差万别的无比绚丽的色彩世界。因此，《恶之花》能够发出一种十分奇异的光彩，显示出作者是古典诗歌最后一位诗人，现代诗歌的最初一位诗人。由于他的这种丰富性和复杂性，他成了后来许多流派互相争夺的一位精神领袖。总之，《恶之花》是在一个"伟大的传统业已消失，新的传统尚未形成"的过渡时代开放出来的一丛奇葩；它承上启下，瞻前顾后，由继承而根深叶茂，显得丰腴；因创新而色浓香远，显得深沉。总之，《恶之花》不是毒草，而是香花。波德莱尔不是神，不是鬼，而是人。

"当此时代，批评何为？"这是文学批评家李静女士在评论我的著作《从阅读到批评——日内瓦学派的批评方法论初探》时提出的问题。问题很大，却也是我的著作暗含的一种解答。《从阅读到批评》2007 年由商务印书馆出版，是我长期研究日内瓦学派的成果。一般认为，日内瓦学派是一个以现象学为哲学指导的一个批评流派，其研究成果极其丰富和复杂，我的研究从其方法论为切入点，试图取得纲举目张的效果。我认为，李静女士的论述涉及我的论文的隐含的用意，例如："一位学者对研究对象的选择，必隐含他对自身内在需要和时代真实需求的双重回应，也隐含着他的行动方向与价值观。与矢志改造现实、致力于'实学'研究的学者不同，郭宏安先生的翻译和研究始终在诗学和精神哲学的范畴之内——从他的译介研究对象夏多布里昂、斯丹达尔、波德莱尔、加缪乃至'日内瓦学派'等不同时代的作家和批评家身上，可以看出他们都是既整体观照人类现实、又恪守文学本体界范的诗哲，他们在文学与现实之间建立了恰当的距离——既让后者不断质疑、辩难、冲击前者，又让前者将此冲击不断化做思想、形式与美学的进展，并以此种进展的历久弥深的化学作用，来滋养和完善后者。因此，这不是一个淡漠封闭、明哲保身的文学家群落，而是对人类社会之改进抱有既热诚有超功利态度的精神群体，也是对人类精神生活、文明前景保有深切责任感的群体。如果我们把郭宏安先生所有的翻译作品、研究著作做一整体俯瞰，便会发现他一直沉默地置身于这一精神群体中，始终未曾游离。基于此中深隐不露的价值信念，郭宏安先生对'日内瓦学派'批评方法论的呈现，也因此并不仅仅侧重于'知识'和'技巧'的层面，二是通过复述、分析和阐释这些批评家对文学和批评本体的诗性和哲学思索，来华宁阅读此书的人们思考三个根本性问题：一、文学批评的精神源泉是什么？二、文学批评的精神使命为何？三、文学批评究竟如何接受、阐释和评价作品？⋯⋯因此，'日内瓦学派'的恒久意义即在于：它对文学艺术基于个体精神哲学的诗性观照，为精神创造力提供了赖以滋长的营养土壤；同时，它也提醒文学批评家在个人的超功利创造力和人类社会的功利目的之间扮演一种至关重要的角色：他（她）应以揭示创造力的隐秘，绘制其美景，激发生命力的闪电，投身精神的冒险，来对当代社会的功利偏颇提出异议，发出警告，并'探寻能够超越一时之社会需求及特定成见的某种价值观'（哈罗德·布鲁姆语）。这是文学批评在此功利时代不可替代的精神使命。"研究外国文学及其理论不能止于介绍，倘能于介绍之中寓有评论，于评论之中寓有期望，于期望之中指出可能的道路，并与所研究的作品和人进行对话，则是研究外国文学及其理论的应有的理念。对于批评方法的研究，理应如是，我希望这部《从阅读到批评》能达到这样的高度。我曾经委托瑞士汉学家毕来德先生给让·斯塔罗宾斯基教授送了一本《从阅读到批评》，2008年1月20日，他在给我的一封信中说："收到您为日内瓦学派写的书，我十分惊奇，极为欣喜，我在封面上看到了我们这个团体的照片。我们的朋友毕来德先生充当了翻译，为我概述了您的书。您对我们及我们的工作做了非常准确的描述，并且极为清晰。实际上，我们所关心的是通过仔细倾听文本来拉近文学知识和实际经验。想到在您的国家有一大群读者和研究者知道我们的工作，我就十分激动。"我希望，这本书能对读者和作者、阅读和批评之接近做出自己的贡献，"准确""清晰"的评价于我足矣。

2011年，南京译林出版社出版了《阳光与阴影的交织——郭宏安读加缪》，这是我多年以来阅读加缪的心得，我惊讶地发现，《说"批评之美"》作为《波德莱尔诗论及其他》的代序竟然成了《阳光与阴影的交织》的代后记，是我技穷了吗？还是我的一种顽念呢？但愿是后者，有文字为证："上述文字（指《说"批评之美"》——笔者按），是我十年前写的一篇随笔，表达了我对文学批评的某种期望。以这个批准衡量我对加缪的批评，其距离显然不可以道里计，但是《沧浪说话》说得好：'学其上，仅得其中；学其中，斯为下矣。'又，三国曹丕《与大理书》说：'高山景行，思所慕印。'这两句话的意思是：你的心所向往的目标越高远，纵使你功力不够，能有不逮，目标或许达不到，但你的方向不会错，接近或达到总是可以期以时日的，若是方向不对，那可就离目标越走越远了，正所谓：'行有未至，可加工力；路头一差，愈骛愈远。'（《沧浪诗话》）当然，也许有人以为，你的目标并非高远，批评无非是裁断，是模仿，是求疵。但是，我要说，虽然曾经有某种批评占据过统治的地位，历史的演变终于证明，世间没有一种批评是唯一的，是绝对的，是至上的。批评是多元的，我相信美的批评。"对一位作家的专论，可以是枯燥的议论，也可以是活泼的描绘，可以繁杂，也可以简洁，可以沉重，也可以空灵，但不可以不追求"批评之美"，或称"文章之美"。我曾经在一篇文章中写道："加缪曾经是一代青年的精神导师，是法国最年轻的诺贝尔奖获得者，他以西绪福斯下山那样沉重而均匀的步伐朝着荒诞走去，他知道恶不能根除，但唯其如此，才更应该为捍卫人的尊严和幸福而斗争。他批判资本主义社会，同时也反对无产阶级专政，任何一个阶级的专政他都反对，但他首先是批判资本主义社会，他对无产阶级专政的认识多半基于当时苏联的实践，而当时苏联的经验并不能被认为是成功的。因此，以反对马克思主义、反对苏联、反对无产阶级专政的名义将加缪一笔抹去，归入反动派的营垒中去，是不公正的。自柏林墙倒塌、苏联解体、冷战结束后，被轻蔑地称为'中学毕业班的哲学家'的加缪一变而为清醒、冷静、明智而无畏的预言家，期间左派和右派的恩恩怨怨令我们唏嘘不已，也使我们对以左、右划分知识分子的历史有了一种新的观照。"这是我对加缪的总的、基本的看法，从西绪福斯到普罗米修斯，再到涅墨西斯，三位神祇代表了加缪思想的三个侧面。这三个侧面同时存在，相互依存，相互渗透，构成一个整体：

当加缪从荒诞出发时，他已意识到反抗，当他发现反抗屡屡失败时，他已感觉到适度的重要。对于"贫穷"，加缪没有怨恨；对于"光明"，加缪从不满足，这两种相互对立的危险，乃是加缪毕生避之唯恐不及的"陷阱"：因为没有怨恨，加缪义无反顾地投入每日的生活；因为从不满足，加缪时时刻刻捍卫个人的自由；他是一位感到幸福的西绪福斯。滋润着他的一生的泉水是支配他的思想和行动的根本的、原初的动力，这种动力的名称叫作知识分子的良心。至于其他，如《局外人》与荒诞和含混、《鼠疫》与神话、《堕落》与象征、《流放与王国》与技巧作为工具等，属于具体的评价，此处不赘。

六

有评论认为，研究、批评和翻译于我是"三驾马车同奔"或者"三座高峰并峙"。如今，出文集已不是某个年龄的人的专利了，但是，出版社要出我的译文集的时候，我还是有些犹豫。犹豫的理由有三：其一，翻译不是我的主业，一个业余译者出译文集，是否喧宾夺主？其二，我的翻译是否于公众有益，如果他是那种为了某种目的什么都译的译者，那么，把他的译作汇集一处予以出版岂非"谋财害命"？其三，我的译文是否够水准而不至于浪费纸张和读者的时间？在朋友的劝说下，我打消了犹豫，其理由仍是三个：一是我的翻译都与研究有关，或是补充，或是延伸，二是我翻译的作品都是经典或名著，于读者有益，三是够不够水准要由读者（内行和普通读者）评判。于是，一个七卷本的译文集就出版了，包括三部长篇小说，一部散文集，一部诗集，一部中短篇小说和戏剧作品集，一部随笔集。当然，译文集并不包括我的文学理论方面的译作，由于种种原因，我翻译的文学作品也不能悉数进入。

我不是一个职业的翻译家。是与不是，区别很大。是，就有可能为了某种目的去译自己本不愿意译的东西；不是，则可以坚持自己的理念，所译皆出于自己的良心和爱好。

《墓中回忆录》是法国文学史上的一部散文名作，其作者夏多布里昂是法国浪漫主义文学的先驱之一，在我国他曾经被看作消极浪漫主义的代表，历来评价不高。新时期以来，人们有理由对浪漫主义不再作积极和消极的区分，自然也就恢复了《墓中回忆录》的本来地位。但是这本书卷帙浩繁，其中包含了大量的外交文件之类，虽说有史料的价值，但对普通读者来说，还不是当务之急，因此，我只选译了很少的一部分，使读者可以欣赏其文字之美，同时我也兼顾史实和作者的生平，虽不详细但不失全面。所以我在《代译序》中说："这里奉献给读者的是一部选集，其量仅当全书的八分之一。不敢说'项上一脔'，然意在精彩也。"

《红与黑》是读者耳熟能详的一部小说经典，已有的三个译本分别于40、50、80年代出版，译本的语言或许已不能跟上时代的进步。我对于旧译的不满，主要在于它们的文字有悖于原作的风格。我认为斯丹达尔的文字风格在于简洁和枯涩（与流畅相对立，多为大作家所喜爱），而旧译的文字则过于质木，太少灵气，或不够精练，时有拖沓之感。所以，当出版社约我向读者提供一个新译本的时候，我虽然犹豫了几天，最后还是答应了下来。我当初并不知道在我之后，还有好几个译本登上译坛，其中有的还摆出了打擂的架势。"复译"的趋势不可阻挡，但成了一股"热"，就不能鼓励了。早知如此，我肯定会退而避之的。蒙读者错爱，我还不至于为我的《红与黑》感到脸红。

《恶之花》为西方现代诗的开山之作，其诗有助于解开"诗的现代秘密"——即关于人类命运的探索，重要性不言而喻，所以我附了一篇很长的序言，专门用以发掘诗的含义。同时，我还写了一篇《跋》，阐述我对译诗（翻译）的看法。我没有新的理论提出，只是说："只要我们与世推移，给予'信达雅'之说以新的解释，就会给它灌注新的生命力。"所谓新的解释，主要在"雅"字上。我以"文学性"解"雅"，所谓"原文不雅，译文何雅之有？"的疑问当可涣然而冰释。所谓新的生命力，是说我仍服膺严复的"译事三难：信、达、雅"之说，须知并非所有的新说法都显示出认识的深入和观念的进步。

　　《大西岛》连同它的作者，都曾在 20 世纪初红极一时，50 年代以后"跌入炼狱的深渊"，不复为人提起，近年来似乎又有了重新被发现的幸运。无论如何，博努瓦的故事和讲述的技巧都堪称一绝，而故事是小说读者的永恒的需要，时代的进步和文学的变化只能使作家对故事的"讲法"有所变化，不能取消故事。我不怕被讥为"过时"，我喜欢这部小说，喜欢它的故事和古典的形态，喜欢包围着它的神秘的氛围，也喜欢它洋溢着的虽死而不悔的激情。我想，《大西岛》对我们的作家也是有益的，它的情节，它的人物，它的氛围，它的哲理，它的点缀其间的适度的考古、地理和历史知识，都告诉我们一个好小说的基本教训：节制。

　　《夜森林》是让-路易·居尔蒂斯的第二部小说，出版于 1947 年，获当年的龚古尔奖，被认为是描写第二次世界大战中占领下的法国的一部力作，虽然它"选择了某种阴暗的色调"。描绘历史有两种色调，光明的色调和阴暗的色调，小说的作者大胆地选择了阴暗，而把光明只作为背景，引出了小说的结论：胜利固然是值得庆祝的，然而恶势力并**未**就此消失，一切还只是开始。这个结论无疑是深刻的。我喜欢这部小说的语言，它干净，典雅，幽默，时时露出讥讽的芒刺。让-路易·居尔蒂斯先生 1985 年被选为法兰西学士院院士，1995 年辞世，是一个在新小说甚嚣尘上之际敢于坚持传统的作家，他的"坚持传统"并非泥古不化的同义词，我很钦佩他。

《猛兽的习性》是一种中短篇小说和戏剧作品的汇集，不敢说是"选集"，因为这是我 20 多年来随手翻译的作品汇集到一处，并非选而集之。自这些译作发表以来，我还从未系统地读过一遍。如今成了一本书，读过之后，我发现还是值得把它们汇集到一处的。无论是中篇，还是短篇，还是戏剧作品，无一不在法国文学中占有一席之地，绝大部分甚至可以称得上是精品。尤其是两部较长的戏剧作品都曾经上过我们的舞台，当然，必须说明的是，上演《克诺克》的时候，用的不是我的本子。

《海之美》同样是许多作家的随笔集，因为不是选集，所以容许有遗漏，甚至重大的遗漏。我希望这些随笔的隽永和深刻能对现今流行的某些随笔痛下针砭。日人厨川白村关于随笔的定义给我们的影响太深了，以为随笔就是那些以"不至于头痛为度"的东西。这个集子里的许多篇文章是让人读后不能不思考的，思考则必然"头痛"，然而这"头痛"带来的是思想的快乐。文章若读后只如一阵轻风吹过，一丝痕迹也不留，徒让人感到一时的畅快，必不是好文章，这样的文章本集中我以为没有。

翻译基本上是一种实践活动，理论家可以进行意义、转换机制，甚至翻译的可能性的研究，但翻译家则不必，考虑得过多或者过于清楚，反而会使他无从下笔。所以，我没有翻译理论，我只有一个信念：区分好的翻译和不那么好的翻译是可能的。一个翻译家，不怕没有高深的理论，怕只怕他没有自信而坚定的原则。

当然，这原则并不是唯一的、排他的，仿佛只有他的原则是好的，别的都是坏的。他只是坚持他的原则而已。他的原则和他的实践之间，当然会有距离，而这距离正是他努力的动力。至于这距离有多大，我只能说：留得清辉在人间，笑对他人说短长。

从 1985 年我出版《加缪中短篇小说集》到 2011 年的《加缪文集》三卷本的问世，从 1987 年的《波德莱尔美学论文选》到 2009 年的《波德莱尔作品集》四卷本，是我在法国文学作品的翻译领域内两项较大、较完整的成果，同时出版的还有我的研究批评著作《阳光和阴影的交织》和《波德莱尔论》（待出版），表明了我对这两位作家的长达 20 多年的长期持续的关注。除此之外，我还有另外两项关于文学理论方面的翻译：1993 年出版的《批评意识》（比利时乔治·布莱著）和 2009 年面世的《反现代派》（法国安托瓦纳·贡巴尼翁著）。《批评意识》的出版配合了我对日内瓦学派的研究，因为这是一部关于日内瓦学派的"全景及宣言"式的著作。《反现代派》的翻译则表明了我对中国学界推崇现代派、对反对现代派的思潮熟视无睹的现象的一种反思。多少年来，我们只知道现代派、现代性和现代主义，对反现代派、反现代性和反现代主义所知不多。我们只知道革命、启蒙和进步，对反革命、反启蒙和反进步的思潮所知不多。我们只知道人性善、乐观主义和复辟，对原罪、悲观主义和崇高所知不多。我们只知道"资产者喜爱的流畅风格"，对其反面，即雄辩、放肆和抨击的风格所知不多。就人来说，我们知道夏多布里昂、波德莱尔、福楼拜和罗朗·巴特，但我们不知道他们的矛盾，例如他们是现代派的代表人物，同时又反对革命、反对进步、反对民主等，我们更不知道德·迈斯特、拉克代尔、勒南、布鲁瓦、贝玑、蒂博代、邦达、格拉克等，或所知甚少。一枚钱币的正反两面，我们只知其一，而不知或少知其二，这不仅暴露了我们知识上的漏洞，也极大地影响了我们对世界的看法。现在好了，我们面前有一本安托瓦纳·贡巴尼翁的《反现代派》，他清晰地告诉我们反现代派的观念、这股思潮的代表人物及两个世纪以来它的发展轨迹和所起的作用。贡巴尼翁站在一种中性的立场上，采取一种价值中立的态度，不轻易表示臧否，但我们细细读来，却可以体会到有一种思古怀旧之幽情隐隐地浅藏在他的文字之中。

综上所述，我的研究和批评文章表现了我对法国文学的力求全面、准确、深刻、细腻的理解，有一些创见或者新颖的表述，其文字的考究自觉深得"批评之美"的真谛。同时，已出版的有关 20 世纪法国文论的著作独具只眼，给予受到极大冷落的传统批评家居斯塔夫·朗松和阿尔贝·蒂博代以应有的地位，显示出论者"不跟风""不趋时"的学者风度，对于警惕和避免"唯新主义"起到了很好的作用。

我对文学翻译有独到的理解，坚持传统，不惧创新，并且有获得广泛承认的、成功的实践。我对"信、达、雅"做了崭新的解释，我对译文提出了"忠实而不拘泥，流畅而不油滑，凝练而不苦涩，既贴近原文又不背离中文，既肖其形貌又得其神髓"的要求，这也是我力求达到的境界。我的翻译是精心选择的结果，一是理论精品，二是文学名著，且都与我的研究有关，绝没有功利的考虑。

学界认为，我的批评文字有个人的风格，论学重在个人体悟，然后参之以成说；行文则力避陈言俗套，遣词造句颇有法度，讲究气韵和节奏，富有辞章之美。文章有长短，无不精心结撰，文采斐然。我对所谓"文采"有独到的见解，认为在章句而不在辞藻。故我的文章含蓄而不晦涩，灵动而不轻佻，澄澈而不肤浅，干净而无渣滓，清新可诵，生气灌注，有人说"颇具大家风范"。

我认为，一个从事外国文学研究的学者应该在理论、批评和翻译三个方面有均衡的追求和发展。对我的工作，学界有"三驾马车"和"三峰并立"的说法，这是评价，也是鼓励。我虽受之有愧，但也自觉距事实不远。

我主持过一个国家社科基金项目：《20世纪西方文论研究》，独自承担过一个国家社科基金项目：《从阅读到批评——"日内瓦学派"批评方法论初探》。我的学术研究视野开阔，根基扎实，不浮不躁，学风稳健；不趋时，不旁骛，不苟作，亦不苟译，恪守职业道德；且能一心向学，视干扰若无睹，淡泊名利，志存高远，学术追求在于民族文化之建设和发展。

2012年2月初稿，2016年1月修订，北京